中国社会科学院老学者文库

中国财税制度改革研究

杜萌昆 ◎ 著

中国社会科学出版社

图书在版编目（CIP）数据

中国财税制度改革研究／杜萌昆著.—北京：中国社会科学出版社，2019.12

（中国社会科学院老学者文库）

ISBN 978-7-5203-5708-1

Ⅰ.①中… Ⅱ.①杜… Ⅲ.①财税—财政改革—研究—中国—现代 Ⅳ.①F812.2

中国版本图书馆 CIP 数据核字（2019）第 270980 号

出版人	赵剑英
责任编辑	黄 晗
责任校对	杨 林
责任印制	戴 宽

出　　版	中国社会科学出版社
社　　址	北京鼓楼西大街甲 158 号
邮　　编	100720
网　　址	http://www.csspw.cn
发 行 部	010-84083685
门 市 部	010-84029450
经　　销	新华书店及其他书店
印　　刷	北京明恒达印务有限公司
装　　订	廊坊市广阳区广增装订厂
版　　次	2019 年 12 月第 1 版
印　　次	2019 年 12 月第 1 次印刷
开　　本	710×1000　1/16
印　　张	26.75
字　　数	348 千字
定　　价	148.00 元

凡购买中国社会科学出版社图书，如有质量问题请与本社营销中心联系调换
电话：010-84083683
版权所有　侵权必究

前　　言

党的十一届三中全会后，改革的大潮在中国广袤的土地上波澜壮阔地展开。在农村改革取得巨大成功后不久，党中央把改革的重点移向城市。财税部门从"利改税"开始就一直处在城市经济体制改革的第一线。我有幸同他们一起工作了十多年。

1978 年我调入中国社会科学院财贸经济研究所（简称财贸所，今称财经战略研究院）。从此时起，我同财政部、国家税务总局的同志一起参加柳州、四川、天津的税改方案调查；参与国家税务总局与财贸所联合组织的《中国九十年代税制改革总体设想》课题的研究；参与组织由中国税务学会与财贸所共同召开的全国税收理论研讨会；令人难忘的是，还参与了 1994 年工商税制改革和 1994 年财政体制改革的研究。

《中国财税制度改革研究》是我 40 年来在改革开放过程中，从参加财税制度改革研究的 170 余篇论文中选出来的论文汇集。全书由四篇组成，这里做一简略解释。

第一篇　中国财税制度改革理论

研究财税制度改革，首先要了解分配在社会再生产中的地位。我认为，在中国生产资料所有制问题解决后，分配问题就成为社会再生产中的主要问题。现在国家不仅掌握着相当大部分的生活资料的分配权，而且掌握着相当大部分的生产资料和劳动等生产要素的分配权，因此，国家在分配问题上处理得是否妥当，对社会再生产的影响之大是可以想象的。

在现实经济生活中，我们在生产与分配关系上存在的主要问题是对分配的作用估计不足，主要表现在对生产决定分配这个正确观点理解有些绝对化。结果虽然口头上说的是"生产决定分配，分配影响生产"，但实际上是只见"决定"作用，不见"影响"作用。

美国供应学派关于税率与税收收入之间关系和相对价格理论有新意。

第二篇　中国财税制度改革经验

《建国初期建立统一税制的经验》及"七五"期间对税改的若干争论，对今天的改革仍有参考价值。"利改税"的指导思想是完全正确的，但后来由于财政困难、压力大等原因，出现了一个"怪圈"的教训值得记取。

第三篇　一些国家（地区）财税体制改革经验

美国 1981 年和 1986 年税制改革的思路："低税率、多简化、少减免、严征管"是正确的，符合美国情况。如何管好财政支出，是个大问题，但很少见到资料，《瑞典政府管理财政支出的经验》有参考价值。

第四篇　中国财税制度改革建议

本篇共收入政策建议十五项。其中有三项需要加以说明。

其一，《关于完善税制，适当减税，提高企业投资和竞争能力的建议》。

1995 年前后，中国税收连续几年快速增长，企业要求减税呼声很高。1997 年 7 月，中国税务学会决定立项研究。我建议成立"完善税制，减轻税负"课题组。1998 年 12 月，课题组完成初稿。2001 年 1 月和 3 月课题组召开会议，决定由我起草上报《关于完善税制,适当减税,提高企业投资和竞争能力的建议》(以下简称《建议》),2001年11月2日和11月3日朱镕基、李岚清同志做出重要批示。《建议》提出的最紧迫需要完善的两大税种(增值税和企业所得税)则分别于2009年1月和2008年1月实现。

其二,《关于企业所得税实行比例税率的探讨》。

中国企业所得税实行内、外两套制度。涉外企业执行1980年和1981年颁布的中外合资经营企业和外国企业所得税法、内资企业执行国营企业所得税、集体企业所得税等四个暂行条例。实行两套制度必然形成税法、税率、优惠不统一。这种不统一,涉外企业意见很大,因为它们的税负较重。这种意见,在经过美国1981年税制改革税负降低后更加突出。有些在华外商开始撤资。根据这种情况,中国应如何应对?我在论文中提出,应采取两条措施:第一,对内、外资企业都实行比例税制;第二,合并税种。上述意见,业务主管部门采纳。

其三,《应着手制定国家预决算法》。

在1980年五届全国人大三次会议上,代表们对1979年决算和1980年预算赤字感到震惊,对国家预算的编制和执行表示强烈关注。我于1981年写出《应着手制定国家预决算法》的建议。财政部首先响应,于1988年拟出《中华人民共和国预算法草案》并报全国人大法制工作委员会。法工委于1993年11月召开专家学者座谈会讨论修改。《中华人民共和国预算法》于1994年3月22日由八届全国人大二次会议通过。

这些建议,有的由国家领导人做出重要批示,有的被业务主管部门采纳;有的属于"前瞻性"研究,比如《关于完善税制,适当减税,提高企业投资和竞争能力的建议》从立项到建议的落实用了十年左右的时间;有的属于"应急性"的研究,如《关于企业所得税实行比例税率的探讨》用了两年左右的时间。这些建议对国家领导人，对国务院有关部、局，对全国人大法工委进行决策提供了一些帮助。

敬请读者对本书提出批评意见。

杜萌昆

2018 年 8 月

目　　录

第一篇　中国财税制度改革理论

税收与经济关系问题新论 …………………………………（3）

关于生产与分配的辩证关系和分配的"决定"
　　作用等问题 …………………………………………（10）

试论社会主义税收存在的必然性
　　——兼论税收与生产力发展的关系 ………………（21）

税收的职能及其历史演变 …………………………………（28）

对社会主义税收基本特征的质疑 …………………………（39）

经济体制的转换与税收战略思想的转变 …………………（45）

吸取历史经验　搞好基本建设调整
　　——从20世纪50年代末期的一场争论谈起 ………（52）

运用税收经济杠杆应该遵循的一些原则 …………………（62）

建立市场经济体制与税收的对策 …………………………（71）

供应学派的税收理论研究 …………………………………（79）

西方"税式支出"的理论及其对中国的借鉴意义 …………（89）

一次难忘的税收理论研讨会 ………………………………（95）

第二篇　中国财税制度改革经验

对"七五"期间税制改革若干问题的争论 …………………… (107)

两年来税制改革试点的情况 ………………………………… (120)

正确评价前几年的税制改革 ………………………………… (129)

中国税制改革的原则刍议 …………………………………… (135)

建立与健全经济特区税法的原则 …………………………… (141)

税制改革应当贯彻公平与效率的原则 ……………………… (148)

试论税收调控经济的重点 …………………………………… (154)

所得税的产生和发展 ………………………………………… (160)

实行坚决有力的扭亏措施
　　——介绍甘肃省扭亏"责任制" ………………………… (166)

全面推广增值税制度势在必行 ……………………………… (171)

资源税的沿革与目前征收中存在的一些问题 ……………… (178)

关于税收和如何配合搞活国营大中型企业的问题 ………… (183)

研究企业税收负担水平　探索解决财政困难的途径 ……… (193)

经济体制改革与税收 ………………………………………… (199)

完善地方税体系为实行分税制创造条件 …………………… (203)

民国时期的"分税制" ………………………………………… (207)

新中国成立初期建立统一税制的经验
　　——庆祝中华人民共和国成立四十周年 ……………… (215)

关于社会主义税收管理问题 ………………………………… (224)

税制改革与价格改革 ………………………………………… （235）

广东省开展加工装配补偿贸易的情况和问题 …………………… （254）

第三篇 一些国家（地区）财税体制改革经验

关于美国税制改革对中国税制影响的研究 …………………… （261）

20 世纪 80 年代美国税制改革情况 ………………………… （276）

成也税收，败也税收
　　——英国撒切尔政府税制改革回顾 ……………………… （281）

瑞典税收制的演变与启示 …………………………………… （284）

研究各国运用税收政策促进科技进步和经济
　　发展的经验 ……………………………………………… （295）

台湾当局运用税收政策促进经济发展和科技
　　进步的经验研究 ………………………………………… （304）

瑞典政府管理财政支出的经验 ……………………………… （312）

美国遗产税的存废之争 ……………………………………… （317）

征税权的斗争与北美殖民地革命（上）……………………… （320）

征税权的斗争与北美殖民地革命（下）……………………… （326）

从国外经验看中国税收管理体制改革 ……………………… （330）

第四篇 中国财税制度改革建议

关于"三线建设"中的问题和建议 …………………………… （337）

关于完善税制,适当减税,提高企业投资和
　　竞争能力的建议 ………………………………………… (341)

应着手制定国家预决算法 ………………………………… (347)

关于企业所得税实行比例税率的探讨 …………………… (351)

运用税收政策进一步促进科技发展
　　——兼论税收在实现经济增长方式转变中的作用 ……… (360)

增值税制应由生产型适时转变为消费型 ………………… (368)

建议中国宪法充实有关税收方面的条款 ………………… (370)

关于制定税收基本法问题的研究 ………………………… (373)

在中国建立税务法院或行政法院的探讨 ………………… (380)

一个崭新的课题:如何用好外汇储备 …………………… (385)

西部大开发战略与税收政策 ……………………………… (387)

在西部大开发中应重视研究变资源优势为经济
　　优势的财税政策 ………………………………………… (399)

关于税权划分理论存在的问题和建议 …………………… (403)

关于加强预算管理和扭转外贸亏损问题的建议 ………… (413)

诺贝尔,为科学扬帆
　　——参加诺贝尔奖颁奖仪式的回忆 …………………… (417)

第一篇

中国财税制度改革理论

税收与经济关系问题新论

在现代社会，税收与经济的关系是一种极为密切又复杂的关系。对这种关系处理得正确与否，不仅影响到税收数额的多寡，而且更重要的是将影响到经济的兴衰和政权的巩固。因此，这一问题经常成为经济学家、社会学家和政治活动家共同关注的焦点。

对税收与经济的关系，通常表述为经济决定税收，税收反作用于经济。也有的把经济比作果树，称为税本；把树上的果实，称为税源。认为只有果树茁壮成长，税源才能源远流长。这些表述，不仅简明生动，而且体现了以经济为本、不要竭泽而渔的治税思想是正确的，在很长时期内发挥了积极的作用。但是从严格科学意义上说，这些表述又是不严密的。毕竟自然界的现象不同于社会现象，比如，"把树上的果实称为税源"就不那么严密。因为人们把树上的果实全部摘走，也不会影响树木的"积极性"，来年照样可以结出新的果实。但是如把税源全部拿走，则会影响纳税人的积极性，来年可能就无税可收了。又如"经济决定税收，税收反作用于经济"的表述，似嫌过于简单，致使人们把这句话理解为税收只能被动地"反映"经济、"反弹"于经济，而不能主动地"正"作用于经济，更不能在一定条件下主导经济和决定经济。这样就降低了税收在社会经济政治生活中的地位，也不能正确地、全面地处理税收与经济的关系。

税收在社会经济政治生活中的地位和税收与经济的关系，不是固定不变的。远的不说，从资产阶级登上政治舞台的近代史看，就是如此。在亚当·斯密时期，税收仅仅是为国家机器运转提供经费；在20世纪20年代，社会政策学派兴起，认为税收不仅要为国家机器提供经费，而且要"参与政治"，为缓和阶级斗争服务；到了20世纪30年代，凯恩斯学派兴起，认为税收不仅要为国家机器提供经费、"参与政治"，而且要"参与经济"，要为调节总需求、"熨平"经济波动（经济危机）服务。由此看来，税收职能及其重点也不是固定不变的，而是随着经济、政治的发展而发展的。

同时，我们在研究事物之间的联系和发展时，应当研究质量互变规律，即要研究量变引起质变，质变又引起新的量变的规律。在20世纪初，世界上几乎所有国家的税收收入占GDP的比重，都只有百分之几；而到了20世纪80年代，几乎所有发达国家的这个比重都达到了30%左右，有的甚至超过50%。当然中国税收收入占GDP比重偏低，只有11%左右，但如果把各种税外收费计算在内，一般认为大口径宏观税负也是30%左右。税收数量达到如此大的规模，它在社会经济政治生活中的地位以及同经济的关系，不能不发生质变。依据上述，我认为，现代税收不仅"反作用于经济"，而且在一定条件下会主导经济、决定经济。也就是说，税收政策的好坏，足以决定经济的兴衰和政权的巩固。在现代社会给税收这样的定位，是符合实际的，绝不是人为地拔高。1996年诺贝尔经济学奖授予两位研究优化税制的经济学家绝不是偶然的，它反映了当代社会各界对税收的关注，也反映了税收的地位及其与经济关系的重大变化。

新中国成立50年来，在处理税收与经济关系问题上，有成功的经验，也有值得深思的地方。在理论界，虽然没有人说税收也会主导经济和决定经济，但是这些成功的经验和不成功的经验都同样证实这种观点是有道理的、正确的。

下面让我们来看看这些经验。

一 通过"统一、调整"克服财政困难的经验

新中国成立前后,面临着极其严重的财政经济困难。困难主要来自两个方面:一方面是财政支出浩大。当时战争还在广大地区进行,财政要支付大量军事费用;同时对一切不愿抵抗的旧军政公教人员都要"包下来",全国军政公教人员迅速增加到900万人,财政必须保证这些人员的供给;1949年自然灾害严重,全国有4000万人急需救济;铁路和重点厂矿企业必须迅速恢复生产。另一方面是收入很少。我们接管的旧中国是一个物价飞涨、通货膨胀、经济凋敝、投机猖獗、百废待兴的烂摊子,财政经济基础十分脆弱。这样就使收支之间产生了巨额赤字,这种状况必然会引起物价飞涨,给投机倒把分子以可乘之机,而他们的兴风作浪又会进一步加剧国家和人民的困难。

在这种情况下,有三种出路可以选择:发钞票、发公债、加强收税。其中比较好的出路是收税。1949年11月,中央人民政府政务院在北京召开首届全国税务会议。这是一次统一全国税政、统一对税收重要性的认识、制订第一个全国性税收计划的会议。后一项议程在会议中占有重要的位置。根据1950年财政收支概算的要求,公粮占财政收入41.4%,居第一位;城市工商税收占财政总收入的38.9%,居第二位。但是,由于全党重视工商税收工作,也由于广大税务工作者的辛勤努力、尽职尽责,1950年工商税收完成概算的162.9%,占概算总收入的40.38%,大大超过了公粮所占比重(29.3%),跃居收入第一位。应当承认,当时确定的工商税收负担是不轻的,对工商业的恢复和发展是不利的。由于当时处于"打台湾、九百万、运粮救灾"那样一种军事、政治和社会环境,人们对这种负担水平是能够理解的,不过人们也期待一旦有条件,这种负担水平应该降低。

1950年3月，政务院颁布《关于统一国家财政经济工作的决定》，统一了全国财政收支，统一了全国物资调度，统一了全国资金管理，实现了全国财政经济工作的统一管理与领导（全国税政在此之前已经实现了统一），实现了全国财力和物力的集中使用，全国财政经济状况迅速好转。这样也为降低税负提供了条件。1950年6月，政务院决定调整工商业，并根据巩固财政收支平衡、"酌量减轻民负，实行合理负担"的原则，对工商税收的负担也进行了调整。货物税的税目由1136项减为358项，并扩大了减税、免税的范围。对工商业税中的所得税，提高了起征点和最高累进点。所以，调整工商业、调整税收的实质主要是对私营工商业适当减税让利，这一"调整"，大大地提高了工商业者生产经营的积极性。

"统一"和"调整"政策的实行，取得了人们意料之外的成功。1950年财政赤字只有2.89亿元，占当年总支出的4.43%；全国主要商品的加权平均指数仅是1949年12月份的178.5%。这样，不仅巩固了新生的人民政权，而且实现了人民生活稳定，为国民经济的迅速恢复奠定了坚实的基础。在战争还在广大地区进行、灾害严重和帝国主义封锁的情况下，新中国能迅速取得上述巨大成就，确实是"奇迹"。毛泽东同志高度评价这一伟大胜利，说它的意义不下于淮海战役。陈云同志也说："一是统一，二是调整，只此两事，天下大定。"

二　运用轻税收政策发展农业和乡镇企业的经验

1978年以后，中国农村经济有了迅速的发展，全国人民都为这种发展而高兴，因为它稳定了农村经济，改善了农民生活。促成这种发展的原因，首先是经济体制改革，在农村实行家庭联产承包责任制；不过也不能忽视另一个主要原因，这就是农村负担政策正确，对农村实行增产不增税、增产减税（提高农副产品价格，实际上等于减税）政策的结果。可以设想，只实行家庭联产承包责任制，不实行提高农副产品价格政策，不使农民从中得到实惠，农民的生产经营积极性也是难以调动起来的。

20世纪80年代，中国乡镇企业异军突起，发展很快。全国人民也为这种发展而高兴。因为它成为中国经济的一个新的增长点，大批农业人口得以就业，增加了城乡人民收入，也开辟了新税源。促成这种发展的原因，首先是经济体制改革，鼓励发展经济，允许个体和私营经济发展。不过也不能忽视另一个原因，这就是乡镇企业的实际税负低的结果。这些都说明，税率适度、负担合理，经济就会得到稳定的发展，税源就会不断地扩大。处理农村经济与税收关系的这些经验，也很值得重视。

三 一次本应成功而未成功的改革

中国从1950年6月以后进行过多次税制改革。这些改革，多比较注重税制繁简的研究，对总体税负水平，总是强调"保持原税负"而很少加以研究。

这个"原税负"是指1950年6月的税负。应该说这个税负是不轻的。但由于中国财政长期紧张，也由于企业是单一公有制经济，对税负轻重不敏感，所以直到1980年，在长达30年的时间里，税制改革的设计思想总是在保持"原税负"上打转转，没有多大变化。这样高的税负水平在和平时期是不利于经济发展的。

改革开放以来，这种税负水平越来越不适应经济体制改革和企业发展生产的要求。1980年8月，中央财经领导小组在专门讨论税制改革的问题时，提出应该通过税制改革和税负的调整，把企业的潜力和积极性调动起来。只要能够做到这一点，"财政资金、经济建设和人民生活问题就好办了"。当有人提出这样"会减少收入，增加财政困难"时，会议明确提出"应当相信，改革会促进企业挖掘潜力，减少浪费，发展生产，增加收入。这是大前提，这个账要算活"。其实，这里提出的问题不是算账方法问题，而是转变制定税收政策指导思想的问题，即要把偏重财政的观点转变为正确处理税收与经济关系的思想问题。这种战略思想的转变，是十分正确的。但遗憾的是这个思想在后来的"利改税"中又被"不挤不让"的原则所代替。说是"不挤不让"，实际是"有挤不让"。比如，在所得税方面，50年代私营企业的所得税税率为35%左右，而"利改税"确定的国有企业所得税税率为55%，如果加上调节税则为70%；集体企业所得税的最高税率为55%，平均税率为50%左右；个体工商业户所得税的最高税率为60%，如果加上加成征收则为84%；都比50年代私营企业的负担高。这样就不能不影响两步"利改税"的效果和形象。有些同志诙谐地说："1982年的承包逼出了'利改税'，两步'利改税'又逼出1987年的承包，几年来在'利改税'与承包之间画了一个怪圈。"

这个"怪圈"的出现，不仅使国家与国有企业之间的分配关系不能固定下来，而且也影响了企业，特别是缴纳调节税的国有大中型企业的生产积极性。而作为中国经济骨干的大中型企业的积极性不能被调动起来，必然会给社会财富的生产带来很大的损失，这一方面由于税收负担达到70%，企业生产经营积极性必然降低，更无力也不会把留利用于扩大再生产；另一方面由于税负重，企业也不会精打细算，努力降低成本，因为浪费的70%是由国家财政负担的。这样就得到了同原来设计高税率愿望相反的结果，失去了一次发展经济的有利机遇，使"利改税"成为一次本应成功而未成功的改革。

上述成功的经验和不成功的经验都证实，在一定条件下，税收对经济确实具有主导作用和决定作用，而绝不仅仅是反作用。中国曾是世界上最不重视税收的国家之一，税收理论研究滞后，是可以理解的。新中国成立后的前20多年，基本上是照搬苏联，那时计划决定一切，税收理论无足轻重；后20年虽然强调"中国特色",但实际上在理论界不少学者多是"言必称西方",对我们自己的实践经验研究不够。社会主义市场经济体制的建立和国民经济的持续发展,要求我们必须迅速改变这种状况。像我们这样一个大国,应该吸收各国正确的税收理论,但更应该总结本国的经验,逐步建立起有自己特色的税收理论,特别是正确处理税收与经济关系的理论。

(原载《税务研究》2000年第5期)

关于生产与分配的辩证关系和分配的"决定"作用等问题

一 生产与分配的辩证关系和分配的"决定作用"

生产与分配的关系问题,在经济史上和现实经济生活中都是一个有争论的问题。过分夸大分配在社会再生产中的作用,以致把社会再生产中的生产、分配、交换、消费四个环节平列起来甚至主张"分配决定论",当然是错误的;但是对分配在社会再生产的作用估计过低,以致把分配看成是某种消极的东西,也是错误的。我们应该根据马克思主义的基本原理和中国社会主义建设的实践经验,正确地解决这个问题。

在历史上,资产阶级经济学家在这个问题上的错误,多半是过分夸大分配作用的错误。李嘉图在他的著作《政治经济学及赋税原理》一书的序言中开宗明义地提出:土地产品要在土地所有者、耕种所需的资本的所有者以及耕种工作的劳动者这三个社会阶级之间进行分配。"确立支配的法则,乃是政治经济学的主要问题。"李嘉图是古典经济学的完成者、代表新兴产业资产阶级利益的经济学家,他奠定了劳动价值论的初步基础,并在这一基础上从维护资产阶级利益的立场出发论证了资本主义的分配问题。虽然他在劳动价值论上达到了科学的资产阶级经济学的高峰,在分配问题上也有许多科学的见地,但是由于他在生产与分配的关系上不了解生产决定分配的原理，同时有时又把生产与分配分割开，不了解"分配关系和分配方式只是表现为生产要素的背面"，所以他是把资本主义的分配问题当作政治经济学的主要问题看待的，认为分配形式是生产要素得以确立的确切表现。马克思针对这种观点说："像李嘉图那样的经济学家，最受责备的就是他们眼中只有生产，他们却专门把分配规定为经济学的对象，因为他们本能地把分配形式看成是一定社会中的生产要素得以确立的最确切的表现"，又说："……正因为如此，力求在一定的社会结构中来理解现代生产并且主要是研究生产的经济学家李嘉图，不是把生产而是把分配说成现代经济学的本题。从这里，又一次显出了那些把生产当作永恒真理来论述而把历史限制在分配范围之内的经济学家是多么荒诞无稽"。资产阶级经济学家不能正确地解决生产与分配的关系问题，是由他们的阶级局限性决定的。他们的阶级局限性决定了他们科学认识的局限性。

至于在国际工人运动中出现的一些机会主义者和修正主义者在生产与分配关系问题上就走得更远了、更荒诞了。拉萨尔派离开生产方式而"把所谓分配看作事物的本质并把重点放在它的上面"庸俗的社会主义仿效资产阶级"把分配看成并解释成一种不依赖于生产方式的东西，从而把社会主义描写为主要是在分配问题上兜圈子"。"杜林的经济学归结为这样一个命题：资本主义的生产方式很好，可以继续存在，但是资本主义的分配方式很坏，一定要消失。"这些机会主义和修正主义分子，多半是资产阶级野心家、阴谋家和马克思主义的叛徒，在他们看来，资本主义社会是人类最合理的社会、资本主义是万古长青的。如果说资本主义还有什么弊病的话，那么，这种"弊病"也只是存在于分配方面。因此，去掉这种"弊病"，不需要进行阶级斗争和社会革命，只需要"公平合理的分配"。很明显，这种反动观点，这种"分配决定论"完全是从维护资本主义剥削制度、反对无产阶级革命的需要出发的，因此，大家都知道，马克思和恩格斯在其一生中对这些机会主义者和修正主义者进行了不懈的斗争。

在现实经济生活中，我们在生产与分配关系上存在的主要问题则是对分配的作用估计不足。主要表现在两个方面：一方面是对生产决定分配这个正确观点的理解有些绝对化，结果虽然口头上说的是"生产决定分配，分配影响生产"，但实际上是只见"决定"作用，不见"影响"作用。这种理解看起来生产观点很强，实际上是削弱生产。另一方面是认为，既然生产关系决定分配关系，那么在一定的生产关系之下，就会有一定的分配关系自发地与它相适应，不需要人们进行调整。由于这种观点的影响，多年来，我们在分配办法方面（包括生产资料的分配）很少有变动。后一种观点是从前一种观点派生出来的，但不论哪一种观点，都使得我们把分配看作似乎是一种消极、被动的东西，从而使我们无法从理论上认识分配在社会再生产中的重要性，当然也就无法在实际工作中充分发挥分配在社会再生产中的重要作用。产生这些错误的原因，主要是由于我们没有真正搞清楚马克思、恩格斯对"分配决定论"批判的历史背景和内容，同时也没有全面地、深刻地领会他们关于生产与分配的关系的理论。

关于生产与分配的关系，马克思在《〈政治经济学批判〉导言》中说："我们得到的结论并不是说，生产、分配、交换、消费是同一的东西，而是说，它们构成一个总体的各个环节、一个统一体内部的差别。"生产即支配着生产的对立规定上的自身，也支配着其他要素。过程总是从生产重新开始。交换和消费不能是起支配作用的东西，那是自明之理。分配，作为产品的分配，也是这样。而作为生产要素的分配，它本身就是生产的一个要素。因此，一定的生产决定一定的消费、分配、交换和这些不同要素相互间的一定关系。当然，生产就其片面形式来说也决定于其他要素。例如，当市场扩大，即交换范围扩大时，生产规模也就增大，生产也就分得更细。随着分配的变动，例如，随着资本的集中，随着城乡人口的不同分配等，生产也就发生变动。最后，消费的需要决定着生产。不同要素之间存在相互作用。每一个有机整体都是这样。这是马克思对生产、分配、交换、消费的一般关系的研究结论。这个结论写得多么确切，多么精彩啊，以致我们不能不一字不漏地把它整段地加以引证。

对马克思的这个结论，过去我们没有全面理解，特别是对其中的两个问题没有全面理解。一个问题是："生产就其片面形式来说也决定于其他要素。"这就是说马克思承认分配对生产也有"决定"作用，当然，这种"决定"作用是加了限制词的，是就生产的"片面形式"来说的，但毕竟是"决定"作用。另一个问题是："分配，……作为生产要素的分配，它本身就是生产的一个要素。"什么是"生产要素"呢？马克思这里所说的生产要素是指"（一）生产工具的分配。（二）社会成员在各类生产之间的分配。马克思还进一步阐述"'生产要素'这种分配包含在生产过程本身中并且决定生产的结构，产品的分配显然只是这种分配的结果。如果在考察生产时把包含在其中的这种分配撇开，生产显然是一个空洞的现象；反过来说，有了这种本来构成生产的一个要素的分配，产品的分配自然也就确定了"。马克思在这里讲的是两种分配：一种是产品的分配，另一种是生产要素（生产条件）的分配。产品是生产的结果，产品的分配是由生产要素的分配决定的；生产要素的分配属于生产本身它是由社会生产力的性质和社会生产方式决定的。马克思把这两种分配加以区别是有很大的理论意义的。这样既严肃地批判了"分配决定论"的错误观点，也没有降低分配在社会再生产中的地位和作用。我们有些同志怕被说成是"分配决定论"者，过去对马克思的这些话不敢引证，当然也就谈不上研究和全面理解，结果，不仅把生产工具等生产要素的分配列入通常的分配范畴（即不是把对它们的分配看作是属于生产本身），而且连分配对生产在其"片面形式"上的"决定"作用也不敢提，这就不能不使分配在社会再生产中完全处于一种消极、被动的地位。应当指出，有些同志对分配处于这种状态是不满意的。所以，近几年来有些文章强调"分配对生产有决定性的制约作用""分配结构与经济结构，互相依存，互相制约"，等等。这些同志的用意是很好的，是想用这样的提法来提高分配在社会再生产中的地位和作用。但是，把二者的关系说成是"互相依存、互相制约"的关系，从理论上说，未必能站得住脚；从实践上说，也未必能够达到提高分配的地位的目的。

社会再生产既是社会物质资料的再生产也是社会生产关系的再生产。说生产、分配、交换和消费是社会再生产的一个统一体，是说它们的一般关系应该是一个统一体，但实际上这个统一体常常是不统一的，不论就物质资料的再生产过程，还是就生产关系的再生产过程来说都常常出现不统一的情况。恩格斯说："每一种新的生产方式或交换形式，在一开始的时候都不仅受到旧的形式以及与之相适应的政治设施阻碍，而且也受到旧的分配方式的阻碍。新的生产方式和交换形式必须经过长期的斗争才能取得和自己相适应的分配。但是，某种生产方式和交换方式愈是活跃，愈是具有成长和发展的能力，分配也就愈快地达到超过它的母体的阶段，达到同到现在为止的生产方式和交换方式发生冲突的阶段。"这说的是生产关系再生产过程的不统一的情况。至于在物质资料再生产过程中，生产、分配、交换、消费不统一的情况，在资本主义社会更是经常出现的，小的不统一表现为价格的上下波动，大的不统一表现为周期性的经济危机。在生产资料私人资本主义占有的条件下，这两种不统一是不可避免的，要彻底解决这个问题只有进行社会主义革命。

在中国生产资料所有制的问题基本解决之后，生产资料私人资本主义占有与生产的社会化之间的矛盾已不存在，代替生产无政府状态规律的是国民经济有计划按比例发展的规律，这就为我们按照客观经济规律与自然规律正确安排社会再生产提供了可能性。当然可能性并不等于现实性。把可能性变为现实性的关键条件就是正确地认识和驾驭这些规律，不然也会出现问题。我们认为，在中国生产资料所有制问题解决后，分配问题就成为社会再生产中的主要问题。现在国家不仅掌握着相当大部分的生活资料的分配权，而且掌握着相当大部分的生产资料和劳动等生产要素的分配权，因此，国家在分配问题上处理得是否妥当对社会再生产的影响之大是可以想象的。如果国家经济发展战略正确，投资分配合理，就会改变不合理的经济结构，使经济迅速发展，人民生活不断改善和国家政权不断巩固。中国第一个五年计划期间的实践就是证明。相反，如果国家的经济发展战略有错误，"严重失算"，投资分配不合理，也会导致经济发展缓慢、比例失调、生活下降，甚至发生政治经济危机。为了避免发生后一种情况，需要解决一系列的理论问题，正确地解决生产与分配的关系问题就是其中的一个重要问题。所以，我们应该重新认真学习和研究马克思关于生产要素的分配"属于生产本身"和分配对生产的"决定"作用的理论。

二 财政与企业的关系

如何处理财政与企业的关系是中国社会主义建设实践中多次碰到但未完全解决的另一个重大问题。

现在中国财政从企业每年集中的纯收入大体占国民收入的1/3。这是一笔巨大的财富。把这么大比重的纯收入集中到国家手里的，目前在世界上只有少数几个发达的资本主义国家和苏联东欧一些国家。这些收入如何集中，集中之后又如何安排支出，收入和支出的经济效果如何等，都是值得认真研究的问题。

财政收入是在企业的总产品分配中，首先必须进行的社会

"扣除"的形式。由于中国是生产资料公有制的国家，因此，从理论上说中国财政收入占国民收入的比重应比资本主义国家的大，但实际上目前一些发达的资本主义国家和苏联东欧国家的比重超过了中国。有些同志看到这种情况，就设想把企业在扩权中得到的合理收入收回，以提高财政收入占国民收入的比重。我们认为这种想法是值得商榷的，因为一国财政收入占国民收入的比重不仅受所有制的制约，而且也受经济发达程度、劳动生产率和现行财政政策制约。一般地说，经济发达国家在财政收入比重上要大于不发达的国家；在经济发达水平不相上下的国家中，公有制国家的财政收入比重要大于私有制国家。所以，不能仅从所有制一个方面看问题。退一步说，即使仅从所有制一个方面去看，也不能认为国营企业是"自己的"，国家愿意拿多少就拿多少，这里有两个客观界限是必须遵守的。一个界限是国家可以拿走的最大限量是企业的全部剩余产品（即 M 部分）价值，如果超出过这个界限就是杀鸡取卵、竭泽而渔，破坏生产。这种情况只有在发生全面战争、重大灾荒或政策发生严重错误的条件下才可能产生。在正常情况下不仅不能超过这个限量，而且也不能等于这个限量，因为等于这个限量也会大大挫伤企业和职工的积极性。另一个界限是要看经济效果。既然不能超过也不能等于前述那个限量，那就只能少于那个限量。究竟少于多少？即究竟国家和企业应该各拿多大比例？这正是在打破统收统支和吃"大锅饭"的体制之后，必须研究解决的问题。我们认为这个比例应该是对国家和企业都能取得最大经济效果的比例。有个外国人说：如果每增加一元钱给一个人带来的满足是依次递减的，而富人和穷人享受满足的能力又都一样，那么，当向百万富翁征收一元税款，把它给予中等收入的人时，增加的总效用应该比减去的要多。这一元钱对百万富翁来说是"效用递减规律"，而对中等收入的人说则是"效用递增规律"。这个外国人讲的情况当然是假定的。但是，在现实经济生活中，同样一笔资金，在不同企业发挥的经济效果确实是不一样的。如果通过税收能把"效用递减"的拿来，交给"效益递增"的企业或国家来使用，那么，从宏观看，经济效果一定是很不相同的。所以，我们一定要认真研究国家与企业（包括职工）之间分配企业纯收入的最优比例。所谓最优比例就是使国家与企业都能取得最优经济效果的比例。企业纯收入按最优比例在国家与企业之间进行分配，从税收方面看，就是正确处理财政与经济关系的结合点。这个问题处理得好，既可以从企业取走税收，用于国家更需要的地方，使现有资金发挥更大的经济效果，又能调动企业纳税的积极性。这样，我们组织财政收入的各项措施，包括税种的设置、税率的设计（拟议中的企业所得税征收办法，多数同志主张采取用累进税率，那么累计的级距和适用税率应该如何设计呢？是只从保收入考虑，还是应既考虑保收入，又考虑公平合理和有利于提高经济效果呢？我们认为是后者。）纳税的环节、纳税的时间等都要考虑提高企业经济效果和增加社会剩余产品。企业富起来了，国家也就有了充裕的财源，财政占的比重将会提高。

如果说组织财政收入是个很复杂的问题，那么安排财政支出是一个更加复杂的问题。我们认为，像我们这样实行生产资料公有制的国家，如何使财政支出取得最大的经济效果是经济决策部门和财政部门必须时刻注意的中心问题。社会主义财政学研究的重点也应放在这里。因为从理论上说，马克思讲的"分配……作为生产要素的分配，它本身就是生产的一个要素"这句话，套用在财政上就是指安排支出，即安排下一个周期的社会再生产；从实践上说，我们二十多年来由于决策失误、支出安排不当等造成的损失浪费是惊人的，实践上造成的浪费，与理论上对支出的研究不够有关。支财之道在于生财，生财之道不仅在于正确的组织收入，而且更重要的在于正确地安排支出。澳大利亚经济学家科林·克拉克说：没有一个政府所征收的赋税和花费的开支能够超过国民收入的25%而不造成灾难，这是一条规律。最近，克林·克拉克的老朋友、澳大利亚新南威尔士大学军事研究院卡斯铂教授来华，我们问他：近二十年来特别是近几年来世界上一些发达资本主义国家的税收和花费都超过了25%，不仅没有造成灾难，而且经济还有发展，科林·克拉克提出的这条规律是否存在？他说：作为一种趋势，克拉克是对的，究竟是25%还是30%，可以研究。税收越大，对经济越不利，虽然没有造成灾难，但遇到了困难，里根政府削减税收，理由就在于此。我们认为，科林·克拉克的观点有一定的道理但也有片面性。片面性就在于没有联系支出的经济效果。可以设想，如果资本主义国家税收超过国民收入的25%，而这些收入全部用于非生产性的消费上或者虽然部分地用于生产性消费上但经济效果很差，那么定会"造成灾难"；如果这些收入的相当大部分用于发展经济事业上且经济效果比私人的还好，而用于非生产性方面的支出，大部分也同社会福利有关，那么也不一定会"造成灾难"。所以，我们认为，资本主义国家的财政支出，也有一个支出的经济效果问题。但是资本主义国家可以不考虑私人资本主义企业的支出效果问题，因为那是私人资本家的事情。社会主义国家财政支出与资本主义国家不同：既要考虑国家支出的经济效果，也要考虑企业支出的经济效果。前面我们提到要按最优比例在国家与企业之间分配纯收入，这个最优比例就包括正确安排支出的因素。当然，我们说国家财政要考虑国家支出的经济效果，也要考虑企业支出的经济效果，绝不是说企业的一切开支都要通过财政安排和拨款，正像我们强调要坚持计划经济制度，但绝不是说对企业的一切经济活动都要通过计划来具体规定一样。

三　财政学的发展趋势

新中国成立30年来，中国在社会主义财政学研究方面有很大进展。20世纪50年代中、末期和60年代初期，中国财政经济理论界曾探讨过财政学的基本问题。可惜，以后由于"文化大革命"这些研究都中断了。打倒"四人帮"之后，特别是在当前，财政理论研究空前活跃，这是一件大好事。我们相信，我们国家的财政科学一定会得到发展和提高。

在财政学研究中，我们觉得最难解决的是财政与经济的关系问题（或者说是在社会再生产中生产与分配的关系问题）。前面我们详细地叙述马克思的研究结论的目的，就是为解决这个问题打基础的。另外，毛泽东同志在《抗日时期的经济问题和财政问题》中写的一段名言，也应当成为我们研究这个问题的指导思想。这段名言是："财政政策的好坏固然足以影响经济，但是决定财政的却是经济。未有经济无基础而可以解决财政困难的，未有经济不发展而可以使财政充裕的。"这段话，不仅适用于当时的抗日时期，而且也适用于今天的社会主义建设时期。当然，这个指导思想需要阐发。总之，解决这个问题，不仅对建立中国财政理论体系有很大的意义，而且对当前的经济建设也有很大的意义。

解决这个问题是不容易的。这里我们可以看看资本主义财政学的发展史。19世纪末以前，资本主义财政学是并在经济学里讲的。1892年巴斯特布尔的《财政学》出版后，财政学才作为一个独立的学科出现。1936年凯恩斯的《就业、利息和货币通论》又把财政作为经济平衡的要素来看待，这样财政学就又由独立学科回到经济学范畴，近半个世纪以来主要资本主义国家都是把凯恩斯的理论奉为圭臬的。但是近几年来反对凯恩斯理论的学派，也已出现。在不到一百年的时间里反复这么大，说明财政与经济的关系问题，在资本主义国家的财政经济理论界也是一个有待解决的问题。

如果说，资本主义国家财政解决这个问题不容易，那么社会主义国家财政解决这个问题可能更加不容易。因为社会主义国家财政介入社会再生产的广度与深度要比资本主义财政大得多、深得多。当然,我们说解决这个问题不容易,并不等于说这个问题不能解决。尽快地在这个问题上有重大突破,并进而把它加以解决,是摆在我们面前的一个重大课题。

(原载《财政研究资料》1982年第21期)

试论社会主义税收存在的必然性

——兼论税收与生产力发展的关系

社会主义税收存在的必然性问题，是在中国社会主义改造基本完成以后提出来的一个重要理论问题。当时人们对这个问题的看法，不仅在理论上有争论，而且在实践上也有分歧。在"大跃进"的年代，在部分城市进行的"税利合一"试点，就是试图对国营企业用上缴利润形式代替税收的尝试。后来试点虽然失败了，实践证明取消税收的道路走不通，但是当时并没有从理论上把这个问题展开讨论。20世纪60年代初期，中国财政学界曾对这个问题进行过讨论，但是没有取得一致的认识。时隔20多年以后，现在人们对这个问题的看法，仍然存在分歧。因此，现在把这个问题进一步展开讨论，逐渐取得一致的认识，是有很大的理论和实践意义的。

经过"税利合一"试验失败的实践和20世纪60年代初期的讨论，从实践上说，不论学术界还是实际工作部门的同志都认为，中国社会主义税收应该长期存在。但是，从理论上说，大家对社会主义税收存在的客观依据，却看法不一，甚至有些观点是针锋相对的。主要存在以下三种不同观点：

第一种观点认为，客观经济条件决定税收的必然存在。"我们必须从社会的经济条件方面，特别是作为生产关系的基础的生产资料所有制及其与此相关联的一些经济因素，来找税收存在的必然性。"

第二种观点认为，社会主义税收的存在是基于社会主义国家的存在。持这种观点的同志认为，税收产生和存在的必然性是由国家的需要决定的，国家的产生和存在，决定着税收的产生和存在。国家与税收的关系是决定与被决定的关系。

第三种观点认为，税收是由国家的价格形成制度决定的。"价格安排有多大积累，税收就提取多大的份额。"持这种观点的同志认为，由于国家制订的商品价格与价值有背离，因此，需要通过税收将价格高于价值的部分加以调节，这就决定了税收的必然存在。这种观点受苏联的价格形成理论影响很大。

近几年来，在中国财政税收理论界，对上述三种观点，曾经进行过热烈的讨论。现在主张第一种观点，即主张经济条件决定税收存在的同志逐渐增多，因此，在这里我们将主要讨论这种观点。主张这种观点的同志，尽管在具体观点上也不尽一致，但是他们的基本观点是一致的。他们都是从恩格斯"分配就其决定性的特点而言，总是某一个社会的生产关系和交换关系以及这个社会的历史前提的必然结果"的教导出发，从作为生产关系基础的生产资料所有制及与其相关联的一些因素来分析税收存在的必然性的。他们的基本观点是：（一）在生产力比较发展的社会里，社会产品除了一部分直接由生产者及其家属用于个人消费之外，剩余产品的一部分要形成"社会基金"，以满足一般的社会需要。而社会主义社会的这种一般社会需要要比资本主义社会范围更大。这是决定社会主义社会仍然存在税收的最先决的前提。（二）在中国社会主义现阶段，生产资料所有制结构是多层次的。除了全民所有制经济主导部分外，还有大量的非全民所有制经济单位。这些非全民所有制单位生产的社会产品在初次分配过程中首先为各该单位所有，国家不能直接分配。国家对它们生产的社会产品的扣除，只能采取税收的形式。（三）在全民所有制经济内部，国家虽然是生产资料所有制的代表，但是不可能直接管理所有的企业，从而企业创造的社会产品价值不经过再分配也不可能直接归国家支配。

我们认为，主张"经济条件决定论"的同志，从生产资料所有制结构等经济条件出发研究社会主义税收存在必然性的思路是可取的。研究社会主义税收存在的必然性，应该联系社会主义的生产关系，这无疑是正确的。但是只联系社会主义生产关系而不联系我国社会的基本矛盾和生产力的状况，似乎是一个不足。下面谈谈我们的观点。

研究中国社会主义社会税收存在的必然性，应该联系中国社会的基本矛盾。因为社会主义税收作为研究社会主义经济领域一种特殊矛盾的科学，它是受社会主义社会基本矛盾的制约并要为解决这个基本矛盾服务的。

邓小平同志历来重视对我国社会基本矛盾的研究。在党的十一届三中全会以后，他对社会主义生产力问题更进行了一系列的精辟阐述。他说："什么叫社会主义，什么叫马克思主义？我们过去对这个问题的认识不是完全清醒的。马克思主义最注重发展生产力。我们讲共产主义，共产主义的含义是什么？就是各尽所能，按需分配。这就要求社会生产力高度发展，社会物质财富极大丰富。所以，社会主义阶段的最根本任务就是发展生产力。社会主义的优越性就是体现在它的生产力比资本主义发展得更高一些、更快一些。如果说我们建国以后有缺点，那就是对发展生产力方面有某种忽略。"[①] 并说："我们的生产力发展水平很低，远远不能满足人民和国家的需要，这是我们目前时期的主要矛盾，解决这个主要矛盾就是我们的中心任务。"最近，邓小平同志又尖锐地提出："搞社会主义，一定要使生产力发展，贫穷不是社会主义。我们当然要坚持社会主义。但要进一步建设对资本主义具有优越性

---

① 邓小平：《建设有中国特色的社会主义》（增订本），人民出版社1987年版，第52—53页。

的社会主义，首先必须建设能够摆脱贫困的社会主义。现在虽说我们也在搞社会主义，但事实上不够格。只有到了下世纪中叶达到了中等发达国家的水平，才能说真的搞了社会主义，才能理直气壮地说社会主义优于资本主义。现在我们正在向这个路上走。"①

从邓小平同志的上述论述可以看出，他不仅提出了社会主义阶段的主要矛盾和根本任务，而且提出了一个重大的理论问题，即社会主义的生产力"标准"问题。这个问题的提出和解决是我们党在社会主义建设指导思想上的最根本的拨乱反正。

当然，强调社会主义阶段的根本任务是发展生产力，强调要提高对发展生产力重要性的认识，并不是说可以忽视其他方面的工作。我们在大力发展生产力、建设强大的社会主义经济的同时，还必须完善社会主义生产关系，大力发展社会主义民主，健全社会主义法制，建设社会主义精神文明，改革和健全社会主义上层建筑。忽视这些方面的建设是错误的。但是所有这些方面的建设，当然也包括税制改革和税制建设在内，都必须服从和服务于发展社会主义生产力这个根本任务。

促进生产力的发展是社会主义税收存在的一个重要原因。关于这一点，即关于税收同生产力的关系问题，无产阶级革命领袖作过许多重要的提示，马克思和恩格斯在《共产党宣言》中说过，无产阶级夺取政权以后。要利用自己的政治统治，采取多种对所有权和资产阶级生产关系进行强制性干涉的措施，包括征收高额累进税，"一步一步地夺取资产阶级的全部资本，把一切生产工具集中在国家，即组织成为统治阶级的无产阶级手里，并且尽可能快地增加生产力的总量"。② 毛泽东同志在财政经济问题上一贯反

---

① 中共中央文献研究室编：《邓小平同志重要讲话》，人民出版社1987年版，第23页。

② 中共中央马克思恩格斯列宁斯大林著作编译局编：《马克思恩格斯选集》第一卷，人民出版社1972年版，第272页。

对片面看重财政，不懂得整个经济重要性的观点。他说："财政政策的好坏固然足以影响经济，但是决定财政的却是经济。未有经济无基础而可以解决财政困难的，未有经济不发展而可以使财政充裕的。""在公家极端困难时，要人民多负担一点，也是必要的，也得到人民的谅解。但是我们一方面取之于民，一方面就要使人民经济有所增长，有所补充。……使人民有所失同时又有所得，并且使所得大于所失。"① 从革命领袖的这些教导可以看出，社会主义税收不仅应该成为对所有权和资产阶级生产关系进行强制性干涉的手段，而且更应成为迅速增加"生产力总量"，使"所得"大于"所失"，为人民"谋福利"的重要工具。我们认为，这是对社会主义税收存在必然性最好的概括。这就是说，研究社会主义税收存在的必然性以及研究如何做好税收工作，必须从生产关系与生产力两个方面去研究，而不能只从一个方面去研究。不过，应当指出对所有权和资产阶级生产关系进行强制性干涉，完成生产资料所有制的社会主义改造，一般是在无产阶级夺取政权后的一个不太长的时期内必须解决的任务。这个任务完成后，税收当然还有巩固、发展与完善社会主义生产关系的任务，但是它在整个社会主义阶段的主要任务都应是促进生产力的发展。尤其是在原来经济、文化相对落后而又取得了社会主义革命胜利的国家更应如此。这是由于经济和政治条件的变化向税收提出的客观要求，因为在生产资料社会主义公有制已经确定的条件下，税收不仅是筹集财政收入和保证收入公平、反对贫困的手段，而更重要的是应该成为国家领导、组织和调控经济的重要工具，成为发展有计划商品经济和生产力的强有力的杠杆。所以，研究社会主义税收存在的必然性，一定要联系社会主义社会的基本矛盾，特别要研究税收同生产力的关系。

---

① 《毛泽东著作选读》（下册），人民出版社1986年版，第559—560页。

但是税收对生产力发展的影响，同自然科学和技术对生产力发展的影响是不同的。前者的影响是间接的，后者的影响是直接的。自然科学技术在生产中的应用，比如在农业中的土壤、种子改良、化学肥料和新的农机具等的采用；在工业中新材料、新设备或新的管理技术等的采用，都会使生产量或经济效益成倍或成十倍地提高，会变成直接的生产力。马克思说："固定资本的发展表明，一般社会知识、学问，已经在多么大的程度上变成了直接的生产力，从而社会生活过程的条件本身在多么大的程度上受到一般智力的控制并按照这种智力得到改造。"[1] 税收则不同。在这里，除了税务部门利用自己的工作条件为生产经营单位"穿针引线"或采取其他"支、帮、促"措施，对生产力发展给予直接影响以外，就税收经济总体来说，它对生产力发展的影响是间接的。因为税收对经济和生产力的影响是以法律或行政法规的形式，即以上层建筑的形式出现的，而上层建筑同生产没有直接的联系，它是经过经济基础的中介，即通过生产关系的调整与变革同生产发生联系的，所以，税收对生产力发展的影响不是直接的。认识这个特点是很重要的。第一，既然税收影响生产力的发展是通过政治上层建筑的形式进行的，那么税收法令法规一旦形成，就具有法律的效力，对纳税人和征税人都具有很强的约束力，这就要求制定或改变税收法令和法规应该采取十分严肃的态度。一定要进行周密的调查研究和反复测算，力求使其符合客观实际。因为符合客观实际的税收法令和法规就会变成巨大的力量推动生产力的发展，不符合客观实际的税收法律和法规不仅不会促进生产力的发展，而且还会变成生产力发展的桎梏和影响社会的安定。第二，既然税收影响生产力的发展是间接的，那么税收法令法规形成以后的"效应"不可能在短期内反映出来。反馈需要一个过程。

---

[1] 中共中央马克思恩格斯列宁斯大林著作编译局编译：《马克思恩格斯选集》（第46卷）（下册），人民出版社1980年版，第219—220页。

同时，税收法令法规的变化，直接涉及人们的物质利益，有时人们在其物质利益的驱使下反馈的信息也不一定完全真实和客观，接受信息的部门对此还要认真分析。所有这些都要求税收法令法规形成以后要保持相对稳定以便观察它们实施后的真正效应。

（与杜存鸣合作，原载《税务研究》1988年第4期）

税收的职能及其历史演变

中国社会主义税收究竟有几个职能，长期以来一直是个有争论的问题。大体上有三种观点。第一种观点，主张有一种职能，即主张税收只有为国家组织财政收入的职能；第二种观点，主张有两种职能，即主张税收既有为国家组织财政收入的职能，又有调节经济的职能；第三种观点，主张有三种职能，即主张税收既有为国家组织财政收入、调节经济的职能，又有管理监督的职能。现在三种观点仍然相持不下，因此，很有进一步展开讨论的必要。

在讨论中国税收究竟有几个职能之前，有一个有争论的前提问题应当首先讨论清楚。这个前提就是税收的职能是固定不变的，还是不断发展变化的？

有些同志认为，税收的职能"是不以人们的意志为转移的客观存在"，因此，税收从它产生的那一天起，它的职能就是固定不变的。在它产生以后的一切人类社会中，这些职能都是同时存在的。在这里"不存在某些职能有无的差别"，只存在人们"对这些职能是否认识的差别"。我们认为，这种观点是值得商榷的。应当承认，税收的职能不是由人们的主观意志随意决定的，它确实是"不以人们的意志为转移的客观存在"，认识这一点是有积极意义的。因为认识它可以促使人们注意防止随意扩大或缩小税收的职能范围，从而产生损害税收工作的现象。但是，问题在于这种"客观存在"的内涵和外延是什么，它是由什么决定的？我们认为这种"客观存在"是由社会客观经济条件和由这些条件决定的社会（以国家为代表）职能所决定的。社会客观经济条件和由这些条件决定的社会职能也是一种"客观存在"。而且这后一种"客观存在"决定前一种"客观存在"，这也是不以人们的意志为转移的客观规律。因此，社会客观经济条件及由这些条件决定的社会职能发生了变化，税收的职能也必然会随之发生变化，而不可能是一成不变的。

税收是一个历史范畴，有其产生、发展、转化与消亡的过程。税收的职能也同样有这样一个过程。税收发展到今天，我们认为它具有两个职能，即财政职能与调节经济的职能。下面结合税收职能的历史发展过程，谈谈我们的观点。

完备的税收形态是由于社会生产力发展到一定阶段，与国家的产生同时产生的。因为国家要执行社会的职能，就必须具有执行这种职能所必需的经费，而税收正是筹集这种经费最有效的形式。所以，恩格斯说："为了维持这种公共权力，就需要公民缴纳费用——捐税。"[1] 捐税是以前的氏族社会完全没有的。我国夏、商、周三代实行的"贡""助""彻"法，也同样是为国家的活动筹集经费的。所以，税收产生以后的第一个职能，就是为国家的活动提供物质保证。这一点，不论在外国还是在我国都是相同的。不过，应当指出，奴隶社会和封建社会的国家或宫廷费用，都是非生产性的，这种费用越多，对生产的发展越不利。人们历来把那些横征暴敛、诛求无已，以填欲壑的统治者称为"暴君"，而把那些节减宫廷经费，减少征税额，"以宽恤民生"的统治者称为"仁君"。

"政府经费，虽依时代而异其用途，但其理想则务在于节约政务费，减少征税额。此种理想，三代时严格实行，以至于后世，

---

[1] 中共中央马克思恩格斯列宁斯大林著作编译局编：《马克思恩格斯选集》（第4卷），人民出版社1972年版，第167页。

几奉为神圣之治世原则,而莫敢有悖;仁君与暴君,几皆以此为分野。……故言治术者,不言缩小宫廷及政府经费与减轻赋税者鲜矣。"①

几千年来的税收,其最大的目的就是组织收入,以"足国用"。因此,人们通常把这种职能叫作税收的财政职能(有的同志认为,"财政职能"一词不确切,不如改为"筹集财政资金的职能"更确切。我们认为可以不改。因为"财政职能"一词,已经是"约定俗成"的事),对税收应当具有财政职能这一点,大家都是同意的,没有争论的。

但是,对于税收产生以后是否就具有"调节经济"的职能,人们的看法就不同了。有些同志认为,税收产生后就具有"调节经济"(有的同志把税收调节经济的职能,说成是"经济职能",显然是不确切的)的职能,也就是说,从奴隶社会开始,税收就具有了"调节经济"的职能。即认为税收调节经济的职能和财政职能是"共生的",只是由于在一个相当长的时期内,人们对这种职能没有充分的认识,所以这种职能没有得到充分的发挥。我们不同意这种观点。我们认为,税收产生以后以及在其产生以后的漫长岁月中,它没有也不可能产生像我们今天所说的"调节经济"的职能,因为在那些岁月里,税收没有产生"调节经济"职能的经济条件。

当然,我们说奴隶社会和封建社会的税收,不可能产生"调节经济"的职能,绝不是说奴隶社会和封建社会的一些明智的统治者,即所谓"仁君",没有采取过一些在客观上有利于经济发展和人民生活改善的税收政策。在我们国家的历史上,不论是在古代还是在近代,这种事例是屡见不鲜的。就拿近代史上的清朝来说,也是如此。

---

① 吴兆莘:《中国税制史》(上册),上海书店1984年版,第2页。

"顺治三年（公元1646年）世祖下谕，谓国计民生，首重财赋，明季私征滥派，民不聊生，朕救民水火，蠲者蠲，革者革，庶几轻徭薄赋，与民休息，乃将明末对于田赋所增征之辽饷、练饷、剿饷等附加税，其他对于盐课、关税、杂税之一切附加税，均废止之……"

"圣祖康熙二十二年（公元1683年）免天下漕粮；四十九年（公元1710年）免天下地赋丁赋。五十一年，谕谓：今海宇承平已久，户口日繁，若按见在人丁加征钱粮，实有不可；人丁虽增，地亩并未加广，应令直省督抚，将见今钱粮册内有名丁数，勿曾勿减，永为定额；自后所生人丁，不必征收钱粮，编审时止将增出实数，察明另造册题报，自此丁赋以康熙五十年之丁数为常额，其后人口增加，永不加赋；后世称为'不加赋祖谕'。其旨不独丁赋，亦可适用于地赋并他税，此为清代税制上之一特色。"[①]

顺治与康熙皇帝采取这些免税与"不加赋"的措施，对于当时饱受明朝末年统治者横征暴敛之苦的农民和农业生产者来说，当然是有利的。但是不能说这两位皇帝是在运用税收手段"调节经济"，或者说是在发挥税收"调节经济"的职能。因为这两位皇帝采取这些措施，首先考虑的是"海宇承平"，即巩固其政治统治的问题，是接受了明末官吏诛求酷烈，导致政权灭亡的教训，而采取的"怀柔"政策。不过，后来的乾隆皇帝确实是把赋税作为国家"调剂权衡"社会财富的手段来使用的，这虽然还不是运用税收手段调节经济，但他实行的税收政策确实是既促进了经济的发展又充裕了财政的税收政策。高宗乾隆元年（公元1736年）谕谓：天地之财、止有此数，与其多聚于左藏，不为令茅檐部屋，自行流通。五年，又谕谓：国家赋税，无论正杂羡余，凡征于官府者，均系出于闾阎；究其实，即以天下之物力，供天下官办兵

---

① 吴兆莘：《中国税制史》（下册），上海书店1984年版，第1—2页。

民之用，上者不过调剂权衡于其间而已。盖当时财政，依量入为出之制，更改专蓄财银于中央之习惯，极力减轻人民之负担；乾隆三十五年、四十三年、五十五年，免天下地丁；三十年、四十五年、六十年，全免漕粮。然乾隆末年，称贮于国库者有七千万两之多焉。①

把税收作为调节经济的一个重要手段来使用，应该说是从资本主义社会开始的。因为把税收作为调节经济的手段来使用，必须具备有使这种手段发挥作用的、一定的经济条件。而这些经济条件只有在资本主义社会才开始具备。这些经济条件至少应该包括：一是社会剩余产品达到一定的规模。可以设想，当社会总劳动所提供的产品仅能维持社会成员最低生活需要时，税收不可能产生；当社会总劳动提供的产品除能维持社会成员最低生活需要以外，还有少量剩余时，税收才可能产生，也才能有筹集国家经费的职能；只有当社会总劳动提供的产品，既能满足社会成员的最低生活需要，又有较多的剩余产品，而这些剩余产品中的相当大部分又能够被国家通过税收的形式掌握在自己的手中，并加以有效地使用时，税收才有产生"调节经济"职能的可能。二是生产社会化达到一定的程度。可以设想，在生产社会化程度很低的社会，比如在自然经济或小商品经济占绝对统治地位的社会，税收没有参与"调节经济"的必要，只有当"工厂内部的生产的社会化组织，已经发展到同存在于自己之旁并凌驾于自己之上的社会中的生产无政府状态不能相容的地步"② 从而使作为资本主义生产方式共同的外部条件的国家不能不出面干预时，才会产生税收参与"调节经济"的必要。三是产业结构达到一定的复杂程度。税收"调节经济"的一条重要内容是促使社会各种资源的合理配

---

① 吴兆莘：《中国税制史》（上册），上海书店1984年版，第3页。
② 中共中央马克思恩格斯列宁斯大林著作编译局编：《马克思恩格斯选集》（第3卷），人民出版社1972年版，第316页。

置和产业结构的优化组合。可以设想，在产业结构单一、生产门类很少的社会，税收在"调节经济"方面也不会有"用武之地"。四是有灵敏的信息传递系统。税收调节经济的实质是国家按照客观经济规律的要求，在税收领域运用信息论、系统论和控制论管理和发展经济的一种形式，所以只有拥有灵敏的信息传递系统，及时掌握经济信息和税收信息，才能正确地进行这种调节。

只有具备上述四个条件，才有产生我们通常所说的税收调节经济的职能的可能性和客观必要性以及"用武之地"（这里姑且不谈国家运用税收调节经济的主观条件，比如决策人的素质、经验和决策能力等）。而这些条件，只有在人类社会发展到资本主义阶段时才开始具备，只有在资本主义社会进入垄断阶段以后才趋于成熟，而也只有在这时"资本主义社会的正式代表——国家终究不得不承担起对生产的领导"。[①]

资本主义国家领导生产，最初是从把大规模的交通机构，包括邮政、电报、铁路等转化为国家财产和由国家出面举办其他公共工程开始的，以后又实行广泛的、间接的干预和调节经济的政策。而后者比前者对经济的影响要大得多。资本主义国家干预和调节经济除了采取法律和行政手段以外，主要是运用财政税收和金融货币政策这两个"武器"。因此，近几十年来资产阶级经济学的研究重点日益向财政、金融方向倾斜。西方国家所说的经济政策指的就是财政税收政策与货币金融政策的总称。萨缪尔森说："现代政府的一个重要作用在于控制难于收拾的通货膨胀，避免长期失业和经济停滞。使用的主要武器有二：'货币政策和财政政策。'""只是在过去的四十年中，我们才普遍认识到，政府的财政政策——改变公共支出和税收，以便造成盈余或赤字，而不是平衡的预算——对失业、生产总量、货币收入和实际收入、价格

---

① 中共中央马克思恩格斯列宁斯大林著作编译局编：《马克思恩格斯选集》（第3卷），人民出版社1972年版，第435页。

水平都具有深厚的影响。""坏的财政政策可以使经济周期更坏。稳定性的财政政策可以缓和商情的上升或下降。由于现代政府的巨大规模,没有财政政策就等于宣布死亡。"① 萨缪尔森还把税收制度看作是对经济活动的一个有力的和作用迅速的内在"稳定器"。他说:"为了抑止经济活动的高潮,需要预算上有盈余。造成盈余的方法有两个:减少政府开支和增加税收。为了对付衰退,也有两个方法:增加开支和减少税收。我们很幸运,因为我们现行的税收制度含有一定程度的自动'伸缩性':税收在通货膨胀的时期趋于上升,而在经济萧条时期趋于下降。这是稳定经济活动和减轻经济周期波动的一个有利因素。"② 应当指出,萨缪尔森在这里回避资本主义社会的基本矛盾,期望通过财政税收政策和货币政策来解决由于这个基本矛盾所产生的失业、经济停滞、经济危机等资本主义的痼疾,那是不可能做到的,因为这些措施至多只能缓和矛盾,使资本主义经济由激烈的阵痛变为"滞胀"性的持续的慢痛。不过,萨缪尔森在这里叙述的资本主义社会只是在四十多年前,即在凯恩斯学说问世以后,才真正认识到财政税收在调节经济中的作用的观点看来是对的;另外,他对资本主义财政税收在调节经济中的作用的估计虽然有些地方言过其实,但是总的来说还是基本符合几十年来资本主义国家的实际情况的。

虽然税收调节经济的职能在资本主义社会才能产生和发展,并能在不同时期的税收政策中加以具体的运用。但是应当看到这种运用的范围是受到很大的限制的。这一点萨缪尔森也是承认的。他说:"不论对热忱的再分配论者而言增加某些赋税是如何有利,这些增加会有损于人的积极性和社会资源的有效率的使用。③ 这种限制是由资本主义社会的基本矛盾——生产的社会化与生产资料

---

① [美] 萨缪尔森:《经济学》(上册),商务印书馆1980年版,第215页。
② 同上书,第150页。
③ 同上书,第233页。

私人资本主义占有之间的矛盾决定的。要取消这种限制，只有解决这个基本矛盾，要解决这个基本矛盾，只有取消资本主义私有制，并'由社会公开地和直接地占有已经发展到除了社会管理不适于任何其他管理的生产力'。"也就是说，只有实现了社会主义革命以后，资本主义社会的生产无政府状态才会"让位于按照全社会和每个社会成员的需要对生产进行的社会的有计划的调节"。[①] 所以，只有在社会主义社会才有了全面地、充分地发挥税收调节经济的职能的条件。因为在社会主义社会就总体上说不仅不存在资本主社会的那种限制，而且这是对国民经济实现"社会管理"和"有计划调节"的一种客观要求。

近几年来，中国经济财政理论界和实际工作部门的一些同志，经过研究讨论，他们中的大多数同志主张税收应该有两种职能，即财政职能和调节经济的职能。但是对这两种职能的关系又有不同的看法。一种观点认为，在社会主义社会，特别是在社会主义初级阶段在考虑税收问题时，应首先把税收看成是最重要的经济杠杆，也就是说应把税收调节经济的职能放在第一位；一种观点认为，税收历来是取得财政收入的手段，在有计划的商品经济条件下也不例外，也就是说税收的财政职能是第一位的、原生的职能，而调节经济的职能是派生的、第二位的职能。我们主张前一种观点不同意后一种观点。下面说说我们主张前一种观点的理由。

首先从微观经济方面看，中国实行"利改税"以后国家财政收入的 90% 以上、国营企业纯收入的绝大部分要通过税收纳入国家预算。这就是说，中国税收已经达到如此巨大的规模，它和经济的联系已经密切到这样的程度，以致使税收如果不首先考虑对经济的影响（包括把税收的征收对企业经济行为的消极影响减少到最低限度和把税款的使用效果提高到最大限度），不仅经济得不

[①] 中共中央马克思恩格斯列宁斯大林著作编译局编：《马克思恩格斯选集》（第3卷），人民出版社1972年版，第437页。

到持续稳定的发展和正常的运行，而且税收本身也将受到威胁。因为国营企业逐步走上"自主经营、自负盈亏"以后，它们能否生存和发展，不仅取决于企业的生产经营状况，而且取决于其缴纳所得税以后的留利多少和留利是否合理，直接关系到企业积极性能否发挥。至于说到非国营企业，那么它们对税收产生的效应和后果，恐怕比国营企业还要敏感得多。在这种情况下，税收在组织收入时只有把调节经济的职能放在第一位，周密考虑对经济可能产生的影响，才能促进社会生产力的发展，才能为税收收入提供广阔的源泉。

其次，从宏观经济管理方面看，现在大家都已认识到商品经济的充分发展是社会经济发展的不可逾越的阶段。但是，在我国这种商品经济是以公有制为基础的、有计划的商品经济。所谓有计划商品经济就是"国家调控市场，市场引导企业"的商品经济。"国家调控市场"，就是说国家对宏观经济的管理和调节，将主要依靠运用经济政策和价格、税收、信贷、利率和汇率等经济杠杆来进行；"市场引导企业"，就是说国家对企业的管理和领导将由直接控制为主逐步转变为通过市场的间接控制为主。我国经济运行模式的这种转变，不仅要求人们必须提高对发展商品经济重要性的认识，而且要求人们必须充分认识经济杠杆在发展有计划商品经济中的作用。因此，不再把税收仅仅看作组织财政收入的手段，而是把它首先看作是实现"国家调控市场，市场引导企业"的重要经济杠杆，并且同其他经济杠杆一起肩负起控制和调节经济正常运行的重任，乃是现阶段发展有计划商品经济的客观要求。

税收把调节经济的职能放在第一位，把财政职能放在第二位，是否会降低税收在组织财政收入中的重要地位，是否会影响财政收入呢？不会。税收把调节经济的职能放在第一位是说要把税收作为国家领导、组织和调节经济运行的一个重要手段来使用，其目的是在国家计划指导下首先要在调节社会供应总量和需求总量积累及消费等重大比例关系,调节财力、物力和人力的流向,调节产业结构和生产力的布局,调节对外经济往来等方面配合其他经济杠杆发挥更大的作用。其次是要在分配剩余产品价值的过程中,正确地协调国家、集体和个人的经济利益,调动人们生产经营和工作的积极性,诱发经济活力和经济效率,使我国的自然资源和财力资源得到最合理、最有效的利用。只要能够做到这些,中国的经济就会得到持续稳定的发展,就会更加繁荣。在私有制条件下,一些理财能手都还懂得培养税源的道理,难道在社会主义公有制的条件下,经济繁荣了,还愁财政收入没有来源吗?所以,把税收调节经济的职能放在第一位,实际上是把生财和用财放在第一位,绝不是丢掉税收的财政职能。恰巧相反,从根本上说,只有如此,财政才能有充裕的收入来源。

还有些同志认为,不能笼统地说税收的财政职能是第一位,还是调节经济的职能是第一位,而应从具体的税种上去分析。有些税种的设置,主要是为了实现调节经济的职能,比如烧油特别税;有些税种的设置,则主要是为了实现财政的职能,比如国营企业所得税。我们认为,这种分析有一定的道理。确实,某个税种体现某种职能的程度是不相等的。但是不能由此得出结论,认为税收作为一个整体,它的两个职能不能再区分为哪个是第一位的,哪个是第二位的。社会主义税收,作为一个整体来说,它的第一位职能只能是调节经济的职能。国营企业所得税,是我国的主体税种之一,它的设置也首先不是为了实现财政职能,如果是为了实现财政职能,那么实行"利改税"就是多此一举了,因为用"上缴利润"的形式也可以把企业的纯收入动员到预算中去,当初谋划征收国营企业所得税恰恰是从经济上考虑的,是从搞活企业考虑的。目前由于它还不完善,所以发挥调节经济的作用还不充分,但是,这种状况是会逐步改变的。

总之，税收作为一个历史范畴，它的职能是随着客观经济条件的变化而变化的，经过漫长岁月的历史演变，它由一个职能（财政职能）发展成为两个职能（财政职能与调节经济职能）。现在它在我国正经历着财政职能为第一位职能向调节经济职能为第一位职能的转变。这种转变是完全符合我国经济运行模式和经济发展的客观要求的，也是完全符合社会主义的理财原则的。这种转变可以说是税收战略思想的"质"的转变。实现这种转变，不仅将为改革和完善税制提供理论依据，而且必将引起税收理论、税制体系、税收征管和税务机构设置等许多方面的重要变化。

（原载《宁波财税》1989 年第 1 期）

对社会主义税收基本特征的质疑

多年来，在中国的一些报刊和财经院校的财政税收专业教材中，一直宣传"强制性""无偿性"和"固定性"是税收在不同社会制度下的共同基本特征。这就是说，这三个特征不仅是社会主义社会以前诸社会形态税收特征，而且也是社会主义社会税收的特征。1979年，国家税收教材编写组编著的高等财经院校适用教材《国家税收》一书的"第一章，社会主义税收的性质与作用"，一开头就提出："税收是国家为了实现其职能，按照法律预先规定的标准，强制地、无偿地取得财政收入的一种手段。"① 接着就依次论述了税收的强制性、无偿性和固定性。这就是说，在这本有影响的教科书中，也明确地承认强制性、无偿性和固定性是社会主义税收的三个基本特征。

我们认为，把强制性、无偿性和固定性规定为社会主义税收的三个基本特征，是值得商榷的。下面谈谈我们的看法。

一 关于强制性

主张税收有强制性的书刊，其理由主要有两条：一条是"税收是国家凭借政治权力参与国民收入分配和再分配的一种方式"，另一条是"国家的税收，是以法律形式规定的，税法是国家法律

---

① 国家税收教材编写组编著：《国家税收》，中国财政经济出版社1979年版，第1页。

的组成部分"。前一条是后一条的理论根据，后一条是前一条的具体化。两条可以并为一个意思：税法是国家法律的组成部分，所以它有强制性。近两年来，一些企业和个别城市进行税制改革（以税代利）的试点。试点企业消除或减少了拖欠、挤占税款的现象，使财政收入更加"及时、稳妥、可靠"，有些文章认为，这是由于"税收是国家法律规定的，是强制性的"结果。这个观点是上述"强制性"理论在实际工作中的运用。我们认为，这些观点是不对的。因此这些试点，有的是经财政部批准的，有的是经有关的省、县政府批准的，总之，都没有经过相应的立法机关批准，也没有颁布经过立法机关批准的税法，所以，认为消除或减少拖欠是由于"国家法律规定的，是强制性的"结果，是没有根据的。那么试点企业为什么不拖欠税款了呢？我们认为主要原因是：（1）试点企业有了适当的财权和其他的权力，有了一定的经营自主权，克服了过去权力过于集中的毛病；（2）正确处理了国家、企业和职工个人的物质利益关系，克服了过去吃大锅饭、干好干坏一个样的毛病。由于有了这两条，企业和职工便有了发展生产、改善经营管理和提高经济效果的积极性和主动性。经济发展了，国家、企业和职工的利益又得到了正确的处理，这就是企业不拖欠税款的秘密所在。所以，企业不拖欠税款主要不是由于什么"强制性"的结果。

从历史上看，"强制"脱离了实际，就会适得其反。林彪"四人帮"横行时期，天天讲"全面专政"，把强制性强调到无以复加的程度，可是有些企业不是照样不交税款，甚至还靠变卖国家固定资产和银行贷款过日子吗？不仅如此，有时超经济的强制，还会引起严重的政治后果。国民党反动政府，强征苛捐杂税，加速了蒋家王朝的覆灭。恢复酒税是拿破仑垮台的最大原因。[①] 所

---

① 中共中央马克思恩格斯列宁斯大林著作编译局编：《马克思恩格斯选集》（第7卷），人民出版社1959年版，第94页。

以，我们认为税收的强制性不能不讲，但是也不能讲得过分。

其实在社会主义社会以前的诸社会形态中，也并不是都始终强调税收的强制性的。无论在理论上或者在实践上都不如此。亚当·斯密提出的租税四原则①，就没有强制性的原则，而且在其所著《国民财富的性质和原因的研究》一书中，还详细地论述了汉堡人民自发纳税的情景②。在私有制的社会制度下，有时尚能做到不强制，为什么在社会主义公有制经济占绝对优势的条件下，一定要强调"强制性"呢？我们认为，我们的税收理论工作者、税收机关和立法机关应该把主要精力放在研究税收的科学性、合理性和合法性上面（所谓科学性和合理性主要是研究税收如何促进国家、集体经济发展和个体经济的适当发展，如何提高经济效果，如何正确处理国家、企业和个人的利益关系），而不应该放在强制性上面。只要税法是科学的、合理的，不讲强制性也是有强制性的，正如刑法，不讲它有强制性，照样有强制性一样。因为所谓"法"一般总是有强制性的。所以，我们主张用税收的科学性、合理性和合法性来代替税收的"强制性"特征。

二　关于无偿性

有些文章和教科书一方面强调中国税收是"取之于民，用之于民"的税收，另一方面又强调税收的"无偿性"。这就在理论上造成了混乱。因为如果承认我们的税收是"取之于民，用之于民"的，那么就应该承认税收的有偿性；如果承认税收的"无偿性"，那么就应该承认我国的税收不是"取之于民，用之于民"的，二者必居其一，不能并行不悖。

关于社会主义税收的有偿性问题，在理论上是早已经解决了

---

① ［英］亚当·斯密：《国民财富的性质和原因的研究》（下卷），郭大力、王亚南译，商务印书馆1974年版，第384—386页。

② 同上书，第410页。

的问题。马克思说:"从一个处于私人地位的生产者身上扣除的一切,又会直接或间接地用来为处于社会成员地位的这个生产者谋福利。"① 毛泽东同志也指出:"在公家极端困难时,要人民多负担一点,也是必要的,也得到人民的谅解。但是我们一方面取之于民,一方面就要使人民经济有所增长,有所补充。……采取帮助其发展的适当步骤和办法,使人民有所失同时又有所得,并且使所得大于所失。"② 马克思所说的"谋福利"和毛泽东同志所说的"得",就是指的"有偿性"。

有些同志认为,马克思和毛泽东同志在这里是对个人和个体经济讲的,是对的;但对社会主义全民所有制经济是不适用的。我们认为,这种看法是不对的。马克思和毛泽东同志讲的原理对社会主义全民所有制经济也是完全适用的,只是形式不同而已。因为从全民所有制企业角度看,国家征收的税款,一部分用于企业所在地区的市政建设,另一部分作为扩大再生产的基金拨给企业,这就是"有偿性";从国家角度看,还有另一种意义上的"有偿性":即企业今天缴纳的税款,是对国家昨天投资的"报偿"。所以,无论从哪个意义上说,"无偿性"都是不对的。

宣传"无偿性"不仅在理论上造成混乱,而且在实践上也是有害的。因为它妨碍人们在"谋福利"和"得"字上下功夫,妨碍人们认真考虑税收、价格、信贷等重要经济杠杆在调节生产与消费、调整国民经济比例关系和促进经济发展方面的作用。税收的这种作用是通过对各种经济成分的企业的剩余产品按最优比例在国家(包括地方财政)与企业(包括职工)之间进行分配而实现的。所谓最优比例就是使国家与企业都能取得最优经济效果的比例。这个比例处理得好,就能既保证增加国家财政收入,也能

---

① 中共中央马克思恩格斯列宁斯大林著作编译局编:《马克思恩格斯选集》(第3卷),人民出版社1972年版,第10页。

② 《毛泽东著作选读》(下册),人民出版社1986年版,第559—560页。

保证增加企业和职工个人的收入，能够调动企业和职工的积极性和主动性。多年来，我们对这个问题的关注是不够的。所以，现在我们应该强调的是下功夫研究税收的"有偿性"，研究如何使国家和企业取得更大的"得"，研究这个最优比例，而不是继续宣传它的"无偿性"。

三 关于固定性

什么叫税收的"固定性"呢？根据《国家税收》一书的解释是："在征税以前，一般都预先规定了征税对象和征税数额的比例，纳税人只要取得了应该纳税的收入或发生了纳税的行为，就必须按照规定的比例纳税，一般不受其他客观因素的影响。"把这段话的意思说得简短一些就是：所谓税收的固定性是指税率是固定的。我们认为，税率确实应该有它一定的"固定性"，但是这种固定性是很相对的。前面我们说过，税收、价格、信贷是掌握在国家手中的重要经济杠杆。杠杆是需要经常调整的。税收作为经济杠杆同样是要根据经济发展变化情况、根据调节经济的要求和国家财政状况灵活掌握并经常调整的。这种调整，主要是通过税率的升降实现的。因为立法机关通过的税法不可能处于经常的变动之中。所以要发挥税收的经济杠杆作用，税率就不应当是固定的，而应当是比较灵活的，有一定弹性的，交由一定的行政机关掌握执行。

税收是分配和再分配国民收入的重要工具。一定的税收理论和政策是为一定的政治、经济政策服务的。亚当·斯密的"租税四原则"对促进资本主义的发展，对反对贵族特权，产生过很大的影响。近代资本主义国家对经济的干预，从经济手段说，主要是通过税收、财政、信贷等经济杠杆实现的。中国的税收制度，将要根据四化建设的要求，尽快进行改革。为了把改革搞好，更好地发挥税收的作用，不仅需要认真总结中国三十多年来的税制建设经验，而且需要根据这些经验来检验和发展税收理论。为了发展税收理论，我们认为关于税收的三个基本特征问题是值得商榷的一个重要问题。前面讲了我对这个问题的一些肤浅的看法，目的是向广大财政税收工作者和从事理论研究的同志请教、引起讨论，期望在这个问题上得到正确的结论，错误的地方，请给予批评指正。

经济体制的转换与税收战略思想的转变

近几年来，在讨论税收的经济杠杆作用和税制改革的理论依据的过程中，对税收同财政和经济的关系的认识存在两种对立的观点。一是认为在有计划的商品经济条件下，在考虑税制改革时应首先把税收看成重要的经济杠杆。二是认为税收历来都是取得财政收入的手段，在有计划的商品经济条件下也不例外。要讨论清楚这个问题，须把税收放在社会经济运行模式上去考察，研究税收在经济运行中的地位和作用。

在自由资本主义时期，古典政治经济学家亚当·斯密和大卫·李嘉图等反对国家干预经济生活，主张自由放任，社会的一切经济活动都通过自发的市场机制（这只"看不见的手"）来调节。同这种理论相适应，他们主张采取严格的限税政策。首先，因为国家既然不干预经济，国民经济的运行同国家机器的运转没有内在的联系，税收仅仅是为维持国家机器的运转提供经费的，所以政府应该是"廉价政府"，税收应该减少。其次，由于这个国家机器是非生产性的，"当政府消费因增课赋税而增加时"，那么这种消费不是减少人民的收入，就是减少生产性的资本。基于上述原因，他们认为赋税对社会生产的发展存在"巨大的危害"。[①]

---

① 李嘉图：《政治经济学及赋税原理》，商务印书馆1962年版，第129页。

1929—1933年的大危机使整个资本主义世界的经济处于极度的恐慌和混乱之中，资产阶级政府及其经济学家不得不寻求把资本主义经济制度所导致的破坏和损失减少到最低限度的办法。于是美国在20世纪30年代初期开始实行罗斯福的"新政"，资产阶级经济学家凯恩斯在积极支持罗斯福的"新政"的同时，对古典经济学派的理论进行了猛烈的批判和攻击，竭力主张国家干预经济生活，实行"有调节"的资本主义。他认为投资应由"社会来总揽"，"国家必须用改变租税体系、限定利率，以及其他方法，指导消费倾向"[1]。近半个世纪以来，几乎所有的资本主义国家都把凯恩斯的理论奉为圭臬，国家干预经济的规模越来越大。诚然，凯恩斯的理论并没有解决资本主义社会的基本矛盾，因而也不可能挽救资本主义的毁灭。但是，应当承认，他的理论确实加强了税收等手段对国民经济的调节，缓和了经济危机的破坏程度。因此从资本主义调节宏观经济运行方式的观点来说，凯恩斯主义的出现是一个历史转折点，即由古典经济学派的自由放任时期转变为国家干预经济、实行宏观经济控制和调节的时期；同时，从对待税收理论和税收政策的观点来说，凯恩斯主义的出现也是一个历史转折点，即由古典经济学派限税的时期转变为把税收作为经济平衡的因素，作为国家干预经济的重要手段来使用的时期。

　　俄国十月革命胜利以后，对社会主义经济运行模式问题设想比较简单，以为生产资料公有制建立以后就应当把全部国家经济机构变成为"一整架大机器"，变成为使几万万人都遵照一个计划动作的经济机体。后来，苏联基本上一直按照这个设想实行高度集中的计划经济体制，把千变万化的社会再生产各个环节的经济活动都统统包括到计划中去，而且计划又是指令性的。这样就使几乎所有的经济杠杆都无从发挥作用。实践证明，这种做法是不

---

[1] ［美］凯恩斯：《就业利息和货币通论》，徐毓枬译，商务印书馆1963年版，第321页。

利于经济的正常运行和发展的。

中国在国民经济恢复时期和第一个五年计划时期比较重视研究经济运行的调节方式。当时根据多种经济成分并存和经济发展不平衡的实际情况，一方面实行直接的计划调节，另一方面运用价格、税收、信贷等经济杠杆实行间接的调节，使各种经济成分各得其所，经济得到了迅速的恢复与发展。特别是运用税收杠杆在配合社会主义改造、调节各阶级收入、调整产业结构和产品结构（当时叫调整工商业）等方面都是很成功的。但是在社会主义改造基本完成以后，由于基本上照搬了苏联的计划经济体制，以及对社会主义税收的实质的模糊认识就形成了对微观经济集中过多过死的直接控制的计划体制。这样当然就用不着运用税收等经济杠杆对企业进行间接的控制和调节，税收只有组织财政收入的职能了。甚至一度认为税收的财政职能也可以用上缴利润的办法代替，税收可以取消。后来，取消税收虽然没有实行，但税收的经济杠杆作用却从此被大大削弱。这种状况，直到党的十一届三中全会又经十二届三中全会才开始转变。

目前，中国正处于由传统的经济体制向有计划的商品经济体制转换的时期。在新的经济体制下，税收不应把取得财政收入放在第一位，而应把发挥经济杠杆作用放在第一位，即应该首先把税收作为国家领导和调节经济运行的一个重要手段来使用。这是变化了的经济运行模式向税收提出的客观要求。从中央提出使企业成为"自主经营、自负盈亏"的经济实体到提出主要运用经济手段"控制和调节经济的运行"的过程来看，国家对税收的要求越来越高，不仅要求它在微观搞活方面发挥作用，而且要求它从宏观控制和调节经济运行方面发挥作用。而从宏观上加强间接控制比之加强直接控制要复杂困难得多，在这种情况下如果不强调把研究和发挥税收的经济杠杆作用放在第一位，那么税收怎么能够同其他经济杠杆相配合从而肩负起控制和调节经济运行的重任呢？

中国实行利改税以后，国家财政收入的95%以上来源于税收，1984年国营工业企业纯收入85%左右要通过税收纳入国家预算。这就是说，中国的税收已经达到如此巨大的规模，它和经济的联系已经密切到这样的程度，以致如果不首先考虑税收对经济的影响（包括把税款的征收对企业经济行为的消极影响减少到最低限度和把税款的使用效果提高到最大限度），不仅经济得不到稳定持续发展和正常的运行，而且税收本身也将受到威胁。企业实行独立核算、自主经营、自负盈亏以后，其能否生存和发展，不仅取决于企业经营状况如何，而且取决于其缴纳所得税以后的留利多少和留利是否合理。企业对纳税问题会越来越敏感，这次调减调节税就是一个例子。今后"软预算约束"解决后，这个问题会更加突出。这些讲的是国营企业的情况。至于说到对外资企业、乡镇企业和个体经济，它们对税收产生的后果比国营企业还要敏感得多。在此情况下，税收只有周密考虑对经济可能产生的影响，它才能在微观搞活和宏观控制方面发挥积极的作用，也才能取得更多的收入。

把税收不仅作为国家组织财政收入的手段，而且首先作为国家领导、组织经济运行的手段来使用，必须具备一定的条件。除了国营企业必须改革成为自主经营、自负盈亏的商品生产者和经营者这个前提以外，需要着重做好以下两件工作。

1. 突破旧的理论框框，建立具有中国特色的社会主义税收理论体系。中国的税收受旧的传统税收理论影响很深。中国传统的税收理论集中到一点就是"足国用"。这种理财思想在我国沿袭数千年，它是同封建社会的经济发展情况相适应的。新中国成立后，由于中国财政比较紧张，所以很容易受到这种思想的影响。社会主义改造基本完成以后，由于"左"的思想影响，理论上认为"财政税收从来都是专政的工具"，社会主义财政税收理论研究的任务是"从阶级斗争的观点，从无产阶级专政的历史任务的观点来考察一切财政税收现象，阐明财政税收是无产阶级专政的工具这个原理"[①]。这样，财政税收对如何促进经济的发展，如何处理同经济的关系，当然就被排除在理论研究的范围之外。粉碎"四人帮"以后，社会主义税收的本质和税收在社会主义再生产中的地位和作用等问题又被重新提出来，并进行了广泛的讨论。在一些财政税收教科书和报刊论文中，大都认为"取之于民，用之于民"是中国社会主义税收的本质。但是，这种观点值得商榷。真正实现"取之于民，用之于民"的是在民主革命时期的解放区和新中国成立初期。在社会主义改造基本完成以后，中国的税收收入主要来自国营经济的情况下，如果把税收的本质仍看作"取之于民，用之于民"，那岂不是把各个国营生产部门当作"民"，把财政税收部门当作"国"，从而把它们之间的关系看作是"国家"与"人民"之间的关系了吗？显然这是不符合中国实际情况的，因为它们并非"国"与"民"的关系，而是"一家人"的关系。我认为，正是应该从"一家人"这样一种关系去探讨社会主义税收的本质和作用。我们应该根据有计划的商品经济的理论更新旧的税收理论、建立新的税收理论。税收应该成为发展有计划的商品经济的强有力的杠杆。它不仅应该为发展有计划的商品经济提供物质条件，而且应成为有计划的商品经济的社会经济效益的表现形式和投入产出效果的表现形式。因此，应该把税收作为促进社会生产力更快发展的一个客观经济过程；应该从如何有效合理地使用和配置国家的各种资源等方面去综合探讨具有中国特色的社会主义税收理论体系的建立。只有这样的税收才能成为国家领导、组织经济运行的重要工具。

2. 健全税收法制，加强征收管理。中国的税收制度经过前几

[①] 《财政学讨论会纪要》，《经济研究》1964 年第 12 期。

年的改革，已经初步进入新的轨道。中国现行税制由二十多个税种组成。这二十多种税法（条例）是中国税收方面的基本法规。税收政策、税收的经济杠杆作用等主要体现在这些法规里面。因此，严格执行这些法规是一项很严肃的事情。目前存在的一个主要问题是纳税义务人法制观念淡薄，征收管理工作跟不上形势的发展，偷税、漏税情况十分严重，抗税案件时有发生，但对这些违法行为打击不力这是需要通过健全法制、加强征收管理等来尽快解决的一个重要问题。

税收把经济杠杆作用放在第一位，是否会影响财政收入呢？不会。税收把经济杠杆作用放在第一位，是说要把税收首先作为国家领导、组织和调节经济运行的一个重要手段来使用，其目的是在国家计划指导下在调节社会供应总量和需求总量、积累和消费等重大比例关系，调节财力、物力和人力的流向，调节产业结构和生产力的布局，调节市场供求，调节对外经济往来等方面配合其他经济杠杆发挥更大的作用；是为了诱发经济活力和经济效率的，使中国的自然资源、人力资源和财力资源得到最合理最有效的利用。只要能够做到这些，中国的经济就会得到持续稳定的发展，就会更加繁荣。经济繁荣了，还愁财政收入没有来源吗？所以，把税收的经济杠杆作用放在第一位，绝不是丢掉税收的财政职能。从根本上说，只有如此，财政才能有充裕的收入来源。当然，在某个特定时期，二者可能是会有矛盾的。比如，目前我们要逐步减少大中型国营企业的调节税，如果单从财政收入的观点看，那么二者是有矛盾的。但是如果从全局和长远的观点看，那么这种减少对经济发展是有利的。于是就提出这样一个问题：如果税收在财政收入与发挥经济杠杆的作用之间发生矛盾应该服从谁？一般说，应该服从后者。当然，如果发生大规模战争、重大自然灾害或其他特殊意外等情况时，则应另当别论。

目前应如何进一步完善和改革税制呢？如果说已经进行的两

步利改税主要是为了解决国家与企业的分配关系,搞活企业,那么,今后进一步改革和完善税制的方向应该是如何逐步建立适应有计划的商品经济运行模式需要的、具有中国特色的社会主义税收制度。这无疑是一个艰巨的任务。这个任务在短期内可能完不成,税制的完善也不会"毕其功于一役"。但是,在完成这个任务的过程中应该要求有一个始终明确的战略指导思想,就是把税收的经济杠杆作用放在第一位。把税收的战略指导思想从传统的以取得财政收入为第一位任务转变为以发挥税收的经济杠杆作用为第一位任务,是符合中国经济运行和经济发展的客观要求的,也是符合社会主义的理财思想的。这种转变不仅将为进一步完善和改革税制提供理论依据,而且必将引起税收理论、税制体系、税收征管、税务机构设置等许多方面的重要变化。

(原载《经济研究》1986年第7期)

吸取历史经验　搞好基本建设调整

——从 20 世纪 50 年代末期的一场争论谈起

中国从 1953 年开始进行有计划的、大规模的经济建设以来，基本建设问题一直是国民济中的一个极为重要的问题。国民经济出现的几次较大的不稳定，从经济方面看，都同基本建设规模安排过大有关。当前，压缩基本建设战线又成为调整国民经济中带有全局性的大问题。为什么在经济建设中几次重复出现类似的错误？我们认为，这是同 20 世纪 50 年代末期在经济建设指导思想上发生的一场争论分不开的。"前事不忘，后事之师。"因此，回顾这场争论，认真汲取历史的经验教训，不仅在理论上有很大的意义，而且对于当前国民经济的调整也是很有意义的。

一　建设规模要和国力相适应

第一个五年计划时期，中国在社会主义改造和社会主义建设方面都取得了巨大的胜利和成就。同时，由于我们取得政权不久，缺乏进行大规模经济建设的经验，工作中也曾经发生过两次小冒进，一次是 1953 年，一次是 1956 年。两次小冒进的主要表现都是基本建设规模和国力不相适应。

1953 年国民经济恢复时期结束，国家财政经济状况已经基本好转，财政已经实现了收支平衡，略有结余。为了加速经济建设，当时不仅动用了财政上年结余（这笔资金已由银行贷放出去，参加企业流动资金周转，一般是不能动用的，如果再动用，实际上是搞"一女二嫁"），而且压缩了商业部门占用的流动资金，用来搞基本建设。这一年预算内的基本建设拨款为 70 亿元，比 1952 年的 46 亿元增加了 24 亿元，增加了 34%。结果，财政出现赤字（后由于及时采取措施，年底还是平衡的），市场出现一些波动，这是一次"小冒"。1956 年由于社会主义改造的胜利和第一个五年计划的顺利执行，大家加速经济建设的劲头更大，这年预算内的基本建设拨款为 140 亿元，比 1955 年的 88 亿元，增加了 52 亿元，增加了 30%。基本建设拨款占财政支出的比重由上年的 30.2% 猛升到 45.7%。再加上农贷和工资福利也增加得较多，结果，建设规模超过了国力，无论财力和物力都不能平衡，财政收支出现了较大赤字，生产资料和生活资料供应都比较紧张，投资效果下降，这是比 1953 年要大一点的"小冒"。

1957 年初，陈云同志针对"一五"计划执行中发生的这些问题，提出了"建设规模要和国力相适应"的著名论断。他说："建设规模的大小必须和国家的财力物力相适应。适应还是不适应，这是经济稳定或不稳定的界限。像我们这样一个有六亿人口的大国，经济稳定极为重要。建设的规模超过国家财力物力的可能，就是冒进了，就会出现经济混乱；两者合适，经济就稳定。当然，如果保守了，妨碍了建设应有的速度也不好。但是纠正保守比纠正冒进要容易些。"他还提出了防止建设规模超过国家财力和物力的一些具体的"制约方法"。这主要是指财政收支和银行信贷都必须平衡，而且应该略有结余。"只要财政收支和信贷是平衡的，社会购买力和物资供应之间，就全部来说也会是平衡的"，"基本建设规模和财力物力之间的平衡，不单要看当年，而且必须瞻前顾后。"他还特别提出，像钢材、木材等原材料的供应出现紧张时，必须有个分配的顺序。"首先要保证生活必需品的生产部门最低限度的需要，其次要保证必要的生产资料生产的需要，剩余的部分用于基本建设。"在财力物力的供应上，生活必需品的生产必须先于基建，这是民生和建设的关系合理安排的问题。

陈云同志在这里提出的制约建设规模的一些方法，即关于财政、信贷和物资必须取得各自平衡和综合平衡的观点（即三大平衡的观点）；关于建设规模和财力物力之间不仅要当年平衡而且要瞻前顾后的平衡的观点；以及在民生和建设的关系上必须遵循先生活必需品的生产，后生产资料的生产，剩余的部分才用于基本建设的观点，等等，都是依据辩证唯物主义的原理和中国经济建设的实践而总结出来的极为宝贵的经验。陈云同志概括的这些经验是多么切合实际、多么切中时弊啊！他在这里为我们做出了"不唯上，不唯书，要唯实"的榜样。

这两次冒进，都是在实际工作中发生的，不是指导思想和指导方针上的错误造成的，同时由于当时大家比较谨慎，党内生活也比较正常，所以，对于陈云同志总结的这些经验教训还是能够接受的。因此，在1956年下半年和1957年上半年对国民经济顺利地进行了一次适当的调整。基本建设的规模得到了适当的压缩，社会购买力的增长速度进行了有计划的控制，同时，在全国开展了增产节约运动，1956年冒进所造成的各方面的紧张状况很快得到了解决。这就是后来人们所说的"反冒进"。实践证明，这次调整是完全正确的。这次调整不仅纠正了实际工作中发生的缺点错误，而且第一次从理论上总结了建设规模一定要和国力相适应这样一条重要的规律及其一套制约的方法。应该说在短短的四年经济建设实践中，能够总结出这样的经验和规律是难能可贵的。如果我们后来的经济建设工作，能够坚持不断地实践这些经验，发展这些经验，本来我们是可以稳步地取得更大的成就的。可惜我们后来不仅没有能够遵循这些规律，记住已经积累的经验，而且还对这些正确的经验进行了错误的批判。

第一个五年计划的胜利完成，社会主义改造和社会主义建设的巨大胜利，使党内一些同志不谨慎了，在经济建设的指导思想上开始离开辩证唯物主义的轨道，主观唯心的"左"倾盲干思想逐渐占了上风。这样，陈云同志总结的那些宝贵经验就被当作错误的东西，当作"消极平衡"的理论进行批判。这种批判在1958年形成了高潮。说什么"那时候（按：指1956年）有一些人被这种跃进所造成的国民经济迅速发展中的不平衡状态惊呆了""简直惶恐得很""因此，就错误地提出了'反冒进'的口号，给当时正在蓬勃发展的群众运动高潮泼了一瓢冷水""积极平衡和消极平衡，这是计划工作中两种互相对立的方法，它是人们两种互相对立的思想方法的表现"。并把这种争论提到"促进派"和"促退派"这样一个政治高度，批判说："采取积极的态度和正确的方法去组织平衡，我们就成为促进派；如果采取消极的态度和不正确的方法去组织平衡，就成为保守派并且有成为促退派的危险"。[①]报刊还宣传什么"人有多大胆，地有多大产""不怕做不到，就怕想不到"。1958年以钢铁为中心、1965年以军工重工为中心和1978年以石油化工冶金为中心，来搞经济建设的做法，实际就是受到这种违反实事求是、量力而行原则的思想指导。在将近二十年的时间里，尽管正确的指导思想同错误的指导思想做过几次斗争，也曾经在一个短时间内取得胜利，但错误的指导思想一直占主导地位，以致错误一犯再犯。造成基本建设几次大上大下，经济波动很大。那些年，在财政经济计划安排中形成了一个不成文的章法：即在确定每年的经济计划时，都是按照主观想象的需要和速度，先确定一个基本建设的大盘子（不是先考虑简单再生产和人民生活的需要，后考虑基建），然后再根据基建的盘子确定财政收入的盘子，财政收入打不上去，就打一大块所谓"积极性收

[①] 1958年2月28日《人民日报》社论：《打破旧的平衡，建立新的平衡》。

入"，这样就在实际工作中出现了正像一些同志所说的"倒宝塔"式的怪现象：财政收入增长指标往往要大于经济增长指标，而产值指标要大于产量指标，产量指标又大于原材料供应指标。这样的算账方法本来已经够"唯心"的了，但是这样算出来的财政收入仍然不能满足基本建设投资的需要。怎么办呢？挤银行信贷资金和打赤字预算！1978年有的同志提出："什么财政平衡，什么信贷平衡，都不过是一些老框框，要解放思想，打破常规。"还有些同志提出："有些社会主义国家搞赤字财政，经济发展较快，我们为什么不能搞点赤字呢？""预算安排应当留有缺口，有缺口就有压力，有压力就有动力。"还有的主张与财政"脱钩"，自己借外债搞基本建设。在实行社会主义公有制和计划经济的中国，竟然有的同志主张用打赤字预算的办法搞基本建设，岂非怪事！难怪基建战线越拉越长，长、散、乱、费现象越来越严重了。

经过近三十年的社会主义建设实践，我们积累了丰富的经验。其中有正面的经验也有反面的经验，两方面的经验对我们而言都是重要的，但是反面的经验对我们的教育尤其深刻。经过反面经验的教育，使我们更加清楚地认识到陈云同志提出的建设规模要和国力相适应的理论及其"制约方法"的正确性和重要性。现在是把这些理论与方法应用于实践的时候了。

二 要按短线搞综合平衡

在社会再生产过程中，各个物质生产部门之间以及各部门内部的各个环节和产品品种之间必然会出现不平衡。生产多的品种就成了所谓长线产品，生产少的品种就成了短线产品。国民经济综合平衡应按长线平衡，还是应按短线平衡？这在1958年以后是一个争论很大的问题，也是划分所谓积极平衡与消极平衡的主要根据。当时流行的观点按照长线平衡就是积极平衡论者，按照短线平衡就是消极平衡论者。"一种方法，是采取积极的态度解决不平衡，不断地提高落后的指标和定额，使它适应于先进的指标，向先进的定额看齐，这是积极平衡。另一种方法，是采取消极的态度解决不平衡，总是企图压低先进的指标和定额，使它迁就落后的指标，向落后的定额看齐，这是消极的平衡。"①

这种观点，为以后的高指标、浮夸风的瞎指挥等从"理论"上开了绿灯，给国民经济的发展造成很大的危害。

1962年初，陈云同志在总结1958年以后这段时期的教训时说："过去几年，基本上是按长线平衡，这样做，最大的教训就是不能平衡""按短线搞综合平衡，才能有真正的综合平衡。所谓按短线平衡，就是当年能够生产的东西，加上动用必要的库存，再加上切实可靠的进口，使供求相适应""一定要从短线出发搞综合平衡，这样做，生产就可以协调，生产出来的东西就能够配套"。按短线搞平衡，实际上就是要求计划指标必须切实可靠，留有余地，反对高指标、浮夸风、瞎指挥，以实现真正的综合平衡。陈云同志的这些主张也是切中时弊的主张；他在这里又一次给我们做出了"不唯上，不唯书，要唯实"的榜样。

按短线平衡是否就是"压低先进的指标和定额"呢？完全不是。这里人们显然把如何解决长线（这里不用"先进指标"这个词，因为实际上长线产品，并非一定先进）与短线产品的矛盾，同如何进行综合平衡的问题混为一谈了。如何解决长线与短线的矛盾呢？办法有两个，一个是设法增加短线产品的产量，另一个是削减长线产品的产量，或者不削减而把长出来的产品暂时存起来。现实生活中两种办法是同时并用的，并不是把"不断地提高落后的指标"当作解决长短线矛盾的唯一办法。什么叫综合平衡、如何进行综平衡呢？所谓综合平衡，就是按比例。只有按短线进行综合平衡，才能按比例。这里举个例子：装配一辆解放牌汽车

---

① 1958年2月28日《人民日报》社论：《打破旧的平衡，建立新的平衡》。

大概需要 10000 种零配件，假如有 9900 种零配件的生产可以满足装配 2000 辆汽车的需要，有 100 种零配件，只能满足装配 1100 辆汽车的需要，那么生产汽车的综合平衡计划应该如何编制呢？是按 1000 辆平衡，还是按 2000 辆平衡？显然，只能按 1000 辆（这里假定销路不成问题）进行平衡。因为一辆汽车不用说缺 100 种零配件，即使缺一种零配件也是无法出厂的。如果按 2000 辆进行平衡，只会造成 9900 种零配的积压和浪费。所以，按短线平衡根本不是什么"压低先进的指标和定额"，而正是反映了社会再生产的客观要求。

高指标、浮夸风、瞎指挥的问题虽然在 1962 年受到了批判，但是在理论上和实际工作中，究竟是按长线平衡，还是按短线平衡的问题，并未彻底解决。为什么多年来基本建设规模总是超过国力？这恐怕同错误指导思想有联系的按长线平衡的"理论"有关。这里财力与物力也有个长线与短线的问题。钞票是长线，物资是短线。搞基本建设，不仅要看财政、银行有无钞票，而且首先要看有无相应的物资。没有相应的物资，即使有钞票，基本建设也是上不去的。但是多年来，我们不注重解决这个问题。比如，1980 年国家基本建设投资和"三大材料"的供应情况就很不适应。具体状况是：按每万元投资需要 1.3 吨钢材计算，那么把 1980 年国家统配的以及其他渠道动员出来的可以用于基本建设的钢材都用上，还约有 100 亿元的投资没有钢材保证；按每万元需要 5 吨水泥计算，约有 200 亿元的投资无水泥保证；按每万元投资需要 2 立方米木材计算，约有 150 亿元的投资无木材保证。没有那么多的物资，偏要搞那么大的建设规模，怎能不拉长战线、长期打消耗战呢？又如，煤、电、运输问题，1962 年已经暴露出其是国民经济中的薄弱环节，"先行"变成了落后；1970 年前后暴露得更加明显，所以，当时也曾提出要把煤、电、油、运抓上去。但是，到现在这些问题仍是当前国民经济中突出的薄弱环节。

为什么经过将近20年的时间，这个问题没有解决呢？这恐怕也和不按短线搞综合平衡有关。由于不按短线平衡，短线的矛盾暴露得不突出、不彻底，不会真正引起人们的重视，更不用说研究它、解决它了。所以，按长线平衡，表面看来很"积极"，实际是掩盖了矛盾、模糊了视听、麻痹了神经，使人们对基建规模长期超过国力、国民经济比例长期失调等严重问题所造成的危害视而不见或习以为常，很明显，按长线平衡的"理论"是"左"倾思想的产物，危害是很大的。现在是抛弃按长线平衡"理论"的时候了。

三 吸取历史经验，搞好基本建设调整

党中央和国务院最近分析了国民经济的形势，提出在安定团结的基础上，实现国民经济调整的巨大任务。这是党中央在经济建设方面总结了30年来的经验，包括粉碎"四人帮"以后的经验，做出来的一个重大的战略部署。

1978年，中国理论界在总结过去经济建设的基本教训时指出，一定要按客观规律办事，一定要反对长官意志。"如果我们正确地运用社会主义制度的优越性按照客观规律办事，就会以人类历史上前所未有的巨大力量来加速经济发展；相反，如果我们不研究不遵守客观规律，靠长官意志想当然，瞎指挥，那就会造成整个国民经济停滞倒退，使千百万以至几亿人民遭受苦难。"[①] 这些观点无疑是十分正确、十分重要的。但是在实际工作中这些观点并未认真付诸实践。我们又提出了一些过高的不切实际的口号和目标，把已经超过国家财力可能的基本建设规模又大为扩大了，进口成套设备的规模也过于庞大了，在新的历史条件下，又重犯了旧错误。目前国家还"潜伏着严重的财政经济危机"。这又是一个深刻的历史教训。这说明接受历史经验和正确的理论是不容易的。

---

① 胡乔木：《按照经济规律办事，加速实现四个现代化》，《人民日报》1978年10月6日。

因此，在这次调整中，我们一定要结合历史经验，认真解决各种错误认识，以便统一思想，统一行动。

当前在解决基建规模超过国力的问题上存在很多思想问题。比如，有的同志提出，从长远看，对基建规模进行"砍"是不是积极措施？我们说"砍"不论从当前看，还是从长远看都是积极措施，不是消极措施。退是为了今后更稳妥地前进。不退够，基建战线"长、散、乱、费"的现象无法解决，消耗战还要长期打下去，这样可能会使潜伏的财政经济危机爆发，变成打击全国的总危机。"基建项目中途下马是不是会造成损失？"我们承认有损失。正因如此，我们认为下马也应进行可行性研究，即认真研究怎样下马才能减少损失的问题。这里应指出，这个损失是由于过去的错误指导思想造成的。如果不进行调整，不下马，将来造成的损失肯定还要大得多。"为何只强调退够，不强调能上的还要上"，既然讲调整，当然就有下也有上。问题是现在讲上，比如发展农业、轻工、能源、交通、科研、文教等，大家比较容易接受；讲下，大半不大容易接受，所以当前强调要退够。"左"的指导思想，"愿望并不坏"，问题是单凭良好的愿望不会给我们带来四化和人民生活水平的提高，有时可能还会把我们引向地狱。马克思说："通向地狱的道路是良好的意图铺成的。"[①] 多年来我们一再重犯同一性质的错误，其原因就在于对一些"左"的、违反客观规律的愿望的危害性没有彻底的认识。批判不切实际的愿望，不会给群众泼冷水，相反，还会调动群众的热情和积极性。

近几年中国基本建设投资几乎占了整个财政支出的一半，如何把这笔巨款运用好，是一门很大的学问，应该引起各方面的注意。马克思说："社会必须预先计算好，能把劳动、生产资料和生活资料用在这样一些产业部门而不致受任何损害，这些部门，如

[①] 中共中央马克思恩格斯列宁斯大林著作编译局编：《马克思恩格斯选集》（第23卷），人民出版社1972年版，第217页。

铁路建设，在一年或一年以上的较长时间内不提供任何生产资料和生活资料，不提供任何有用效果，但会从全年总生产中取走劳动、生产资料和生活资料。相反，在资本主义社会，社会的理智总是事后才起作用，因此可能并且必然会不断发生巨大的紊乱。"① 我们一定要牢记马克思的教导，一定要尊重我们自己的历史经验，今后一定要做到使"社会的理智"在事前起作用，把民生和建设安排好，避免发生紊乱。在当前要下决心，实现国民经济调整的巨大任务。

（原载《财政研究》1981 年第 3 期）

---

① 中共中央马克思恩格斯列宁斯大林著作编译局编：《马克思恩格斯选集》（第 24 卷），人民出版社 1972 年版，第 350 页。

运用税收经济杠杆应该
遵循的一些原则

我们通常所说的经济杠杆，主要是指国家根据客观经济规律的要求，用来调节社会再生产各个环节——生产、分配、流通和消费——国民收入分配和再分配，从而调节经济运行过程，实现某种经济政策、技术政策或国民经济和社会发展计划的一系列经济手段。它们主要包括财政拨款、财政补贴、价格、税收、利润、利息等。这些经济手段之所以能够对经济运行产生影响，就是因为它们的变化会直接影响各个经济单位或个人的物质利益，影响人们的决策和行为，并进而影响整个国民经济。

税收是国家直接参与国民收入分配和再分配的财政范畴。它对经济的影响范围很广，因为税收不仅涉及社会再生产的各个环节，而且涉及所有有收入的或者有某种行为的经济部门、企业或个人。同时，只要国家认定客观上需要，它还可以把"触角"伸向所需要的各个角落。税收对经济的影响程度也是最激烈的，因为它是国家以最高所有者和管理者的身份向纳税人强制征收的。从这个意义上说，税收不仅是经济手段，而且也是法律手段。

由于税收具有经济的影响范围广泛而又激烈的特点，所以我国税收在国民收入分配和再分配中占有极为重要的地位。据实现利改税第二步改革以后的预计，我国全部国民收入的1/3、国营工业企业所创造的剩余产品价值的85%以上、国家预算收入的90%以上都是通过税收动员到国家预算中来的。这些数字不仅表明税收在国家预算中的重要地位，而且也表明税收作为经济杠杆，在调节经济中的重要地位。

为了正确发挥税收调节经济的作用，我们认为在运用税收杠杆调节经济时应该遵循以下原则。

一 按照客观经济规律办事的原则

运用税收杠杆调节经济是国家机构在税收领域运用"大系统理论"，发展有计划的商品经济和对国民经济的运行进行计划管理的表现形式。所谓"大系统理论"就是研究关于系统自动调节的能力和相互适应的理论，也就是通常所说的现代控制论、信息论和系统论。因此，所谓用税收杠杆调节经济及其决策，都是客观见之于主观而又影响客观的东西。

这种主观的东西可能是符合客观的，也可能是不符合客观的。符合不符合客观，对经济的影响和后果是截然不同的。这里正像恩格斯阐述的国家权力对于经济的反作用一样，它可能促进经济的迅速发展，也可能严重阻碍经济的发展。在当前强调运用经济杠杆的时候，有些同志产生一种误解，仿佛只要把行政手段改为经济手段就会促进经济的发展，殊不知错误地运用经济杠杆不仅不会促进经济的发展，而且还会给经济的发展造成巨大的损害，引起人力物力的大量浪费。因此，我们一定要力求使主观决策符合客观实际，真正取得运用税收杠杆调节经济的自由。

经济调节有事前调节和事后调节。马克思说："在资本主义社会，社会的理智总是事后才起作用。因此可能并且必然会不断发生巨大的紊乱。"[①] 这就是说，在资本主义社会多是事后调节。因

[①] 中共中央马克思恩格斯列宁斯大林著作编译局编：《马克思恩格斯选集》（第24卷），人民出版社1972年版，第350页。

为由于当权的资产阶级的阶级局限性，他们无法认识和运用客观经济规律，客观经济规律只有在社会"不断发生巨大的紊乱"之后才能起作用。在社会主义社会，这种阶级局限性不再存在。但是仍然存在是否认识客观经济规律和是否按照客观经济规律办事的问题。所谓运用税收杠杆调节经济，就是要在认识客观经济规律、按照客观经济规律办事的基础上，从税收领域对经济进行事前调节，并得到预想的结果；如果不认识客观经济规律，不按客观经济规律办事，或者"破坏规律"，那么就"不能不遭殃"，就可能被客观经济规律强迫做事后调节。我国从1960年开始对国民经济进行的三年调整，我认为就是由于不按客观经济规律办事而被迫做的事后调节。当然，我们这种事后调节，同资本主义国家进行的事后调节具有根本不同的性质。尽管如此，被迫进行事后调节，毕竟付出了很大的代价。所以，按照客观经济规律办事应是一条重要原则，这条原则对决策机构来说更加重要。

二 兼顾国家、集体和个人利益的原则

我们常说运用经济杠杆管理经济，这句话说到底就是运用物质利益的原则管理经济。各种经济杠杆都会触及当事人的物质利益，不触及物质利益的杠杆是不能称其为经济杠杆的。这是与运用行政手段或法律手段的重要不同之点。

兼顾国家、集体和个人利益的原则是一个一般的原则。对这个一般原则，人们是没有不同看法的。问题在于如何具体确定国家、集体和个人利益的数量界限。应该说，确定这个数量界限是困难的。因为这个数量的确定，必须有利于增加国家财政收入，有利于国家资源的合理利用，有利于社会总需求和总供给的平衡和国家对宏观经济的控制；必须有利于搞活企业，调动企业和职工的积极性，使企业成为自主经营、自负盈亏，具有自我改造自我发展能力的社会主义商品生产者和经营者；同时必需有利于实

现按劳分配的原则。在这许多个"有利于"之间，虽然在根本利益上是一致的，但在某个具体时期又是有矛盾的，它们是一个矛盾的统一体，而且又经常处于变动之中。所以，把这些矛盾统一起来是很困难的，但是不把这些矛盾统一起来，又无从发挥税收杠杆的调节作用。因此，要运用税收杠杆调节经济的运行，就不能仅仅停留在兼顾国家、集体和个人利益的一般原则上，而必须总揽国民经济的全局，采用一切现代的方法和手段，从税种、税率、税目等的设计方面，确定每个特定时期三者利益结合的最佳点，做到对国家有利的，对每个生产经营单位和每个劳动者也都是有利的。

三 宏观调节与微观调节相结合的原则

运用税收杠杆调节经济，既要调节宏观经济又要调节微观经济，并要做到使二者正确地结合。所谓宏观调节，主要是指调节社会供应总量和需求总量、调节积累和消费的比例、调节产业结构和生产力的布局、调节对外经济往来等。税收总量及其构成对社会总供求的平衡、对积累和消费比例的形成等的影响是很大的。所谓微观调节，主要是指调节现有企业的生产经营方向，增强企业活力，促使企业实行责权利相结合的经济责任制，促进企业改善经营管理，加强经济核算，提高经济效益。

税收调节经济的重点应放在调节宏观经济方面。我们运用经济手段调节经济的目的，同国家计划进行综合平衡的目的一样，主要是要达到两个目标：既要使整个国民经济协调持续地发展，又要提高社会经济效益。而保证国民经济协调持续发展是保证提高社会经济效益的前提条件。应该看到，运用税收调节宏观经济对我们来说还是缺乏经验的。在新中国成立初期我们在运用税收手段调节宏观经济方面积累了一些经验，但现在的情况比那时的情况要复杂得多，不能照搬；对资本主义国家运用税收手段调节宏观经济的做法，我们也不能照搬。另外，调节宏观经济只靠税收手段不行，还要靠财政、金融等手段，在目前经济体制转换时期也还要适当使用行政手段和法律手段，这就需要学会正确处理各种手段的配合问题。总之，学会运用税收手段调节宏观经济还是一个新课题，需要在理论上不断探索，在实践中不断完善。

我们强调学会运用税收手段调节宏观经济活动，绝不意味着可以轻视调节微观经济活动，事实上运用税收手段调节微观经济也不是一件容易事，而且运用税收手段调节经济活动的大量工作恰恰表现在微观经济方面。那么税收调节微观经济活动的重点应放在什么地方呢？有些同志认为重点应放在小型国营企业、集体企业、个体经济以及中外合资企业和外资企业；大中型国营企业不是重点，因为它们的经济活动主要是靠国家的指令性计划调节的。我们认为，对这些方面的调节，确实不能轻视，也不能放松，但是作为调节的重点应放在大中型国营企业方面。理由是：（1）大中型国营企业的生产经营活动也有指导性计划部分，即使是指令性计划部分也要考虑和运用价值规律的作用，因此，税收对它们的经济活动也是可以调节的。（2）大中型国营企业既有指令性计划又有指导性计划，如何解决这种双重"体制"所产生的矛盾，这是理论上正在探讨、实践上正在摸索的问题，很需要通过税收等手段在统一这些矛盾方面创造一些经验。（3）大中型国营企业是国民经济的骨干，通过税收等手段的调节，使它们的活力增强了，就会加速整个国民经济的发展和社会经济效益的提高。

四 及时性与稳定性相结合的原则

及时性与稳定性是一对矛盾，在运用税收杠杆时必须使二者达到辩证的统一。

所谓及时性，主要是指决策机构的决策要及时和执行机构的"效应"反映要及时。对客观经济过程反应灵敏是税收杠杆的一个重要特点。在利改税和工商税制改革后，这个特点将会更加突出。决策机构应该充分利用这个有利条件，在察觉客观经济运行过程需要运用税收杠杆加以引导时，应该迅速地果断地作出引导决策，并及时地公布实施决策的方案，"防止发生决策滞后"的现象。执行机构是决策机构的反馈系统，对每项决策的实际"效应"应该及时作出反应，不要发生"效应滞后"的现象。在商品经济条件下，如果发生税收"决策滞后"和"效应滞后"，不仅会造成官僚主义的僵化，而且会给经济的运行和发展带来不良影响。

所谓稳定性，主要是指为运用税收杠杆而采取的某些决策和措施要保持相对的稳定。相对稳定的要求是一种客观的要求，因为税收杠杆被作用的对象作出反应需要时间，决策机构取得反馈信息也需要时间。当然，能否做到相对稳定还取决于决策是否正确。一般来说，决策符合客观实际，就会相对稳定，即使客观情况发生轻微变化也不要轻易变动，要用一些灵活性的规定来保证稳定性；但是，如果决策本身基本上是不正确的，不符合客观实际情况的，那么就不可能做到相对稳定，如果要强行稳定，就会危及经济的发展。

要做到及时性与稳定性的结合，必须正确确定税收调节经济的临界点。这个临界点可以有总量的，也可以有单项税种的。但是应该首先注意确定税收总量的临界点。澳大利亚经济学家科林·克拉克提出一国的税收总量如果超过国民生产总产值的25%，那么就会在经济上发生"灾难"。美国前总统尼克松说过，如果公司所得税税率超过50%，资本家就会失去生产经营的积极性，美国的企业制度就要垮台。如果这些判断是正确的，那么25%和50%就是税收总量的临界点，是不能越过的，如果越过就要发生混乱或者引起社会的震荡。中国运用税收调节经济也应研究和找出税收总量的和各种不同角度的临界点。有了这些临界点，就会有效防止"决策滞后"或"决策超前"等情况的发生，从而可以做到及时性与稳定性的正确结合。当然，临界点也不是一成不变的，也要根据经济政治形势的发展情况，确定新的临界点。

五　同其他经济杠杆密切配合的原则

前面说过，在中国经济生活中存在许多经济杠杆。其中特别重要的有财政、税收、信贷、价格等。这些经济杠杆对经济的影响程度和范围是很不相同的。有的对经济的影响是激烈的，有的影响是平缓的；有的影响面较大，有的影响面较小；有的对当事人来说有选择余地，是自愿的，有的则没有选择余地，是强制的。这就决定在运用它们时遇到的阻力也不会相同。在综合运用经济杠杆调节经济时，要充分考虑这些特点。同时这些经济杠杆在相互联系当中，既有相互推动的一面，运用得当，就会形成合力；也有相互制约的一面，运用不得当，又会互相抵消力量。这种情况要求我们必须把各种经济杠杆组成为一个科学的、可以运用自如的经济杠杆体系，使它们既能各就各位、各司其职，又能相互配合，取长补短，共同为实现国家的各项经济技术政策和国家的国民经济及社会发展计划而积极发挥作用。

把各种经济杠杆组织成为一个科学的体系的前提条件是每个杠杆本身必须是一个合理的体系。比如价格，它本身就应是一个合理的体系。这个体系，不仅要求价格能够反映价值和供求关系，而且要求同类商品之间的质量差价必须拉开，不同类商品之间的比价必须合理。如果价格体系本身是不合理的、互相矛盾的，那么它本身就会互相抵消力量，更无法同其他经济杠杆相互配合。税收也如此，一套税收制度也应是一个合理的体系。在考虑甲种税的作用时，要顾及乙种税的作用，而且这些作用应该相互补充，而不应相互抵消。比如说，企业在产品税中得到的好处，不应在调节税中又被征走；同样，国家在产品税中多征走的部分，不应在其他税中又返还给企业，不然，产品税设计得再好，也起不到它应起的作用。总之，只有每个杠杆本身都是比较合理的体系，这些杠杆才能共同组成为一个科学的杠杆体系，才能相互配合，综合发挥作用。

这些经济杠杆综合发挥作用，一般说有三种情况：一是所有杠杆向同一方向发挥作用。比如，为了限制某种产品的生产，税务部门提高税率（或财政部门减少补贴），银行部门减少贷款提高利率，物价部门降低价格；为了鼓励某种产品的生产，税务部门降低税率（或财政部门增加补贴），银行部门增加贷款降低利率，物价部门提高价格，等等。二是一个杠杆进行调整，其他杠杆不动。比如，为了鼓励或限制某种产品的生产，如果只用税率的升降即可达到目的，就不必动用其他杠杆。三是各个杠杆相互排斥和相互抵消力量，比如，为了限制某种产品的生产，税收部门采取了提高税率的措施，财政部门又给予补贴，银行部门又给予低息贷款，等等。这种情况多是在没有统一的调节机构综合运用各种杠杆的情况下发生的。有了统一的调节机构，这种情况是应该可以避免的。

从上述情况可以看出，虽然有时一个杠杆可单独发挥作用，但是更多的情况是各种杠杆综合发挥作用，即使是一个杠杆单独发挥作用时，也要考虑不能同其他杠杆的作用相排斥。特别是税收杠杆对经济影响的激烈程度和范围是其他杠杆无法比拟的，因此，在动用税收杠杆时，更加需要考虑同其他杠杆密切配合。

运用税收杠杆推动经济的正常运行，以及运用税收杠杆应该遵循的一些原则的实现，必须具备一些必要的条件。这些条件主要有以下四个方面。

1. 国家的经济体制模式。如果不承认社会主义经济是在公有制基础上的有计划的商品经济，继续实行指令性计划为主的宏观和微观大一统的经济体制，那么，各种经济杠杆，包括税收杠杆在内就无法正确发挥作用。

2. 企业必须是相对独立的经济实体，是自主经营、自负盈亏的，有独立经济利益的社会主义商品生产者和经营者，是具有一定权利和义务的法人，并在大体相同的条件下能够自由开展竞争。如果不具备这个条件，企业继续吃国家"大锅饭"，职工继续吃企业"大锅饭"，那么，税收杠杆的运用就不会同企业和职工的利益挂钩，当然也不能正确发挥其调节经济的作用。

3. 法律保证。一方面要保证税收政策法令必须集中统一，税收管理权限必须严格遵守；另一方面必须对纳税人进行遵纪守法自觉纳税的教育，保证税收政策法令能够得到正确的贯彻执行。如果没有这两条，不仅税收杠杆的作用无法发挥，而且还会搞乱国民经济。

4. 必须健全税务机构，充实税收干部，切实加强征管工作。随着经济体制改革的推进，税收问题已经成为中国经济生活中的一个极为重要的问题。但是，我们的税收理论还不适应有计划的商品经济的要求，也不适应充分发挥税收经济杠杆作用的要求。我们应该根据社会主义经济是在公有制基础上的有计划的商品经济的理论，更新旧的税收理论，建立具有中国特色的社会主义税收理论。

（原载《税务研究》1985年第5期）

建立市场经济体制与税收的对策

从计划经济体制向市场经济转换，在社会主义运动史上是没有先例的，它是建设有中国特色社会主义理论的重要组成部分。

中国向市场经济体制转换，是向现代市场经济体制转换。市场经济是资本主义社会的产物，它经历了早期（古典的）和现代的两个阶段。全面阐述早期资本主义市场经济理论的是英国古典政治经济学的代表人物亚当·斯密。全面阐述现代资本主义市场经济理论的是英国经济学家凯恩斯。斯密认为，所有的个人都是以利己心为动机的、从事经济行为的"经济人"。而他们利己心发挥是经由竞争的利润机制这一只"看不见的手"来引导的。通过这只冥冥之中看不见的手的引导，会使一切人得到最大的福利，也会使市场经济趋于某种均衡。凯恩斯认为，由自由市场自动调节供求平衡的理论已不适用。解决现代资本主义社会存在的供求失衡、经济危机和失业的出路是扩大"有效需求"。而扩大有效需求不能靠自由放任，而必须靠国家这只"看得见的手"对经济的干预和调节。特别是在消费和投资方面的干预和调节。要不要国家干预，即要不要政府对经济实行必要的计划和宏观控制成为早期和现代资本主义市场经济理论的主要分水岭。凯恩斯的理论在第二次世界大战后达到鼎盛时期，成为西方国家制定经济政策的主要依据。

我们要建立社会主义市场经济，就是要建立现代市场经济。

社会主义市场经济同现代资本主义市场经济既有共同点也有不同点。共同点是市场对资源配置的基础性作用、政府对市场实行必要的宏观控制、市场运行规则也基本相同。不同点有三：一是政权的性质不同。中国的政权是工人阶级政党领导的政权，资本主义国家政权是资产阶级政党领导的政权。二是所有制结构不同。中国以公有制为主体，其他经济成分为补充，多种经济成分共同发展，资本主义国家则以私有制为主体。三是分配制度不同。中国以按劳分配为主体，其他分配形式为补充，兼顾效率与公平，资本主义国家以要素分配为主体。由于有上述不同点，就决定了在计划与市场、社会整体利益与局部利益、公正与效率等问题方面，社会主义市场经济应该比资本主义市场经济处理得更好。同时，由于上述不同点，也决定了中国向市场经济转换存在许多困难。主要的困难有两个：一是如何使国有和集体所有的大中型企业转化为市场经济的真正主体，成为自主经营、自负盈亏、自我约束、自我发展的独立法人，并在市场竞争中起主导作用。二是如何搞好政府对经济的宏观调控，既要做到使社会供求总量平衡，防止通货膨胀，抑制经济波动，又不要使政府的传统经济职能复归，重蹈对微观经济直接干预过多、资源配置低效率的老路。这两个问题，都应该逐步解决，因为它们对建立社会主义市场经济是极为重要的。如果第一个问题不解决，社会主义市场经济的基础就无法建立；如果第二个问题不解决，社会主义市场经济的正常运行就会遇到困难，甚至会出现危机。总之，建立社会主义市场经济体制是一项艰巨的社会系统工程，是社会主义运动史上的创举，困难曲折肯定不少。但是我们有十多年的改革开放的经验，又有西方国家的某些做法可资借鉴，所以困难是可以克服的，中国新的经济体制一定会建立起来。

实行现代市场经济体制的西方国家，一般都把财政税收政策与货币政策合称为经济政策。政府制定的经济、社会计划和对宏观经济的控制主要通过财政税收与货币政策实现。因此，在市场经济体制下税收在经济、社会生活中的地位与作用，要比计划经济体制下重要得多。

在建立社会主义市场经济体制过程中，税收应该采取哪些政策，如何发挥自己的作用，这是需要深入探讨的一个重要问题，国家税务总局在《近期税制改革基本思路》中，提出的税制改革的指导思想、原则、目标和内容对我们很有启示。下面就五个具体问题谈点看法。

一　关于税收的宏观调控作用问题

在计划经济制度下，税收在调控经济方面承担的任务过多。税收对国有某个企业、某种产品或某个地区的生产经营发生了困难都要给以照顾，甚至对某些产品或行业价格不合理，也要求通过税收加以解决。在市场经济条件下，这种状况应该转变。在市场经济条件下税收调节经济的重点应当是配合财政货币政策，实现社会总供求的平衡和结构合理，减少经济波动，减少市场盲目性、滞后性或"失灵"所带来的危害，促使经济的稳定和增长。

为了发挥这个作用，税权必须集中，即制定税收宏观调控政策的权利，必须集中于中央，不能同地方分权。同时，税制的设计和税务管理都应考虑使其能够"自动"有利于实现经济均衡和稳定。

应该看到，实现这个转变是不容易的，因为：第一，我们对这种转变不习惯；第二，影响社会供求总量平衡的变数很多，特别是对未来经济变动的预测，很难准确把握；第三，宏观调节政策的形成需要时间，甚至时间很长。因此，即使对经济发展的变数和预测是准确的，也会由于制定政策的"时间滞后"，影响调控的效果。

二　提高所得税的地位

所得税与流转税是中国的两大主要税种。对这两大税种的利弊，历来看法不统一。这里有个判断利弊的标准问题。如果把税收对资源配置效率的影响和对负担的分配是否公平作为判断标准的话，那么所得税显然优于流转税。因为所得税具有以下特点：（1）一般不会影响人们的消费或生产选择，从而不会产生税收的替代效应和税收的超额负担。（2）正如马克思说的间接税在国境上体现为保护关税政策，它破坏或阻碍同其他国家进行自由交换。在国内，"它破坏各种商品价值的对比关系"，损害自由竞争和交换，"鉴于上述两种原因……直接税制度应当恢复"。（3）对经济具有"自动稳定的功能"，从而有助于缓和经济的波动及其破坏性。（4）比较能够体现量能负担的公平原则。上述特点，是完全符合市场经济对税收的要求的。因此，从促进和适应市场经济发展的观点看，中国的所得税制度改革步伐不仅应当加快，而且它在税制体系中的地位应该提高，所得税的收入比重应当逐步加大。

三　开征社会保险税

劳动者是社会生产力的基本要素。职工的社会保险费用，实质是对职工的必要劳动消费的补偿。解决职工社会劳动保险费用通常采取两种办法。一种是由职工个人解决（解决方法是：个人向保险公司投保、储蓄、生儿育女、由子女赡养）；另一种是由政府开征社会保险税统筹解决。随着生产力发展和社会的进步，越来越多的国家采取后一种办法。现在，在不少经济发达国家，特别是在"福利国家"中，社会保险税已经成为政府收入最多的税种。

中国政府历来关心社会劳动保险事业。早在新中国成立初期即在国有企业单位建立了公费医疗和退休制度。但是后来由于种种原因，这项制度没有得到进一步的发展和完善，所以现在还没有形成一个包括一切劳动者在内的社会劳动保险制度。即使已经建立的某些制度，也有待改进。比如，在国有企业，平时没有提取社会保险金（主要是退休金）的制度，在职工退休后，其退休金由企业"营业外支出"开支；这种做法是不妥的。首先在理论上容易造成混乱。马克思在《哥达纲领批判》中明确指出，社会总产品应首先在扣除"为丧失劳动能力的人等设立的基金"等之后，才能在个人之间进行分配。可见马克思把社会劳动保险费用看作活劳动消费的补偿，是必须予以保证的。我们把这种活劳动消耗的补偿费用不列入成本而列入"营业外支出"意味着这项支出同"营业内"无关，似乎是一项可有可无、可大可小、杂七杂八的支出，这显然容易在理论上引起混乱。其次，在实践上会造成企业成本和利润不实。因为在退休职工退休前不提取退休金，必然会形成活劳动消耗补偿不足，从而形成企业成本不实，而在职工退休后把退休金都列入"营业外支出"又必然形成退休职工多的老企业开支过大，利润不实。这种情况既不利于企业加强经济核算，也不利于企业主管部门进行正确的考核。

随着社会主义市场经济体制的建立，开征社会保险税、完善具有中国特色的社会保险制度势在必行。深圳特区的经济，一直是以市场调节为主的经济，因此完善社会保障制度更有必要。但是这种社会保障制度是什么样的，同外国的有什么不同，这是应该探讨的问题。外国的社会保障制度，按"保障"的范围划分有两种类型：一是"保险型"的，范围只限于失业、伤残补助、医疗费用、退休费用等；二是"福利型"的，范围很宽，"从摇篮到墓地"政府全包。两种类型的形成，有经济发展水平方面的原因，也有历史传统文化方面的原因。正是由于后一种原因使有些虽然经济发展水平差异不大的国家，但"保障"的范围却相去甚远。所以，制定社会保障制度，应该根据国情。社会保障制度如何确定，直接影响社会保险税如何设计。我们认为在中国目前阶段只宜搞"保险型"的，不易搞"福利型"的。因为，中国目前生产力发展水平低，不具备搞"福利型"的经济条件，同时由于习惯势力的影响，搞"福利型"的很容易滑到大锅饭的老路上去。

四 开征环境保护税

人口增长过快、资源相对短缺和环境质量下降是当代世界各国面临的三大难题，从长远来看也是制约各国生产力发展的三大因素。

环境质量关系经济的健康发展，也关系人们生活水平的提高。因此，越来越受到各国政府和人民的关注。1992年6月联合国在里约热内卢召开的"环境与发展大会"就是这种关注的集中表现。

在这次大会之前，有些国家已经从税收方面开始采取保护环境的措施。芬兰政府为了限制污染气体排放量于1990年1月开征二氧化碳排放税。1991年1月瑞典、挪威等国开征硫黄排放税。据报道，征税后收到很好的效果。比如，在瑞典，工业和汽车向大气中排入的硫黄是造成该国森林和土地酸化的主要原因。1991年征税后，迫使工业企业减少硫黄排放量，目前的排放量已经比1980年的减少80%，大大好于预定目标。提高环境质量，必须靠政府干预，不能靠市场机制的自发作用，因为这正是市场机制失灵的领域。政府开征环境保护税，会提高企业的生产成本，降低本国企业在国际市场上的竞争力，乍看起来似是一种损失。但是从长远来看，如果政府不干预，一旦形成公害泛滥再治理，那时不仅已造成的损失无法挽回，而且治理的代价也要高昂得多。中国台湾近年来由于居民环保意识增强，经常发生群众围厂抗争和要求巨额赔偿的事件。治理环境污染已成为台湾经济发展的制约因素，这是很值得汲取的教训。

过去中国有些城市和乡镇在发展经济中，对防止环境污染重视不够，已造成不良后果。现在有些外商也有把污染环境的产业移进中国的苗头。因此，建议深圳特区先行一步，及早研究开征环境保护税。现在不为，后悔莫及。当然保护环境，只靠征税不行，还要靠法律和行政手段。

五　支持科技的发展

目前各国之间的经济竞争，实质上是科技实力的竞争和较量。因此，各国政府都很重视支持科技的发展。

税收与科技发展有密切的关系。这种关系是由税收与科技的内在联系决定的。因为税收是社会剩余产品价值的一部分，要想增加税收，只有扩大社会剩余产品价值的生产。扩大剩余产品价值的生产，有两种方式。一是主要依靠增加劳动和资金的投入而促使剩余产品价值的增长，即所谓数量型经济增长方式。这种方式只会导致剩余产品价值绝对量的增长。二是主要依靠提高生产率水平而促使剩余产品价值的增长，即所谓效益型经济增长方式。这种方式不仅会导致剩余产品绝对量的增长，而且会导致剩余产品价值相对量的增长。无疑后一种方式是最佳选择。而实现这种方式的唯一途径是科技进步，所以税收应该支持科技的发展。

近十几年来，尽管有些市场经济国家的经济学界要求实行"税收中性"的呼声很高，但这些国家对科技进步采取的税收优惠措施却在不断完善和加强。这主要是由税收与科技的内在联系决定的。同时还因为：（1）兴办科技事业和对科技事业增加投入的风险较大。（2）科研成果的外部受益性大。因为科研成果的使用，在新一代技术创造出来之前，没有时空限制，它为社会创造的利益会大大超过发明创造者个人或单位所得到的利益。（3）在市场经济条件下，民间企业特别是中小企业多追求近期效益，对研究与开发的意愿不是很强烈，需要政府给予诱导。一般来说，政府诱导科技发展可以采用财政直接支付方式也可采用税式支出方式。但在许多场合后者比前者会取得更为理想的效果。因为税式支出在促进科技发展中具有以下特点：（1）及时性。列入财政直接支出的科技项目，必须通过编列国家预算并经立法机关批准后才能执行，而完成这些程序往往需要很长时间。税式支出则不需要这些程序，只需要通过税收制度的特殊规定，即可执行。（2）激励性。如果把财政直接支出比喻为政府"白给"，那么可把税式支出比喻为政府"少拿"或暂时"不拿"。而且"少拿"或"不拿"数额不固定，取决于被鼓励者是否有创收及创收的多少，即只有创收才有减免，创收越多，减免越多，减免越多，被鼓励者受益越多。所以税式支出具有刺激被鼓励者多投入、多创收的强烈效果，它对政府和被鼓励者都是有利的。税式支出特别适用于市场需求弹性大的行业和产品。（3）多样化。税式支出的形式有：减税、免税、投资税收抵扣、快速折旧、放宽费用列支标准等，可以根据纳税人的不同情况和政府的意图灵活运用。

深圳特区经过十多年来的建设，现在面临经济增长模式由速度型向效益型的转换。发展高新技术促进科技进步是实现这一转换的关键措施。建议深圳特区在税收方面采取更加有利的鼓励措施，支持科技的发展。

（原载《市场经济与特区税收》，海天出版社1993年版）

供应学派的税收理论研究

供应学派是20世纪70年代兴起于美国的一个资产阶级经济思想流派。它强调"资本主义所提供的给予其源泉是经济的供应方面",并认为,供应会自行创造需求。1976年4月,赫伯特·斯坦(尼克松政府时期的总统经济顾问委员会主席)把这一学派的经济学家称为"供应学派的财政主义者",因而得名,亦译为"供给经济学"。

供应学派的税收理论与凯恩斯主义的税收理论相比有三个明显的变化,即由强调刺激需求改变为强调刺激供给,由强调实行"收入再分配"和"收入均等化"改变为强调鼓励生产、工作效率和拉大收入差距,由强调政府干预经济改变为强调运用市场机制。这三个变化是带有历史性转折的变化,不仅对西方的税收理论产生了重要影响,而且对西方的经济理论也产生了重要影响。

供应学派的税收理论,具体说来,可以概括为四个方面。

一 税率与税收收入之间关系的理论

最能说明税率与税收收入之间关系的理论,就是以美国经济学家阿瑟·拉弗的名字命名的"拉弗曲线"(见图1)。

拉弗认为,在税收收入与税率之间存在一种函数关系,采用高税率,不一定会取得高收入,从图1可以看出,当税率为0时,政府和政府的税收政策不干预生产,这时虽然可能使生产达到最

图1

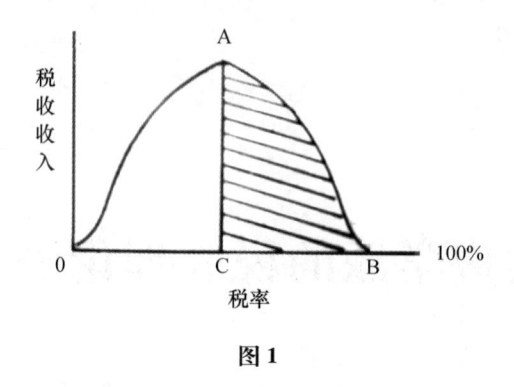

大，但政府收入却是0，结果会使政府的全部活动停止，整个社会生产会处于无政府状态，又对生产不利，所以，这种税率不足取。当税率由0点向右推移时，税收收入是逐渐增加的，当税率移至C点时，税收收入会达到最大（A），生产也会达到最大。因此，可以说C点的税率是最佳税率。

如果税率继续向右移动，也就是说当税率超过C点继续提高时，那么，税收收入不仅不会增加，反而会下降，如果税率提高到100%时，货币经济中所有的生产经营活动都会停止，人们会被迫转而采取以物易物或"地下活动"的方式从事生产经营活动以逃避税收负担，这时政府的税收收入也会降到0。所以图中的阴影部分是税收的绝对"禁区"范围。

应该说明的是，拉弗曲线中所说的税率是指所得税的税率，不包括流转税类（如烟税、酒税、奢侈品税等）的税率。因为对这类税种的税率有时规定为100%也会有税收收入，甚至还会增加税收收入。

拉弗还说过："我们总可以在两个不同的税率下，得到相同的税收（收入）。"他的这句话，可以用图2来表示。

从图2的上端可以看出当政府把税率由100%降到A点时，会使部分以物易物的交易转为货币经济，这时税率虽然仍然很高，但某些生产仍比以物易物有利，所以税率的降低，使生产有了提

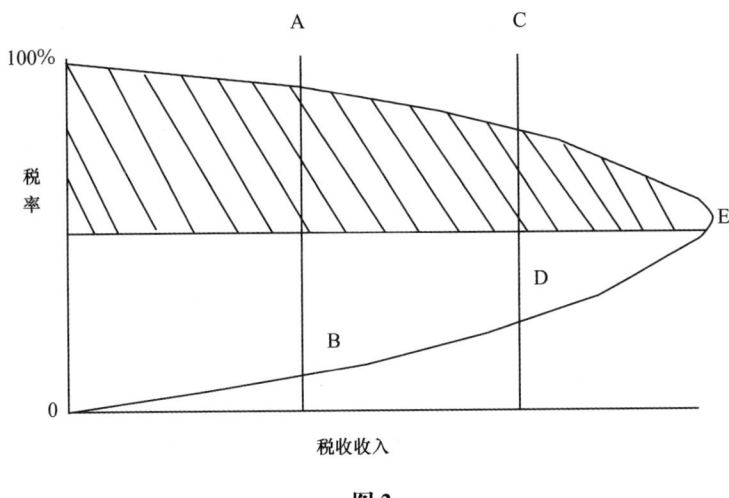

图 2

高，政府有了收入。从图 2 的下端可以看出，当政府把税率由 0 提高到 B 点时，虽然一部分生产经营会转向以物易物，但这时政府也开始有收入。这里 A 点代表相当高的税率，B 点代表相当低的税率，但是在这两点上政府所得的收入是相同的。同样，当税率继续向右移动，上端的税率由 A 再降为 C，下端的税率由 B 升为 D 时，政府取得的收入也是相同的，不过，不论税率由 100% 降为 A，再降为 C，还是由 0 升为 B，再升为 D，都还不是税率的最佳点。只有上下端都达到 E 时才是最佳点。这时政府如果再降低税率，生产虽然会增加，但是税收收入却会减少；如果再提高税率，则生产与税收收入都会减少，所以图 2 的阴影部分，也是税收的绝对"禁区"范围。

上面所说的禁区、非禁区，都还是比较抽象的概念。那么在实际经济生活中，如何具体判断税率是处在禁区还是非禁区呢？拉弗等人提出了一个简单的鉴别办法，那就是税率提高后，如果税收收入是减少的，就是处于禁区；如果税收收入是增加的，就是处于非禁区。

对于一个国家的领导者来说，不仅鉴别税率是处于禁区或非禁区是重要的,而且决定 E 点的位置更加重要。拉弗曲线中的 E 点,虽然处在 100% 与 0 的中间,但它并不一定代表 50%。它只是说明,税率在客观上存在一个最佳点,达到这一点能使生产与税收收入达到最大。政治家、经济学家和政府的一项重要责任是通过各种手段把握这个最佳点。当然,这个最佳点也不是一成不变的,因此,当政治经济情况发生变化时,政治家、经济学家和政府就应密切注视形势的变化而决定新的 E 点。

二 税收负担轻重对人们消费与投资、休闲与工作的决策影响的理论,即相对价格理论

相对价格理论是供应学派减税主张的重要理论基础。它认为,消费与投资、休闲与工作都是有代价的、都是有一定"价格"的。税收负担也是一种代价、一种价格。在一定的条件下,税收负担"价格"的高低,决定消费与投资、休闲与工作价格的高低,从而影响人们对消费、投资、休闲与工作的决策。

在商品交换过程中,经常可以看到这样一种现象,即商品价格发生了变化不仅可以引起买卖双方所得的变化,而且也会产生一种"替代效应"。比如,一种商品价值下跌,可使买方得益,因为降价使他按商品计算的实际所得有所提高,但却使卖方受到一定损失,因为跌价使他按商品计算的实际所得有所下降;另外,降价改变了商品原来的比价关系,即改变了相对价格,这样必然产生一种替代效应,即消费者会部分地改变消费构成,用购买跌价商品的办法,来替代购买其他非跌价商品。

税收负担的变化,也会产生类似商品交换的情形,即不仅会引起收入的变化,也会产生替代效应。这种替代效应在消费、投资、休闲与工作等方面都会发生。在经济的供给方面,有两种重要的相对价格。一种相对价格支配着人们决定其收入在消费和储蓄或投资之间如何分配。"一个人把一个单位的收入用于眼前的消

费所付出的代价,便是由于没有把一个单位的收入用于储蓄和投资而放弃的未来的收入来源。这一收入来源的价值决定于边际税率。边际税率越高,其价值就越低。因此,高税率使消费相对于被放弃的收入而言显得比较合算,致使储蓄下降,从而使投资减少。"① 另一种主要的相对价格支配着人们决定自己在工作和闲暇之间或在闲暇和通过提高技术而增加人力资本之间如何分配时间。"一个人每增加一个单位的闲暇所付出的代价,就是因不工作(如同未加班)而放弃了一笔眼前的收入,或者因未参加为提高技术的学习而放弃了一笔未来的收入。这笔被放弃的收入的价值取决于对新增收入征税的税率。边际税率越高,闲暇的代价就越小,因而旷工增加,加班减少,人们用于提高技术水平的时间也相对减少。"②

相对价格理论的提出,为供应学派的减税政策主张提供了经济上的依据。既然税率越高,闲暇的代价就越小,工作报酬就越低,自然高税率就会鼓励闲暇、打击人们工作的积极性;同样,既然税率越高,消费的代价就越小,投资的报酬就越低,自然高税率就会鼓励消费、打击人们的投资的积极性。因此,在劳动者、储蓄者和投资者对较高报酬的反应"弹性"较大时,减税的"自偿"能力也越大。这时,减税不仅可以把闲暇的时间和闲暇的资金转化为生产要素,而且税收收入也不会减少。

凯恩斯主义者反对罗伯茨的观点。他们认为,减税会减少人们的工作干劲,增税会增加人们的干劲。因为人们都有一个收入或储蓄水平的指标,如果减税能使人们有更多的钱拿回家去,他们将不必工作那么长的时间来达到这个指标,所以减税会使人们少工作而不是多工作。罗伯茨坚决反对这种理论。他认为,一个

---

① [美]保罗·克雷·罗伯茨:《供应学派革命》,杨鲁军、虞虹、李捷理译,上海译文出版社1987年版。

② 同上。

人对减税的反应可以是少工作、多闲暇，但是如果很多人都有那样的反应，这个社会的总收入和生产总量就会降低，每一个人的实际收入就会低于他开始时的收入水平。

相对价格理论是对凯恩斯主义运用财政政策方向的根本否定。罗伯茨说过，凯恩斯主义认为财政政策是通过改变政府开支在需求方面起作用的。"而我认为，财政政策是通过改变相对价格进而改变对生产的刺激供给方面起作用的。"①

三 降低累进税率与边际税率

在20世纪70年代，大多数经济学家都认为美国经济的根本问题是通货膨胀。但供应学派不这样看，它认为根本问题是税收制度。乔治·吉尔德说："美国经济的根本问题不是通货膨胀，而是由于革新和研究的减少而引起的生产率下降；由于将资金用于不动产和收藏品（美术品）上；由于加在生产性劳动者身上的政府负担逐渐增加；由于企业投资的停滞和错误的指导；由于不纳税的地下经济十分兴旺（从长期看它们很少能促进技术进步）；由于厂房设备的日益老化和陈旧……所有这些问题都是被一种违反常情的和具有破坏性的税收制度造成的或者说是被它弄得更糟的。"应当指出，吉尔德把美国经济中存在的几乎所有的问题都归咎于税收制度是不公平的，因为造成美国经济滞胀的根本原因是美国社会的基本矛盾，而不是税收制度，当然错误的税收制度和政策也会加剧这种矛盾。

供应学派所说的"具有破坏性的税收制度"，主要是指所得税的高累进税率制度和"税率结构"不合理。说得更明白一点就是对富人征税适用的税率太高，富人的税收负担太重。因为据供应学派看来，实行高累进税率制度、富人负担太重，有

---

① ［美］保罗·克雷·罗伯茨：《供应学派革命》，杨鲁军、虞虹、李捷理译，上海译文出版社1987年版。

以下坏处。

1. 影响富人投资的积极性。供应学派认为："在资产阶级国家中，关键问题是富人投资的质量和数量。"而增加税收负担，对富人的消费开支并没有多大的影响，因为消费支出在上层阶级的财富中只占相当小而稳定的一部分。所以，增加税收负担产生的影响，只是通过计算税额后，富人会决定多少用作储蓄和多少用作投资，并选择是进行生产性投资还是进行非生产性的投资，由于美国对商业利润和资本收益课税过重，所以供应学派讽刺说："美国政府是在大肆地、理由十足地劝说它的公民和公司减少美国的生产性资本。"自 1973 年以来，美国每一单位劳动的资本设备增长率下降了 40%；在整个 70 年代美国投资占国民生产总值的百分比只占日本的 1/2。不仅如此，投资的"质量"也在下降：带有一定风险的生产、技术性投资在减少；用于最没有生产性和课税也最少的投资（如收藏黄金、艺术珍品）在增加；还有的购买瑞士法郎、稀有硬币和钻石，更多的人对住房"进行投机"。供应学派惊呼，这是高累进税率造成的对资本主义制度的一个"主要威胁"。

2. 促使地下经济的发展。由于税率早已进入拉弗曲线的"禁区"，便迫使一些企业和工人逃入税金庇护所，进入不纳税的地下经济的行列。

高税率还迫使妇女加入市场劳动力队伍，从而掩盖着劳动积极性的退化。高所得税和高社会保险税又迫使雇主解雇工人，增加地下经济的工人队伍。

3. 增加逃税。在西方国家一般把照章纳税称为"纳税道德"，美国自称是纳税道德最好的国家。但是，近些年来逃税、偷税现象大大增加，供应学派认为这也是税收负担过重造成的。不仅在美国如此，在税率更高的英国和瑞典，在 20 世纪 70 年代后期，逃税现象更为严重。瑞典著名经济学家冈纳·米尔达尔说所得税制度最严重的缺点是:"这种税制直接引诱我们犯逃税和欺诈之罪。瑞典人的忠诚一直是我和我这一代的人引以为傲的源泉。现在我有一种感觉,由于糟糕的法律,我们的国家正在变成非法经营者的国家了。"

4. "经济外移"。一个国家对生产经营性企业和新兴技术性行业以及高劳动收入者等实行高累进税率,目的是期望得到更多的财政收入,但实际结果常常是相反的。不仅使政府征收不到名义税率规定的高收入,而且会造成生产性资本的减少和财政收入的进一步降低。更为严重的是还会造成"经济外移"——资本外逃和人才外流——窒息经济的增长。这种破坏性的后果,不仅会在经济发达的国家发生,而且会在经济不发达的国家发生,其破坏的程度,往往是后者比前者还大。

由于税负重具有以上坏处,所以供应学派不仅主张降低高累进税率,而且更主张降低边际税率。

所谓边际税率通常是指每一单位的收入增加中税收所占的比率。在累进税制中,它高于平均税率,边际税率越高,替代效应越大,对人们创造新增收入的积极性伤害也越大。因此,供应学派竭力主张降低边际税率。

罗伯茨在《供应学派革命》一书中说:"不是任何减税都是供应学派所主张的减税;供应学派所强调的是降低对额外收入具有重要刺激效果的边际税率,而不是平均税率。"凯恩斯主义的财政政策强调平均税率,因为凯恩斯主义者认为,税收是通过改变可支配收入而改变总需求来影响经济的。供应学派经济学强调边际税率,因为供应学派相信,税收是通过改变对工作、储蓄、投资和承担风险的刺激来影响经济的,这一不同的观点是供应学派在经济政策的革命实质所在。[①]

[①] [美]保罗·克雷·罗伯茨:《供应学派革命》,杨鲁军、虞虹、李捷理译,上海译文出版社 1987 年版。

供应学派认为，降低边际税率不是简单的"收入回流"，而是会同时带来刺激收入增加的因素。因此，要想多向富人征税，就要先降低富人的税率；要想增加政府的财政收入，就要先向纳税者减税而不是增税。因为降低税率意味着更好的刺激；而更好的刺激意味着更高的储蓄率、更多的资本形成、更高的劳动生产率和实际工资的更高增长。

四　减少政府干预和税收减免

供应学派虽然十分推崇萨伊的自由放任经济理论，但它并不反对国家干预经济。相反，甚至它还认为政府部门有些职业"极富于生产性"。不过，它认为美国由于长期推行凯恩斯主义关于加强国家干预的理论和政策主张，政府对经济的干预已经达到了极端膨胀的程度。政府举办的公共工程和提供的商品、服务项目日益增多，规模日益扩大；政府在价格、工资、税收、环境保护、安全生产等方面的规章制度十分烦琐。为了执行这些法规，政府还需要设置更多的执行机构和监督机构，也需要企业和个人开支一大笔钱用来聘请律师、会计师等。有人估算，为了执行联邦政府的各项法规，一年需要付出 1000 亿美元的代价，其中有相当一部分开支是不必要的。

政府为了干预经济，也需要集中一大笔财富于自己的手中，于是税收占国民生产总值的比重越来越大，1975 年在美国已达 34%，而且形成一种观念："资本收益在国家手里似乎比在真正的企业家手里更高、更稳当。"供应学派认为这种观念是完全错误的，政府官僚顶替不了企业家精神。企业经营失败，发生各种损失，立即会在账面上反映出来，会强制企业提高效益或者及早关门；在政府部门发生浪费或损失，要经过很长一段时间才能看清楚，这时它造成的恶果可能已很严重，但即使在恶果很严重的情况下，也极少有政府衰落的趋向，因为政府"有课征累进税的权力的保障"。

对某些税收项目实行减免,实际上也是政府干预经济的表现,因为它不是市场规律作用的结果,而是握有减免税权力的部门的主观意志的体现。美国在20世纪70年代后期,这种减免税每年已达到几百亿美元的规模。减免税的规模越大,越会使税基缩小、越会使税收政策代替市场机制的作用、越会增加纳税人对税收负担不公平的担心。供应学派认为,税收减免规模越大,其副作用也越大,而且税收减免常常是只能刺激需求,不能增加供应,所以它主张应该用减少税收减免的办法换取挽救降低税率,用低税率去刺激投资、储蓄和调动人们工作的积极性。

(原载中国国际税收研究会《涉外税务》1991年第4期)

西方"税式支出"的理论及其对中国的借鉴意义

人们一向认为税收是组织财政收入的工具,现在提出"税式支出"(或译为税收支出)的理论,使许多人感到不理解。其实,"税式支出"之名的提出,虽然只有十多年的历史,但"税式支出"之实却早已存在,只不过由于过去"税式支出"的数额比较小,项目比较少,对财政预算收支和经济发展的影响不大,所以没有引起人们的重视和研究罢了。

什么是"税式支出"呢?西方的财政税收学者认为,政府的主要功能之一就是实现公平、效率和经济的稳定。实现这些目标的工具主要有租税政策和公共支出政策。公共支出有直接支出方式和间接支出方式,所谓直接支出方式(也称预算支出方式或现金补助方式),是指其支出必须按照法定的程序编列预算,并经立法机关同意后才有法律效力,才能动用。而间接支出方式,则是指其支出不列入预算,没有实际的支出程序,而是以税收优惠,即以减少纳税人的纳税义务的形式实现的。这种间接支出方式就是一般所说的"税式支出"。1974年度美国预算法案规定"税式支出"是指"用于采取偏离正常税收结构的特殊措施而引起的收入损失"。

"税式支出"在资本主义国家主要集中在所得税方面。"税式支出"的种类，大致有五种：（1）个人扣除额（又分为列举扣除额和标准扣除额）；（2）免除额（如对现役军人的薪饷实行免税等）；（3）免税额（包括对个人免税额及对其抚养亲属的宽减额）；（4）投资鼓励（纳税者对政府鼓励的产业增加投资，政府则对其应税活动给予一定比例或金额的抵减）；（5）资本利得的优惠处理（对跨越两个以上年度的资本利得，予以优惠处理，以避免取得资本利得的当年适用较高的累进税率）。上述五种形式，如果按性质划分，可以分为两类：第一类含有税式利诱的性质，如后两种形式；第二类不含或很少含有税式利诱的性质，如前三种形式。"税式支出"规模的扩大，主要是由于含有税式利诱性质的支出扩大的结果。

"税式支出"规模的扩大和"税式支出"理论的形成，是与凯恩斯主义的广泛传播并在西方国家作为经济政策的指导思想分不开的。凯恩斯主义是作为亚当·斯密学说的对立物而出现的。凯恩斯把资本主义社会存在的经济危机和"非自愿失业"归咎于"有效需求"不足，即归咎于消费和投资不足。因此，他认为解决失业和经济危机的出路是扩大"有效需求"。但扩大"有效需求"，保持供求平衡不能像亚当·斯密所主张的那样仅仅依靠市场和价格这只"看不见的手"的自发调节来实现，而必须依靠国家对经济实行广泛的干预和调节来实现。国家干预和调节经济可以用行政和立法手段，也可以用"国有化"手段，但凯恩斯很注重用财政税收手段。他主张，不应把收支平衡作为理财的原则，只要能够增加国民所得，国家可以用发行公债扩大预算支出的办法来刺激需求，对经济发展起"加速率"作用，促进就业和消灭经济危机。凯恩斯的理论在战后的资本主义国家中得到了广泛的传播和运用。不少西方国家不仅把财政税收作为平衡市场供求的主要手段使用，而且作为实现社会"公平"和刺激经济效率的手段来使用，结果使国家干预和调节经济的规模越来越大,"税式支出"的规模也越来越大。这种发展趋势引起了美国国会的关注。

1959年美国国会赋税委员会主席威尔伯·米尔斯会同一批税务专家编成了一部长达三卷的、题为《税制修正纲要》的巨著,其中着重指出了税收水平上的不公平、由于税收漏洞和"意外收益"而引起的扭曲、高收入阶层和大公司所享受的优惠过多等问题。米尔斯等人在这里所说的"税收漏洞""意外收益""优惠过多"等,实际上就是指的"税式支出",但是他没有使用"税式支出"这个名词。1967年,美国财政部的官员斯坦利萨里在一次讲话中第一次使用了"税式支出"这个名词。1973年,他在《税收改革的途径》专著中,结合美国"税式支出"的实践,对"税式支出"的情况做了分析(当时美国"税式支出"金额为600亿至700亿美元,相当于美国预算的1/9),并第一次对"税式支出"做了理论上的阐述。美国1974年度预算法案正式批准实行"税式支出"制度,要求在联邦预算中列明税收支出项目,并要求国会各委员会检查这些支出的变化情况。

自此以后,"税式支出"作为财政学上的一种新理论正式出现。现在,英国、法国、加拿大、联邦德国等国家也做出了类似美国的规定,也都有了自己的"税式支出"制度,其规模也在不断地扩大。进入20世纪80年代以来,美国每年"税式支出"的数额大约在3000亿至4000亿美元。

不过,应当指出,现在"税式支出"理论还不成熟。西方一些经济学家对"税式支出"的理论存在截然不同的看法。一些人认为"税式支出"弊大于利,因此应当用列入预算支出的办法取代它。另一些人则认为"税式支出"利大于弊,应当继续使用甚至扩大使用这种办法的范围,其理由有以下三方面。

1. "税式支出"比预算支出具有更强的时效性。采用预算支出的办法,会产生明显的"时间滞后效果",因为采用这种办法，受益人必须先缴纳税款给国家，然后政府和国会再通过一系列的政治和财政程序再拨付给受益人，受益人真正实现受益要经过一段相当长的时间。而"税式支出"则可以避免这种缺陷，在刺激经济效率和经济稳定方面比预算支出办法更具有明显的优越性。

2. 既然"税式支出"比预算支出具有上述优越性，那么就不应把减免税和税收的各种优惠视为"畏途"，总想减少它或取代它，而应在理论上承认它的合理性，在实践上更好地发挥它的作用，适当扩大它的使用范围。

3. 在"税式支出"对个人收入和企业的发展已经能够产生很大影响的情况下，"税式支出"不仅在国内而且在国际也已成为一个国际性的财政问题。因此，在处理国际税收关系过程中，如果不能正确地解决"税式支出"问题，必然会产生更多的国际税收争端。

反对继续使用"税式支出"的经济学家主要有以下理由。

1. "税式支出"是隐含式的支出，不需要经过立法机构的详细调查、测算和辩论就能立项，国家立法机构对这种支出很难实行严格的监督。

2. "税式支出"有碍实施公平与效率的原则，因为收入少、税负低的人或企业，很难从税收优惠或扣除中得到好处，而收入多、按高税率纳税的人或企业，却很容易从各种税收优惠或扣除中得到好处，这是不"公平"的。同时，把大量的财富集中到政府的手中，然后再由政府用来刺激经济，不仅不会提高经济效益，反而会影响经济效率的提高。

3. "税式支出"的广泛应用会使税制更加复杂。因为政府既想通过"税式支出"刺激某项经济事业的发展或达到某项社会政策目标，但又唯恐税收减免优惠等措施达不到这些目标而不得不对"税式支出"做出复杂的规定或限制，这样就必然会使税收制度日益复杂,影响税收部门的工作效率,增加征、纳双方的费用。

看来,二者的争论主要是"税式支出"是否比预算支出更公平、更有效率的争论。尽管这种争论今后在理论上还会继续进行下去,但从实践上看,在一些发达的资本主义国家里,"税式支出"的项目和数额可能是减少的趋势。因为在这些国家里,主张充分发挥市场机制的作用、减少国家干预和调节作用的供应学派的理论占有优势。

在中国的税收实践中,也存在"税式支出"的问题,而且近些年来,"税式支出"的规模也在日益扩大。因此,"税式支出"的问题和西方的"税式支出"理论也已引起中国财政税收理论界和实际工作部门的重视。我们认为,像我们这样由高度集中的计划经济体制向有计划商品经济体制转变的、经济发展不平衡的发展中国家,"税式支出"是不可避免的,正确运用"税式支出"理论有利于促进经济的稳定发展。现在的问题是,缺乏严格的管理制度,有些企业和个人钻这方面的空子,使国家不少财政收入流失,同时,税收减免优惠也有些失控。在资本主义国家,"税式支出"主要集中在所得税方面,而流转税方面很少有减免税问题发生。而在中国,不仅在所得税方面而且在流转税方面也都存在大量的减免税和优惠。这些减免税和优惠措施,除国家统一规定的以外,不少地方政府甚至企业主管部门超越权限,擅自开减免税口子,而且对由于减免税而减少的税款损失,既不统计,也不上报。我们认为,这种状况应该尽快改变。改变的办法是:第一,认真总结我们的实践经验,深入研究"税式支出"理论,搞清"税式支出"的利弊,趋利去弊,明确其适用范围;第二,改革和完善现行的税收管理体制,明确规定各级政府的税权并实行严格的监督管理;第三,建立"税式支出"的报告和管理制度。地方各级政府都应如实上报"税式支出"的数额和项目，同时，对减免税款的使用要实行严格管理，并要定期上报使用效果。

（原载《涉外税务》1989年第7期）

一次难忘的税收理论研讨会

　　1985年8月10日至19日，由中国税务学会与中国社会科学院财贸物资经济研究所（以下简称"财贸所"）共同召开的全国税收理论研讨会在吉林市举行。到会的有八省九市税务学会的代表、11所大专院校的知名教授、中国社会科学院、国务院经济调节办公室、国务院经济技术社会发展研究中心、国家计委、国家物价局、财政部等单位的代表共85人。中国税务学会刘志城（副会长、原税务总局局长）、赵昭（原税务总局副局长）、王平武（处长）、韩绍初（处长）、赵永贵（处长）和财贸所赵效民（副所长）、杜萌昆（学术委员会秘书）、赵一新（《财贸经济》编辑部副主任）等参加了会议。这是自"文革"以来召开的一次令人难忘的全国税收学术会议。

　　这次会议是在中国改革的重要转折时期召开的。1984年中共十二届三中全会通过《中共中央关于经济体制改革的决定》，要求"加快以城市为重点的整个经济体制改革的步伐"。改革的重点由此转向城市。在城市，国有企业是否具有活力，对于经济全局和财政经济状况的根本好转具有关键意义。而搞好国企遇到的突出问题是如何处理好国家与企业的分配关系。1984年推行的工商税制改革和第二步"利改税"是解决这个问题的突破口。税制改革走在了经济改革的前列。摆在税收面前有许多理论和实践问题，需要解决。这次会议着重讨论了在有计划商品经济条件下，如何认识和运用税收经济杠杆及如何建立社会主义税收理论体系的问题。讨论这些问题对于做好当时的税收工作和加强税收学科的建设都具有重要意义。

一　在有计划商品经济条件下如何认识和运用税收经济杠杆问题

如何认识和运用经济杠杆推动经济运行，是在有计划商品经济条件下和改革的重点转向城市后提出的新问题。学会掌握它们是包括税务部门在内的综合经济部门和学术界的重要任务。

什么是经济杠杆？代表们认为主要是指掌握在国家手中的，通过物质利益诱导，即通过调节国民收入分配和再分配，从而调节经济的运行过程，实现微观搞活和宏观调控目标的一系列经济手段，如价格、税收、财政、信贷、利率、汇率等。这些手段之所以能对经济运行产生影响，主要是因为它们的变化会直接影响各个经济单位和个人的物质利益，影响他们的决策和行为，使其决策和行为符合国家政策的要求。

（一）经济杠杆发挥作用的客观条件

首先是国家管理经济的模式。国家管理经济的模式同运用经济杠杆有密切关系，如果不实行有计划商品经济，继续把计划经济和商品经济对立起来，实行以指令性计划、行政手段、直接控制为主的计划经济模式，那么各种经济杠杆都无法发挥作用。通过改革，国家管理经济的模式已变为除依靠指令性计划外，还要依靠指导性计划和市场调节的模式，这就为经济杠杆发挥作用创造了条件。因为指导性计划的实现和使市场调节符合国家的要求，必须依靠经济杠杆的诱导。其次，国企必须具有独立的经济利益。如果对国企继续实行统收统支，统负盈亏，企业吃国家大锅饭，没有独立经济利益的制度；如果继续实行平均主义分配政策，职工吃企业大锅饭，其劳动成果与其自身的物质利益没有联系的制度，那么，各种经济杠杆同样都无法发挥作用。通过改革，国企走上自主经营、自负盈亏的经济实体的道路，在分配上实行"国家得大头，企业得中头，个人得小头"，使企业和职工都有了独立的经济利益，这同样为经济杠杆发挥作用创造了条件。

税收是重要的经济杠杆。这是由它在国民收入分配和再分配中的地位和特点决定的。

税收在国民收入分配和再分配中历来占有重要地位。经过1984年工商税制改革和"利改税"[①]，这种地位更加突出。改革前，税收占国家财政收入的比重约为50%；改革后，这个比重上升为90%以上，几乎上升一倍。同时，开征国有企业所得税、资源税，把原来的工商税按性质划分为产品税、增值税、营业税和盐税，开征和恢复一些地方税，等等，使税收对国民收入调节的覆盖面大大拓宽。特别是开征国有企业所得税以后，税收积极参与国企的利润分配，改变了过去只参与集体和非公有制企业利润分配的格局，这又为税收发挥杠杆作用开辟了更为广阔的空间。

(二) 税收杠杆发挥作用的主观条件

1. 改变税改的指导思想。中国在20世纪80年代以前的几次税改中总是强调保财收入，简化税制，很少考虑发挥它的杠杆作用，结果把税收变成了单纯组织收入的工具，这是一个教训。今后研究税改时如何办，是首先把它看成是取得财政收入的工具，还是首先把它看成是一种经济杠杆？一些代表认为是前者，因为税收原本就是取得财政收入的工具。多数代表反对这种观点，认为如果不是首先把它视为经济杠杆，那么就没有必要对国企进行"利改税"，也没有必要讨论建立什么样的税制体系问题。当然，强调把税收首先看成是一种经济杠杆，绝不是说税收在调节经济中是万能的，也不是说可以忽视税收组织财政收入的职能。

[①] "利改税"之前国企的利润分为两部分：一部分留给企业，另一部分上缴国家；所谓"利改税"是指把企业上缴国家的那部分利润，改为征收企业所得税的制度。

其实，这种争论可追溯到第一步"利改税"。当时，也有两种思想的争论。一种是集中资金，保证重点建设，保证财政收入不减少；另一种是"企业活了，一切都好办"，主张适当增加企业财力，使它成为自主经营、自负盈亏的经济实体，即使减少一些财政收入，也要干，"要算活账"。争论的实质是"利改税"应以保财政收入为主，还是以搞活企业为主。以哪个"为主"涉及"利改税"的核心，即国企的税收负担如何设计的问题。争论的结果是按照"不挤不让"的原则设计税率，最后确定国有大中型企业所得税率为55%，另对部分企业再征收平均税率为15%的调节税。即使按55%税率来说，也远远高于其他所有制企业。过高的税负，固然使财政收入未减少，但却使企业失去了"搞活"的动力和实力。这是1987年年初国企反对"利改税"，再次兴起承包高潮的主要原因。会议讨论这个问题，对于总结经验搞好以后的税改很有意义。

2. 完善税制。税收作为经济杠杆，其每个税种的调节方向、范围和力度是不相同的。在调节经济社会生活过程中，有时可用一个税种实现目标，有时需要用多个税种实现目标。税制应是一个完善的科学的体系。

通过改革，到20世纪80年代末中国已建立起流转税、所得税、资源税、财产税等七大类30个税种的税制，奠定了税收发挥杠杆作用的基础。但在改革初期，人们还未完全摆脱公私"区别对待"纳税思想影响，所以仍按经济成分制定税法。比如所得税类中有国营企业所得税、集体企业所得税、私营企业所得税、城乡个体工商业户所得税、中外合资经营企业所得税、外国企业所得税等税种。按不同经济成分制定税法，不利于公平税负、平等竞争，也不利于税收发挥杠杆作用，需要改革。大家建议，应根据"一视同仁"的原则，制定统一的企业所得税法和个人所得税法。

3. 建立经济信息反馈系统。情报、信息是重要的决策资源。如果说，一个工厂、一个商店要想在竞争中取胜，还需要搜集情报和信息、搞好市场调研的话，那么对于掌握运用税收杠杆的决策机构来说，做好这些工作就更加重要。经过 20 世纪 80 年代的改革，国家对企业的经济监督主要是通过税务、工商、计划、财政等部门的监督。税务部门有权审核企业的生产经营状况和财务账目，有权了解企业纳税情况以及税收政策对企业的影响等，税务部门应充分利用这些条件，建立自己的经济信息传递系统，为正确运用税收杠杆提供依据。

（三）税收杠杆的特点与运用方式

税收杠杆同其他经济杠杆相比，具有以下特点。

1. 强制性。税收是国家强制参与国民收入分配和再分配的工具。征与不征、多征与少征，不仅体现国家的意志，而且直接调节纳税人的经济利益。这种调节由法律规定，具有很强的约束力。从这个意义上说，税收不仅是经济手段，也是法律手段。

2. 广泛性。税收可以根据国家政策的要求，对各种经济成分、国民经济各部门、社会各经济单位及社会再生产的各环节进行利益调节。

3. 灵活性。税收可以根据国家政策的要求，对不同行业、不同产品、不同流转环节、不同资源条件、不同收入性质、不同社会行为等，分别实行种类不同、高低不同的税率等方式进行利益调节。

4. 连锁反应小。国家利用税收杠杆的后果，一般只影响特定纳税人的物质利益，而不会像价格那样引起社会多方面的连锁反应。

大家认为，运用税收杠杆的方式，主要有四种：一是通过设置税种，规定调节的领域；二是通过设计税目，规定各个税种调节的具体范围；三是通过设计税率，规定调节的深度；四是通过减免税或加成征收，灵活调整调节的幅度。

20世纪80年代初、中期，纳税人法制观念弱，偷、漏税现象严重。地方行政部门用首长讲话代替税法，随意批准减税现象时有发生，严重影响税收收入和税收杠杆作用的发挥。代表们建议改革和加强税务机构。改革分两步走：一是对税务机构实行垂直领导，同时对省和国务院的税务机构实行升格；二是分设中央税务系统和地方税务系统。

（四）运用税收杠杆的原则

1. 按客观经济规律办事原则。运用税收杠杆调节经济是客观见之于主观又影响客观的过程，只有主观符合客观规律，才能达到预期目标。

2. 兼顾国家、企业和个人物质利益并使三者达到最佳结合的原则。

3. 宏观调节与微观调节相结合原则。税收调节重点应放在调节社会供应总量和需求总量、积累和消费的比例、产业结构、生产力布局及对外经济交往等宏观经济方面；但也不能忽视调节企业生产经营方向，改善经营管理和提高经济效益等微观经济方面。税收应成为连接二者的纽带。

4. 及时性与稳定性相结合原则。决策机构的决策要及时，执行机构对决策的效应反映要及时。决策的事项要相对稳定，不要朝令夕改。全面准确掌握经济信息是做到及时性与稳定性的前提条件。

5. 同其他经济杠杆密切配合原则。税收同价格、信贷等经济杠杆的关系密切，应协调配合，形成合力。

（五）税收与价格杠杆的关系

20世纪80年代初，中国价格体系存在许多问题。不少商品的价格既不反映价值，也不反映供求关系。同类商品的质量差价没有拉开，不同商品之间的比价不合理。某些矿产和原材料价格偏低。这些问题不解决，就无法正确评价企业的绩效。

代表们认为，在价格改革牵动面太大、不能轻易变动的情况下，应运用税收杠杆去缓解上述不合理现象。比如，当某些企业由于占有优越的地理和资源条件取得并非由于自己努力的利益时，可用征收土地占用税和资源税办法缓解；当某些企业因国家计划规定的原材料价格和产品销售价格不合理而取得并非由于自己努力的利益时，可用调整产品税、增值税办法缓解。但是，税收的这种调节不能夸大，不能试图用税收调节去解决价格体系存在的所有问题，不然，会造成新的价格扭曲，为价格改革设置障碍。

讨论税收杠杆问题，在当时具有重要的实践和理论意义，是会议的重点。在会议收到的 57 篇论文中，有 46 篇是研讨这个问题的。会议根据这些论文和代表们的发言，选编成《税收杠杆理论与实践》一书，由时任国务院副总理的田纪云作序，于 1985 年向全国公开发行，对财税学术界和实际工作部门产生了深刻影响。

二　关于建立社会主义税收理论体系问题

税收是一个古老的财政范畴，在资本主义国家它曾被奉为是与财产、家庭、秩序和宗教并列的第五位天神[1]，是一门比较成熟的学科。但对新中国来说，它还是处于有待开拓的年轻的经济学科。

新中国的税收理论，形成于 20 世纪 60 年代。大体包括三部分：一是从苏联学来的"非税论"。认为对国企征的税，不是税，只是保留税的"外壳"。二是无产阶级专政工具论。这是中国部分学者在特定政治条件下提出的理论，把经济范畴变成了政治范畴。三是从传统沿袭下来的"足国用论"。认为税收只是为国家机器运转征集经费的工具。这三部分本身在理论上显得苍白无力，但却

---

[1]　中共中央马克思恩格斯列宁斯大林著作编译局编：《马克思恩格斯选集》（第 1 卷），人民出版社 1972 年版，第 470 页。

延续了许多年，直到20世纪80年代也没有太大的改变。一本《国家税收》，成为财经院校税收专业的主要教材和实际工作部门的主要参考书。而该书又是主要讲税收实务，即讲现行税制的。可以说，新中国成立后的税收理论，很不成熟，还没有形成体系。理论上的不成熟是造成中国税收事业起落不定，甚至一度几乎被取消的一个主要原因。因此，研究建立社会主义税收理论体系，成为这次会议的又一个重要议题。

经过讨论，大家认为，社会主义税收理论体系应包括以下大致范围和内容。

1. 税收基础理论研究。研究对象是客观存在的税收关系，揭示税收关系产生和发展的客观依据。在研究中注意三点：一是正确分析在不同社会形态下一般与特殊的关系；二是揭示经济基础与上层建筑的关系；三是要摆脱现行政策与管理体制的局限。研究内容包括：税收基础理论（税收学）的研究对象和方法，税收的产生和发展，税收的本质和特征，税收与经济的关系，税收的职能和作用。

2. 税收制度研究。研究对象是税种、税目、税率的设计及其对经济过程的调节。研究内容包括：税制构成、税源的选择和税收负担、税制结构。

3. 税法研究。研究对象是税收的法权关系，税制转化为法律的过程。税法按其性质可分为三类：税收程序法、税收实体法、税收惩罚法。研究税收立法要注意四点：一是要有客观依据，二是公正、公平、效率，三是保持相对稳定，四是严肃性。研究内容包括：税法的性质、税法的构成、立法程序、对现行税法评价、外国税收立法经验。

4. 税收管理研究。广义的税收管理包括税收征收管理和税收管理体制，这里的税收管理指前者。研究对象是税制税法的实践及对其正确性的评价。税收征收管理直接关系纳税人和国家的利益，是税务部门最繁重的工作环节。研究内容包括：征管制度（税务登记、纳税申报、违章处理等）法制化，征管形式（行业管理、分片管理、驻厂征收等）多样化，征管方法（查账征收、查验征收、定期定额等）多样化，征收手段（计算机应用等）现代化，税务稽查。

5. 外国税收和国际税收关系研究。经济特区和沿海港口城市的对外开放，扩大了对外经济技术交流和合作，中国经济已由"封闭型"转向"开放型"。涉外税收事务日益增多。加强外国税收和国际税收关系研究，对贯彻对外开放政策、维护国家主权和经济利益具有重要意义。研究内容包括：外国税收研究（各国税收概况、税制比较等），国际税收关系研究（国际税收概念、税收管辖权、税收协定、双重征税及免除、国际避税反避税、外交税收豁免）。

会议根据大家讨论的意见，整理出《关于税收理论体系范围和内容的设想》，供会后大家研究这个问题参考。代表们还建议，中国税务学会应组织各方面的力量，就建立社会主义税收理论体系问题进行专题探讨，比如，召开税收基础理论研讨会、完善税制研讨会和国际税收研讨会等，为组织编写税收基础理论学、税收制度学、税收管理学、外国税收学、国际税收学等做准备。

这次会议理论与实践紧密结合，冲破了一些传统观念的束缚，探讨了建立社会主义税收理论体系和运用税收杠杆问题。会议提出的改进税收工作的一些建议，先后被有关部门采纳；在这次会议的推动下，各地税务学会、有关大专院校和科研机构研究税收理论的氛围日渐高涨。这是一次被誉为是税收理论研究转折点的会议，时间越长，越显出其重要影响。

这次会议还为中国税务学会与财贸所各自发挥特长、长期合作打下良好基础。会后不久，双方又合作申请国家社科基金项目"中国九十年代税制改革研究"和编纂出版《中国税务百科全书》

大型工具书，都产生了重要影响。二十多年来，这种合作从未间断，这也是这次会议的重要收获。

（原载《中国哲学社会科学发展历程回忆——经济学卷》，中国社会科学出版社2014年版）

第二篇

中国财税制度改革经验

对"七五"期间税制改革若干问题的争论

一 关于"七五"期间的税制如何进一步改革的问题

有些同志主张在考虑"七五"期间的税制改革方案时，应该首先研究确定中国较长时期的税制目标模式。税制目标模式与"七五"期间的税制改革不是一回事。前者指导后者，后者应逐步向前者过渡。还有些同志认为，中国所有制结构和价格体系的改革前景、国营企业特别是大中型企业的财权扩大到什么程度以及市场体系能够完善到什么程度还不十分明朗。由于这些问题的"透明度"比较弱，所以对今后税制改革的指导思想、目标模式、税制结构（主体税种）等看法都不完全一致。

（一）关于税制改革的指导思想问题

明确税制改革的指导思想，是提出税制改革方案的前提条件。对"七五"期间税制改革的指导思想，概括起来有以下三种观点。

第一种观点认为，"七五"期间税收政策的指导思想"应当是在利改税的基础上，进一步完善税收政策得以起作用的微观基础，进一步发挥税收政策的调节作用，为提高经济效益、发展经济、改善人民生活等战略目标服务"。持这种观点的同志认为，从1983年第一步"利改税"到1985年为止，我们仅初步建立了税收政策得以起作用的微观基础。这个基础还很不完善，因而税收政策作为实现计划目标的杠杆、作为调节工具还没有大显神通。因此，在"七五"期间应该突出税收政策的调节作用。所谓完善税制，完善微观经济活动的机制，都是为充分发挥税收政策的调节作用服务的。重视调节作用是"七五"期间税制改革的指导思想区别于前几个五年计划的重大特点。因此，税收的调节作用应优先于聚财作用，如果聚财过大或过少不利于经济战略目标的实现时，则应调节聚财的程度。

第二种观点认为，"中国的税制改革，最根本的在于要切实地把税制建立在有计划商品经济的基础上，并充分发挥税收作为经济杠杆对社会经济生活运行的调节作用。这是中国税制改革的两条根本原则，也是构想中国税制改革模式的两个基本指导思想。"持这种观点的同志认为，把税制建立在商品经济的基础上，首先必须在承认和尊重企业是自主经营、自负盈亏的商品生产者的前提下构建税收制度。其次，税制的构建必须明确在有计划商品经济条件下，国家再也不是整个社会经济生活的直接组织者了。再次，税制的构建必须明确在有计划商品经济条件下，国家再也不是整个社会经济生活的直接组织者了。最后，税制的构建必须正确认识和处理国家与企业的相互关系。可以把企业与国家的关系看成是独立经营、自负盈亏的商品生产者同社会公共权力机关的法律关系。通过税制改革充分发挥税收作为经济杠杆的调节作用，要通过税收杠杆促进搞活企业。同传统的税制相比，企业的经济负担应适当减轻，使税收真正能够起到对企业的刺激作用。另外，要通过税收杠杆促进社会主义市场体系的完善。为此，税收要做到三点：一是要促进维持市场体系的协调运转，特别是保持各商品生产者之间竞争的正常进行，限制垄断，实现商品生产者在价格、资源等各方面的机会平等；二是使税收有利于排除来自各方面对市场运行的扰动，保持市场运行的相对平稳和协调；三是使税收成为国家手中掌握的一个有效的间接控制手段，能够对企业行为施以有效的约束,从而保证企业的经济行为不脱离宏观经济运行的轨道,同时使税收也能对间接控制的主体——国家形成一定反馈式的约束。

第三种观点认为,税制改革应置于整个经济体制改革之中进行综合考虑。持这种观点的同志认为,应该根据经济改革目标模式的设想,来选择税制改革的目标模式,并使税制改革同价格、工资、信贷等制度的改革相互配套和协调。从这个基本指导思想出发,税制改革应遵循如下原则:(1)既要保证国家财政收入的需要,又要调动企业的积极性,有利于提高企业素质,增强企业活力。(2)合理调节个人收入,激发劳动热情。(3)要灵活配合各种调节杠杆,正确调节和控制社会生产和社会需求,有利于实现国民经济综合平衡和最优增长。(4)既要保证中央相对集中财力的需要,又要有利于各级政府职能的变革,有利于调动地方的积极性,发挥中心城市的经济依托作用。(5)要抓住国营企业这个财政收入的主渠道,还要使各类企业、单位的税负大体平等,有利于社会主义竞争和经济效益的提高。

(二)关于税制改革的目标模式问题

有的同志提出,应该考虑设计中国较长时期的税制目标模式,这个目标模式在"七五"期间不一定能够实现,但"七五"期间的税制改革应向这个目标模式过渡。设计这个目标模式的基本出发点是:把税制建立在有计划的商品经济的基础上和使税收真正成为调节经济运行的杠杆。立足于这样一个基本出发点,他们还对中国税制改革的目标模式进行了轮廓式的勾画。

(三)关于主体税种问题的争论

在讨论中,有不少同志把主体税种和税制模式看成是同一个东西,有各种提法。比如,以产品税为主体的税制模式,以所得税为主体的税制模式,以流转税与所得税为双主体的税制模式,等等。因此,在讨论中国应采取什么样的税制模式时,多集中在讨论以什么税为主体税种的问题上面。

关于在"七五"期间应该以什么税为主体的问题，有以下五种意见。

第一种意见主张以产品税为主体税种。

持这种观点的同志认为，应把改革的重点转到对产品征税上来，建立起以对产品征税为主的工商税收体系。其理由有二：第一，有利于确保财政收入的稳定增长。因为对产品征税的税种，基本上是以产品销售收入为征税对象的。随着商品经济的发展，社会商品销售收入的增长会大于社会总产品的增长幅度，所以，国家对按商品流转额征税的财政收入可以稳定增长，而对按利润征收的税种的增长幅度，往往会低于国民收入的增长幅度。第二，为了运用税收杠杆促进有计划的商品经济的发展，必须重视对产品征税的税种。因为对产品的征税，一是能从宏观上加强调节。通过税率和纳税环节的确定，有利于限制长线产品的生产，促进短线产品的生产等。二是能增强企业的活力。生产同一产品的企业，由于对产品征税的税率是统一的，创造价值多的企业，纳税后留下的利润就多，反之则留下的利润就少。这样，对产品征税就能起到鼓励先进、鞭策落后的作用。三是能自觉配合运用价值规律。由于对不同产品拟订不同的税率，从而使扣除税金后的产品价格比较接近它的价值，避免不同产品之间的利润出现悬殊的情况，使各行业、各部门都能取得大体合理的利润，从而使各种经济关系的比例比较协调。

第二种意见主张以所得税为主体税种。

近年来，主张以所得税为主体税种的同志越来越多。但是，他们主张以所得税为主体税种的理由并不相同。

一是主张坚持"利改税"的方向，逐步改为有税有费的以所得税为主体的税收体系。持这种观点的同志认为，新中国成立三十多年的经验证明，对国有企业只征产品税等流转税而不征所得税，保护了自给性经济，掩盖了吃"大锅饭"的弊端，在经济体制上形成了一种与社会生产力发展要求不相适应的僵化模式。时至今日，我们不可无视这种历史教训，继续全力推行以产品税为主体的税收体系。

不能以产品税为主体的理由主要有以下三条。

第一条，以产品税为主来调节经济，弊大于利。产品税通过税率的调高调低，确实可以调节由于价格不合理而形成的企业利润高低悬殊的矛盾。但是这种不合理的价格，又因为加入产品税而得以固定下来，从而巩固了不合理的价格体系。如果在合理的价格内加入产品税，其结果不是价格上涨，就是利润下跌，势必造成新的不等价交换，损害社会主义的竞争。尽管采取以产品税为主的税制的出发点，是为了从各个产销环节上限制长线产品的生产，鼓励短线产品的生产，但由于它不对自给产品征税，实际上不可避免地要使长短线产品的税负完全随着经济环节的增减而增减。这种不公平的税负必然阻碍企业向专业化提高生产率的方向发展。同时，也必然鼓励企业向"小而全"和"大而全"的自给自足的方向发展。

第二条，以产品税为主在确保收入方面，得小于失。因为从表面看来，产品税是按产品的产销额征税。只要企业有产品售出，不管其有无盈利，都能及时地如数收税。十年动乱期间，虽然出现过全县、全市甚至全省性的企业亏损，而产品税却能照样"确保"财政收入。对此，有人认为这是由于这种税具有强制作用的结果，但是"强制"本身并不能创造收入。此外，也不能只看财政收入一方，不看财政支出一方。如果兼顾收、支双方，则可以看到国家一只手从亏损企业收入了产品税，另一只手又向同一企业支出了财政补贴，收支相抵，往往还要倒贴。可见，产品税不仅不能从亏损企业中确保收入，反而掩盖了亏损企业吃国家"大锅饭"的实质。

第三条，产品税不符合中国国情。有人说产品税符合中国国情，其实以产品税为主的税收体系，其理论依据是引进的社会主义产品经济思想。所谓社会主义产品经济，不过是有点像原始公社共享贫穷的自给自足的产品经济。这绝不是具有中国特色的社会主义，绝不符合当代中国的国情。

另外，还有些同志反对以产品税为主体，其理由是：（1）由于产品税重复征税，单位产品的税额含量不一，政策上不合理，影响在同等条件下开展竞争；（2）产品税是随生产结构和经营环节的变化而变化的。这种税负不合理的现象，给偷漏税造成可乘之机，是财政收入不稳定的因素；（3）产品税、增值税、营业税三税并立，无论在税法的解释上、征收范围的划分上，还是征收管理上，都带来了复杂性，也不符合税制应简便、准确的要求；（4）实行产品税，在出口上存在退税不足的现象，不利于中国产品在国际上的竞争。

二是认为建立以所得税为主体税种的税制体系，将是中国税制体系的最终发展趋势。

持这种观点的同志认为，中国税制体系中主体税种形式的确定，关键取决于该税种是否能够最大限度地发挥税收杠杆的调节机制，保证国家财政收入和国家宏观意图的顺利实现，从而促进国民经济的稳定增长和社会再生产的良性循环，而所得税是可以满足这些要求的。因为：（1）以所得税为主体税种，才能建立健全完善的间接控制体系，与增强企业活力和形成市场体系相配套；（2）以所得税为主体税种，能够适应多种所有制形式并存和对外开放的要求；（3）以所得税为主体税种，能够正确处理财政分配与工资分配之间的关系；（4）以所得税为主体税种，能够充分体现税收公平性和简便性的原则。

三是认为从各国税制发展的趋势看，所得税取代产品税的主体地位是经济发展的客观要求。

持这种观点的同志认为，一个国家以何种税为主体，固然在很大程度上受到国家财政政策、经济制度的左右。但从根本上说，还是取决于客观的经济条件和经济发展的阶段。从世界范围来看，从以间接税为主体向以直接税为主体转化，是近代各国的一般趋势。目前多数西方国家都把所得税作为税制的主体税种。从中国目前的情况来看，各项所得税的设置也是经济发展的客观要求，是正确处理国家与企业、国家与个人之间的分配关系的需要。这些同志还认为，产品税在价格体系不合理又不能大动的情况下，对缓解价格不合理所造成的一些矛盾具有显著作用；但税制改革不能代替价格改革；价格改革之后，产品税的作用将大大削弱，并产生一些新的问题；建立以所得税为主体的税制结构是经济发展的必然趋势。

第三种意见主张以资源税费为主体税种。

持这种观点的同志认为，应建立以资源税费为主、以所得税为辅的生产领域直接税制，初步实现生产领域无流转税；整顿、修订流转税与补贴；配合外贸改革，健全出口税制，修订、降低进口关税税率，配合分级财政，建立分税制；健全个体经营者的税收制度。

第四种意见主张资源税、流转税和所得税"三主体"并重。

第五种意见主张"双主体"，即以流转税类和所得税类两大税类为主体。

目前大多数同志同意这种意见。这些同志认为，经过前几年的改革，中国已经形成的税制框架基本上是适应目前经济发展的要求的。因此，对已经形成的税制不是推倒重来，而是在此基础上如何进一步完善的问题。其理由是：（1）"七五"期间，虽然将进一步扩大企业的分配比例，但是建立一套有效控制企业行为的硬性预算是个渐进的过程，在这一过程走完之前，国家仍然是扩大再生产的主要承担者，国家需要的财力不能不随经济的发展而增加。这样，就不可能大幅度变动国家与企业的分配比例。(2)"七五"期间不可能大幅度调减流转税。价格虽然要继续改革，但价格的调、放只可稳步进行，作为价格重要组成部分的流转税，就不可能大幅度调减，否则会引起比价关系和生产结构的剧烈变动。(3)采用以产品税或所得税为主体，甚至以资源税为主体，无论是税制设计还是实际执行都有一定困难。如以产品税为主体，除会产生前面提到的产品税的几种弊病外，按照产品过细地划分税目，随着产品品种的增加，会不断加剧税制的复杂性。如以所得税为主，由于现阶段中国企业管理水平和经济核算水平较低、账目不全，实行复杂的扣费计算的所得税对征纳双方都有困难。同时，西方以所得税为主是以个人所得税为主，在中国目前不可能做到。中国的所得税主要是对企业征收的，企业负担不宜过高，所得税比重过高还会激化征纳双方的矛盾。同时，以所得税为主还可能助长虚列费用，扩大成本开支，增加稽征费用，导致财政收入不稳。如以资源税为主，将税源的70%—80%都集中在资源甚至是潜在资源上，而主要不是对劳动价值和劳动收入征税，就会失去税收这一杠杆在国民收入进行分配和再分配中的调节作用。

（四）对"七五"期间税制改革一些具体问题的争论

1.全面推行增值税，有选择地征收产品税，使中国的流转税制度更加适应有计划商品经济的需要

1984年10月，中国正式开征增值税。实践证明，它在解决重叠征税的问题上是很有成效的。为了尽快地使中国流转税适应有计划商品经济发展的客观需要，现在不少同志主张应在做好充分准备的基础上，全面推广增值税制度，并把价内税形式改为价外税形式，改变价、税相互牵扯的状况。同时，要推行发货票注明税款制度。有些同志认为，增值税计税复杂，推广它应该具备许多条件，不应全面推广，而应"逐步推广"，目前至少不应向商品

零售环节推广。

在推行增值税的基础上，再对特定的消费品征收产品税（消费税），以保留产品税调节经济的一些长处。但为了把产品税同增值税的课税依据区别开来，并使产品税的征收有利于鼓励企业改进包装，提高质量和经济效益，可以把产品税的计税办法由以价定率征收为主改为以量定额征收为主。

2. 完善企业所得税制度，促进生产的发展

一些同志认为，目前中国的企业所得税制度主要存在三个问题：一是税法不统一，税负不平衡；二是国营大中型企业采用比例税制，不能合理调节收入；三是调节税，似税非税，"鞭打快牛"。因此主张企业所得税制度应该逐步走向统一（不包括涉外所得税），对企业所得税应采用累进税制，逐步取消调节税。并采取各种优惠措施促进技术改造、刺激生产。

现在大多数同志主张，对企业所得税采用超额累进税率。理由是累进税制能体现量能原则，即多得多征、少得少征、不得不征的原则。少数同志主张采取比例税制。理由是通过资源税、土地使用税、资金税以及价格改革，国家已经把企业由于客观因素而获得的利润拿走，剩余的利润主要是由于企业主观努力的结果，把企业由于主观努力而取得的大部分利润由国家拿走，是不利于企业自我发展的，也不利于实现鼓励一部分企业先富起来的政策。同时，实行累进税率，还会鼓励企业划小核算单位，造成"逃税"的空子。

3. 开征个人所得税，调节收入水平

目前大多数同志主张开征个人所得税。其目的是调节个人收入水平，而不是控制消费基金的增长。因此，开征个人所得税，既要考虑贯彻按劳分配的原则，保持收入的合理差距，又要考虑防止发生两极分化。开征个人所得税的争论焦点是起征点问题。一部分同志主张起征点适当高些，纳税面要小些。理由是中国摆

脱平均主义的束缚不久，大多数人的收入差别不大，对收入差别不大的大多数人不征税，既符合中国当前人民群众的纳税心理和习惯，也有利于社会的安定。另一部分同志主张起征点和税率适当放低，征税面适当扩大，这对于培养中国人民的纳税习惯、监督政府支出有好处。

与开征个人所得税相联系的还有开征社会保险税的问题。开征社会保险税，大多数同志在理论上认识是一致的。现在的争论是社会保险税由谁负担的问题。一部分同志主张，社会保险税应由国家和企业负担一大部分，个人负担一小部分；另一部分同志主张，目前个人暂不要负担。如果一定要个人负担，最好在工资改革中把这一部分税扣除，不要发到个人手上后再由个人交社会保险税。

4. 扩大资源税征收范围

目前只对原油、天然气、煤炭三种产品征收资源税，征收范围太窄，不能充分发挥资源税的调节作用。一些同志主张，应首先扩大到有条件开征的大部分金属矿产品方面，然后再扩大到非金属、水和其他资源方面。还有的同志认为，目前中国的资源税只起调节级差地租的作用，不起征收绝对地租的作用，这对合理使用自然资源是不利的。因此，主张征收绝对地租。另外，大多数同志主张扩大征收资源税的范围，要与调整资源矿产品的价格相结合。

5. 开征资金税

现在大家都认为，对占用国有资金者，应该索取（报酬）。但对用什么形式索取，认识并不一致。有些同志主张，根据资金占用量按统一的税率征收资金占用税，或者按资金的利用率计税，利用率低的征重税，高的征轻税，以鼓励企业提高资金使用效率。一些同志反对采用资金占用税的形式，因为投资与利润不一定成正比例，如按统一税率征税，必然会造成人为的苦乐不均，他们主张采用资金分红的分配形式,即根据企业税后利润额按投资的比例进行提取,利少少分、利多多分,采用这种形式,既可解决投资与利润不一定成正比例的矛盾,又可适应实行股份化的形式。

6. 扩大地方税

房产税、土地使用税、车船使用税应该及早开征。同时,应放宽省以下各级政权,特别是省级政权开征地方税和地方附加的权限。

还有些同志主张开征遗产税、赠予税、人才占用税、投资税(主要控制预算外资金的投资),恢复印花税。

二 其他有争论的几个重要问题

(一) 关于税收的数量界限问题

一个国家在一定时期的税收数量界限问题,既是一个重要的经济问题,也是一个重要的政治问题,世界各国都很重视对这个问题的研究。澳大利亚经济学家科林·克拉克曾经提出,一个国家的税收总量如果超过国民生产总值的25%,就会迅速地给经济带来"灾难"。在美国的税收总量达到国民生产净值的40%的时候,美国前总统尼克松就大声疾呼,这个比例如果再继续增长,人们将会越来越多地为了政府而不是为了自己而工作,资本家就会失去经营的积极性,美国的企业制度就要垮台。

英国经济学家基恩·马斯顿前几年曾对20个国家的税收与经济增长的关系做了调查统计,结果表明,实行低税的国家,经济得到了较快的增长。低税组国家的国内生产总值平均年增长率为7.8%,而高税组国家仅为1.1%。税收与国内生产总值之比上升1%,经济增长率就下降0.36%。各国之间国内生产总值变化的4.5%,可由税收总负担的差异来解释。

一些同志认为,1978年中国的税收总额(按利改税后的口径计算)曾达到国民生产总值的30%。这个比例不但高于所有发展中国家，而且高于美、日和某些西欧发达国家，这样高的比例与中国的经济发展水平是不相称的。党的十一届三中全会后，中国逐步把税收总额的比重降到22%左右，已低于美国、西欧，但还比日本略高。由于中国大大降低了税负，大大提高了企业和群众的积极性，才换来了"六五"时期的大好形势。根据国外的经验，减税是刺激经济发展的重要手段。在"七五"期间，应该进一步降低税收总额在国民生产总值中的比重，到1990年，争取降低到20%左右，特别要减轻国有大中型企业的税负。但是也有些同志认为，中国"七五"期间的基建规模、文教科技和卫生事业的发展计划都已确定，税收总额不能减少。

（二）关于国营大中型企业的税负是否重的问题

大多数同志认为，现在是国有企业征重税，集体企业特别是乡镇企业征轻税，个体经济事实上大部分基本上没有征税，这是几千个大中型国营企业发展迟缓的一个重要原因。

目前，全国几千个大中型国营企业拥有的固定资产数额和上缴税利的比重均约占全国的66%。这就是说，搞活这些企业，对中国经济发展是极为重要的。现在，大中型国营企业要缴纳55%的所得税和大约平均为15%的调节税，两者共为70%，还要缴纳能源交通基金15%（大约占应纳税所得额的5%左右）。这样，企业留利平均约占实现利润的25%左右。而集体企业是按八级超额累进税率缴纳所得税的，其最高税率55%，最低仅为10%，所以，确实比国营大中型企业低得多。另外，据全国调查，大中型企业负担的社会各种摊派和变相摊派（如各种赞助）1983年平均占税后留利的7%，1984年上升为10%—15%，所以，国营大中型企业缴税和扣除各项摊派之后，进行自我改造、自我发展和自我积累的能力很有限。

但是，也有些同志不同意上述看法。他们认为，衡量国营企业与集体企业负担的轻重不能单以税率为标准。国营企业在其他条件方面要比集体企业优越得多，比如，固定资金是无偿占有的，人才（主要是大专毕业生）是无偿分配的，原材料是按平价供应的，等等。如果考虑到这些条件，国营企业的负担不一定比集体企业重。

三 关于国营企业实行自负盈亏问题

1980年四川省进行利改税试点中，提出对国营企业实行"独立核算，国家征税，自负盈亏"。当时，许多同志反对"自负盈亏"的提法。反对的理由主要有两条：一是认为对国营企业实行自负盈亏，会改变企业的性质；二是认为国营企业无法实行自负盈亏，因为生产计划是国家下达的，原材料是国家统配的，价格是国家制定的，厂长是国家任命的，职工是国家分配的，企业怎么能实行自负盈亏呢？经过几年来理论上的探讨和实践的摸索，现在大家都认为，实行自负盈亏不会改变国营企业的性质，但是对国营企业到底能不能实行自负盈亏，仍有不少同志有怀疑。

（原载《税务研究增刊》1986年第21期）

两年来税制改革试点的情况

税收在社会主义商品经济条件下，是组织国家财政收入的主要手段，同时又是调节国民收入分配和再分配，促进国民经济发展的重要经济杠杆。中国现行税制中存在一些不利于经济发展和经济核算的问题，需要逐步加以改革。为了取得改革的经验，经有关部门批准，上海轻工业机械公司、广西柳州市属工交企业、四川省 10 户国营工业企业和湖北省光化县 15 户地方国营工业企业进行了税制改革的试点，这是最早的一批试点单位。继这批单位之后，各省、市、自治区也先后进行了试点。

一　试点的情况

经财政部批准，上海市轻工业机械公司及所属企业单位从 1980 年 1 月 1 日起进行税制改革的试点（也叫"利改税"试点）。他们的做法是把原来上缴利润改为征收"四税两费"，即开征收入调节税、所得税恢复征收房地产税、车船使用牌照税，开征固定资金占用费和流动资金占用费。收入调节税采取"倒轧账"的计算办法，即企业利润减去缴纳所得税、固定资金占用费、流动资金占用费和企业留利后的余额，就是收入调节税的税额。收入调节税的税额与销售收入挂钩，确定税率。税率确定后，一定三年不变。现在试行的收入调节税按产量销售收入的 8.4% 的税率课征；所得税按课税所得额的 50% 的比例税率课征；房地产税对房屋、建筑物按原值每年征税 1.2%，土地按定额征收，市区每年每平方米征税 7 角 2 分，郊县征 3 角 6 分。固定资金占用费和流动资金占用费分别按国拨固定资金和国拨流动资金以每月 8‰ 和 4.2‰ 的费率收取，并规定由缴纳所得税后的企业留利中支付。企业缴纳"四税两费"后的净留利的分配比例是：生产发展基金 41%，职工福利基金 32%，职工奖励基金（不包括国家规定的十类原材料节约奖）27%。原来财政对企业的拨款，除基本建设投资、增拨定额流动资金外，均不再拨给，企业的固定资产折旧也不再上缴财政。

经财政部批准，广西柳州市对全市 74 户市属工交企业自 1980 年 1 月 1 日起进行税制改革试点。柳州市有人口 53 万，国营和大集体企业 220 多户，工业生产门类比较齐全，在全国中等城市中具有一定的代表性。他们的做法是把原来上缴利润改为"两税一分红"，即开征收入调节税、所得税和实行资金分红。收入调节税的征收办法是先确定社会平均销售利润率。根据全国国营工交企业 1977—1979 年平均销售利润率的水平再结合柳州市的情况，确定柳州市的社会平均销售利润率为 15%。销售利润率在 15% 以下的免征，超过 15% 的，每超过 1%，课收入调节税 0.6%，按企业产品销售收入征税。

所得税按课税所得额的 50% 的比例税率征收。企业课税所得额在 5 万元以下、缴纳所得税后留利比目前利润留成办法减少的，可以减税 30%—50%。试行所得税办法后，新出现的亏损企业，可以用本企业下年度的盈利弥补。一年不足弥补的，还可在下一年以至五年内弥补。对于原有的亏损企业暂不试行所得税办法。试行所得税办法后，原来国家拨给企业的科技三项费用、公交事业费、挖革改资金以及增拨流动资金，均不再拨给，由企业在税后留利中自行解决。原来国家规定的按工资总额提取的 11% 的福利基金和按标准工资提取 10%—12% 的奖励基金列入成本开支。

关于资金分红。所谓资金分红实际就是征收企业的固定资金占用费和流动资金占用费。原来准备按国务院开征固定资产税试行办法的规定执行，但经测算，即使按规定的最低费率收费，企业负担也太重，亏损面要大大增加。后经研究确定按企业的资金利润率实行分红。其计算办法是：

1. 分红率 = $\dfrac{课税所得额}{企业自有固定资产期末净值 + 流动资金期末余额} \times 100\%$

2. 分红总额 = 企业缴纳所得税后的利润 × 分红率

分红率超过60%的，以60%计算分红总额。投资各方，根据投资额的比例，参加分红。资金分红实行按月预分，年终决算总分。

四川省有关部门根据省委指示精神，经过调查研究、反复协商，选定省第一棉纺印染厂、成都电线厂、西南电工厂、重庆钟表公司、重庆印刷三厂等5个企业，从1980年1月1日起进行"独立核算、国家征税、自负盈亏"的试点。试点的指导思想是使企业有更大的自主权，在国家计划指导下，把计划和市场更好地结合起来，把企业搞活，把经济搞活；认真改革企业内部的组织机构和管理体制；正确处理国家、企业和职工个人的物质利益关系。根据上述指导思想，还具体规定了"征税办法""企业的权利和责任""改革企业内部领导体制"。征税办法是将原来向国家上缴利润改为征收所得税和固定资产税。所得税税率是根据企业的不同情况分别确定的，一户一个税率，最低为40%，最高为78%，税率确定后，一定三年不变。原由成本中列支的职工工资改在企业留利中支付。福利基金和奖励基金同企业留利挂钩。如发生亏损，由企业自己负责解决。企业用生产发展基金进行扩大再生产而新增加的利润，自投产之日起两年内不交所得税。固定资产税按固定资产原值每月征收2‰。

后来四川省又选定5户企业（称为新5户），实行征收"两税两费"加奖惩的办法。所谓两税是指征收所得税和收入调节税。所得税按比例税率70%征收；收入调节税按月征收，凡销售利润率超过13%的；每超过1%，课收入调节税0.6%，对个别户的税率还可以在0.2%—0.8%的幅度内浮动。所谓两费指固定资金占用费和流动资金占用费。固定资金占用费按国务院的规定征收；流动资金占用费按月费率2.1‰征收。奖励办法：企业利润总额比上年每增长1%，按工资总额的0.4%给予奖励，但最高奖励额不得超过工资总额的40%；企业利润总额比上年下降的，每下降1%，按工资总额的0.1%在税后留利中扣交给国家，扣交的数额，最高不超过工资总额的1%。

湖北省光化县对15户地方国营工业企业从1979年1月1日起试行由上缴利润改为上缴所得税。具体方法是：对企业增长利润留给企业20%，以后的剩余部分连同正常利润，实行五级超额累进税率征收所得税。企业全年利润在1万元以下的免征。企业利润在1万元以上至5万元的税率为50%，5万元以上至10万元的税率为60%，10万元以上至20万元的税率为65%，20万元以上至50万元的税率为70%，超过50万元的税率为75%。

从以上情况可以看出，现在已经铺开的试点，大致可以分为两种类型。一种是四川型，另一种是柳州型。四川型是从利润留成发展成为"独立核算、国家征税、自负盈亏"的类型。四川型试点的内容比较广泛，有税制改革的内容，也有扩大企业人财物、产供销、计划、价格、外贸等方面权利的内容。

柳州型试点的内容，相对来说则比较狭窄。试点规定"有关计划管理、价格体制、物资供应和产品分配等方面的问题在试点期间，仍按现行规定，不得随意变更。"税种、税率的设计从保障各方面的"既得利益"上考虑得比较多。因此，随着税制改革试点的开展，企业在人财物、产供销、计划、价格等方面都遇到了一些矛盾。

北京、天津以及一些省、自治区把四川、柳州的办法加以融合，也制定了试点的办法和规定，并从 1980 年下半年开始进行了税制改革的试点。

各地进行试点的时间虽然都不算长，但是都取得了明显的效果。它调动了企业和职工的社会主义积极性，促进了企业经营管理的改善；促使企业建立健全经济核算制和各种责任制，提高了经济效益；初步打破了统收统支制度，实现了国家、企业和职工个人利益的结合；保证了国家财政收入的及时入库。这些效果集中表现在试点企业在产量、质量、花色品种、劳动生产率、成本、资金周转、上缴税金和利润等方面都比非试点企业的情况好，也比本企业试行税制改革前的情况好，这说明税制改革确实取得了增产增收的效果，同时也说明税制改革的方向是正确的。当然，通过试点，也暴露出各地试行方案中存在一些问题，这些问题需要通过理论研究和不断总结实践经验逐步加以解决。

二 存在的问题

（一）企业财权扩大与消除国家财政赤字的矛盾

试行税制改革后，部分企业在国民收入的分配中，国家所占份额下降很大，企业所占份额大幅度上升，特别是在增长的纯收入中国家所得份额甚少，大部分归企业和职工个人所得。1980 年，北京市 10 个税制改革（"利改税"）试点企业共创造国民收入 37114 万元，其中，国家所得比重比 1979 年下降 9.7%，企业所得比重比 1979 年上升 9.3%；而在增长的纯收入中，国家所得仅占 28%，企业所得则占 49.8%，职工所得占 12.3%（不包括交通补贴、副食补贴以及某些奖金），结果形成企业留利过多。这 10 个企业，1980 年的生产发展基金、福利基金和奖励基金的结余额，如果按 1980 年三项基金的实际支出额计算，还够支付一年有余。这样就出现了国家财政存在赤字，企业存在大量结余矛盾，产生这个矛盾的原因是多方面的,有的属于原来规定的办法不完善,有的属于执行过程中产生的问题。应该区别不同情况加以解决。总的来说,试行税制改革的企业,确实通过挖掘潜力,提高质量,降低成本,改善经营管理使利润上升,留利适当多一些是对的,原来设计税制改革的指导思想之一,就是鼓励企业在国家计划指导下,努力提高经济效益,并从中得到相应的好处。但是在企业增长的纯收入中,国家连30%都拿不到,肯定是不妥当的,特别是在中央财政存在赤字情况下更显得不妥当。所以,这个问题应当引起重视,并加以妥善解决。

(二)关于税制改革的重点问题

有关部门设想,税制改革的重点,要放在国营企业逐步从上缴利润改为征收所得税上。这个设想主要是从使国营企业的经济权利、经济责任和经济利益紧密结合及减少政府部门对企业不必要的、过多的干预考虑的。这项改革是国家同企业在分配关系上的一个重大改革,所以有些同志干脆把这项税制改革叫作"利改税"。

有的同志认为,税制改革的重点不应该是"利改税"或"以税代利",而应是工商税的改革。因为现行工商税是当前我国主要税种,在国家财政收入占的比重很大,对国民经济的影响也很大,但是它经过多次简化合并以后,性质不明确,税率不合理,税目含糊,因此,无法发挥其对经济的调节作用,急需改革。我们认为这个意见有道理,是值得考虑的。至少在近期内应把工商税的改革作为重点来抓,逐步把现行的工商税按性质划分为产品税、增值税、营业税和盐税,修订税率,明确税目。同时,我们觉得对国营企业一律实行"利改税"能否行得通,也值得研究。看来,对国营小型工业企业、小型零售商业和饮食服务业搞"利改税"即征收所得税(实行累进税率)以后,不再向国家上缴利润,国家也不再给企业拨款,实行财务自理、自负盈亏可能行得通。但是对国营大中型企业也统统实行"利改税"或"以税代利"不一定能行得通。因为国营大中型企业比小型企业的情况要复杂得多，不仅不同行业的情况千差万别，就是同一行业的不同企业的情况也是千差万别的，在实践上不大可能设计那么复杂的所得税率把企业应上缴的收入，统统收上来；从理论上说，税收和利润都是经济杠杆，各有各的作用，不能相互代替。因此，我们主张对国营大中型企业开征所得税（不叫"利改税"和"以税代利"，因为这两种叫法容易使人产生误解，以为这项改革只是上缴形式的改变），同时继续保留上缴利润的形式（开征所得税后，企业上缴利润的比重要大大降低，有些企业可能只交所得税，不交利润），这样既可使企业权、责、利紧密结合，又可使国家有稳定的收入和加强对企业的经济监督。

（三）几个具体问题

1. 关于收入调节税的税率如何确定的问题。

柳州市规定："收入调节税的税率，根据国营工业企业产品销售利润率及交通运输企业营业利润率确定，凡月利润率在 15%（包括 15%）以内的不征税；超过 15% 的，每超过 1% 征收 0.6% 的收入调节税。"这项规定有两个问题：（1）企业由于主观努力而提高了销售利润率也要多交收入调节税，显得不合理；（2）就柳州的实际情况看，起征点规定为 15%，有些偏高，因为从试点的 74 户企业看，达到这个起征点的只有 16 户，仅占 21.6%。

上海市规定收入调节税率是按规定年度的利润水平确定的。确定后，除了国家规定调整价格、税率和占用费率而影响利润发生变化可以调整以外，一般是规定三年不变。这项规定存在三个问题：（1）企业搞薄利多销的新产品和新品种而发生利润下降时，收入调节税率不下降，企业留利将减少，影响企业积极性；（2）有些企业现有产品的利润水平比较高，收入调节税率也比较高，但这些产品竞争激烈，一般趋势是原材料价格上涨、产品价格下跌、销售利润率下降,而收入调节税率不调低,企业将会出现增产减收的后果;(3)采取按企业"倒轧账"的办法确定税额税率,在理论上似乎站不住脚,在实践上会造成同一产品税负不同。

我们认为,收入调节税是一个新的税种,它的性质是什么,税率如何设计等都值得研究。上海、柳州试行的办法各有优缺点。应该总结前一段实践经验,取长补短,使其更加完善。

2. 关于资金分红办法。

柳州市试行资金分红办法有两个问题:(1)按资金利润率分红,势必形成占用国家资金多的企业资金利润率就低,国家分红就少,占用国家资金少的企业资金利润率就高,国家分红也就多,企业留利反而减少的不合理现象。这种现象刚好与国家征收固定资产占用费的目的(节约使用资金)相违背。

(2)没有利润的企业国家不分红,等于占用国家的资金不付费,也不合理。根据柳州试点中暴露的问题,我们认为还是把资金分红办法改为征收固定资产占用费和流动资金占用费的办法比较妥当。

3. 柳州市试点规定:福利基金和奖金列入企业成本,目的是为了"旱涝保收"。我们认为这个规定值得研究,至少奖励基金不应列入成本,应该在税后留利中解决。

(四)关于纳税单位问题

上海对轻工业机械公司是以公司为单位进行征税。这就产生了公司如何把税、费、利分配到基层企业去的问题。该公司现在的做法是:生产发展基金全部集中在公司;所得税与"两项"占用费由公司集中缴纳;福利基金的3/5和奖励基金的1/3分给基层企业。我们认为,应把生产发展基金的大部分集中到公司,这样有利于统筹、协调,避免重复建设,全部集中到公司可能有碍企业积极性的发挥。所得税与"两费"由公司集中缴纳也值得研究，因为这样做会使所得税与"两费"的征收同基层企业的经济利害失去直接联系。福利基金与奖励基金公司提取的比例似乎偏大。

企业联合成立专业公司符合经济体制改革的方向，看来成立专业公司后以公司为纳税单位的好处比较多，但是必须研究解决以公司为纳税单位后如何把公司与基层企业的关系处理好的问题。

（原载《经济学动态》1982年第3期）

正确评价前几年的税制改革

第七个五年计划的中心是改革。搞好改革将为今后几十年中国经济长期稳定发展打下良好的基础。税制改革是经济改革的重要内容。现在实际工作部门和经济理论界的一些同志正在研究拟定"七五"时期和1987年、1988年税制改革的方案。我们认为，为了搞好这个改革方案，应该对前几年的税制改革做出正确的评价。因为它是考虑今后进一步完善或改革税制的基础。

自1985年以来，实际工作部门和经济理论界的一些同志对前几年的税制改革从不同角度进行了评价，这些评价概括起来主要有以下三种观点。第一种观点认为，经过前几年的税制改革，"这就形成了中国工商税制的基本格局，初步建立起一套能够基本适应目前中国经济情况的税制体系"。[1] 或者说："我国的税制结构更趋合理，初步形成了比较完整的社会主义税收体系。"[2] 第二种观点认为，中国现行的"以产品税为主体税种的税制体系，绝不是中国税收体制发展的最终趋势和根本方向，它仅是根据中国几十年来形成的极不合理的价格体系，而暂时采取的一个过渡性办法"。[3] 第三种观点认为，"中国税制改革的目标模式还不够明确。

---

[1] 牛立成、刘文彬：《"六五"期间税收工作的巨大成绩》，《中国税务》1985年第11期。

[2] 牛立成：《贯彻中央（决定），完善税收制度》，《财政研究》1985年第2期。

[3] 邢成：《初探我国主题税种的发展趋势》，《财政研究资料》1986年第73期。

现行税制的建立与改革，还是多偏重于对短期经济行为的调节，而对一些长期性的经济行为的调节重视不够。"① 我们基本同意第一种观点，不同意第二种和第三种观点。为了阐明我们的观点，有必要追溯一下几年来工商税制改革的发展过程和改革的总体设想。

中国的税制改革从 1978 年党的十一届三中全会以后不久开始进行试点，截至 1985 年 9 月大体经历了四个阶段。第一个阶段（1979 年到 1981 年 9 月），是各地在党的十一届三中全会的精神鼓舞下"自发"进行税制改革（"利改税"）试点的阶段。这些试点，有的是由县级有关部门组织的，有的是由省、市、自治区级有关部门组织的。试点单位多少不一，试点办法各异。第二个阶段（1981 年 9 月到 1982 年 11 月底），是按着统一的设想，进行税制改革的试点阶段。1981 年 9 月 5 日，国务院批转了财政部《关于改革工商税制的设想》，标志着税制改革除由各地"自发"组织的试点以外，进入了"由财政部选择一些地方、行业，有计划地组织试点"的阶段。第三个阶段（1982 年 11 月到 1985 年 9 月），是在全国全面进行税制改革（"利改税"），并使我国的税制初步进入新的轨道的阶段。截至 1982 年初，全国已有 18 个省、市、自治区的 400 多户工交企业进行了利改税的试点。其中有的是全市、县的试点，有的是一个城市范围内的全行业试点。试点企业在工业总产值、销售收入、上缴国家财政收入和企业留利等方面都高于试点以外的企业。试点表明，实行利改税是解决国家与企业分配关系和解放生产力的好形式。1982 年 11 月底，赵紫阳总理在全国人大五届五次会议上肯定"利改税"的方向。他指出："把上缴利润改为上缴税金这个方向，应该肯定下来。"这次会议对税制改革来说是一次重要的转折，它标志着税制改革由试点阶

---

① 郭亘洪、丁乙：《关于税制改革问题的讨论综述》，《财政研究》1986 年第 1 期。

段进入全面实施的阶段。1983年1月1日，我国进行了"利改税"第一步改革；1984年10月1日又进行了"利改税"第二步改革。对这两步"利改税"改革的成绩，1985年9月召开的党的全国代表会议予以充分的肯定。明确指出："我国税收制度经过前几年的改革，初步进入新的轨道。"第四个阶段（1985年9月至今），是在新的轨道的基础上，进一步完善税制的阶段。这就是现在大家正在讨论和研究制定"七五"期间和明年完善和改革税制的阶段。

从以上情况可以看出，中国的税制改革从1981年9月以后是在国务院的领导下，按照统一的设想和目标，有计划有步骤地进行的，并取得了众所周知的成就。

那么，工商税制改革设想和目标的主要内容是什么呢？它主要包括以下内容。

1. 正确处理国家与企业的关系。通过"利改税"第一步和第二步改革，通过开征国营企业所得税，用税法的形式把国家与企业的分配关系固定下来，使企业依法履行对国家的义务和贡献；同时国家又给企业依法规定的利益，而且企业经营得好，就会得到发展和相应的利益。这种关系确定后，企业不再按行政隶属关系上缴利润，而且将会从经济利益上同行政机关分开，这有利于实行政企职责分开，打破行政部门的过多干预，进一步扩大企业的自主权。这种关系确定以后，国家财政收入将会随着经济的发展得到稳定的增长，企业也能够做到瞻前顾后，心中有数；企业吃国家大锅饭的问题就会得到解决，职工吃企业大锅饭的问题也就有了解决的条件，分配上长期存在的平均主义现象就会消除。通过上述改革，国营企业在缴税以后要"实行财务自理，自负盈亏，国家不再拨款"。这一条是全部税制改革的核心内容。应该看到，认识并正确解决国家与企业的关系问题是很不容易的。过去30多年来，我们虽然在体制上有过几次较大的变动，但这些变动都是在企业上收归中央管，还是企业下放归地方管的行政权限划分上做文章，因此，变来变去始终没有正确解决把企业当作政府机构附属物这个关键问题，所以收效甚微。这次税制改革提出要减少行政干预，扩大企业自主权，对企业实行自负盈亏，应该说是触及了原来经济体制弊病的要害，是在解决国家与企业关系方面的一个重大突破。

2. 在价格不大动的情况下，把企业由于价格不合理而形成的一些收入通过税收收归财政，缓解由于价格不合理而带来的一些矛盾。① 同时对企业由于资源、地理位置、技术装备等条件不同而形成的级差收益也通过税收（如开征资源税等）收归财政，这样就会在一定程度上消除企业由于客观原因而形成的苦乐不均，为企业开展竞争创造大体相同的条件。

3. 根据有利于经济改革、经济调整和合理负担的原则，把工商税按性质划分为产品税、增值税、营业税和盐税四个税种，对产品税的税目、税率做较大的调整，提高产品税在整个财政收入中的比重，使税收调节经济作用得到比较充分的发挥，这既有利于鼓励技术进步，鼓励先进，鞭策落后，又有利于国家国民经济计划的实现。

4. 健全涉外税制。为了维护国家主权和经济利益，除已公布实施的中外合资经营企业所得税法和个人所得税法外，还要制定外资企业所得税法等法规，把涉外税制逐步健全起来。

5. 恢复征收和开征一些地方税，逐步把按企业隶属关系划分收入的财政体制改为按划分税种为基础的分级财政体制，从而有利于合理解决中央财政与地方财政的关系。

---

① 这是在第二步"利改税"中提出的任务。1983年初曾设想在完成第一步"利改税"和价格体系经过改革，使之基本合理的基础上再进行"利改税"第二步改革，但后来考虑到价格体系改革难度较大，准备工作来不及，所以税制改革先行一步，"利改税"第二步改革是在价格体系未进行大动的基础上进行的。

这就是几年来中国税制改革的一些主要内容。这些内容可简单概括为：正确处理国家与企业的分配关系，使企业逐步走上自主经营、自负盈亏的道路；为企业开展竞争创造比较平等的外部条件；充分发挥税收的经济杠杆作用，使其成为掌握在国家手中的搞活企业和进行宏观经济管理的重要工具；健全涉外税制；正确处理中央财政与地方财政的关系，为实行按划分税种为基础的分级财政创造条件。这几条都是几年来中国税制改革一贯坚持和始终明确的目标。正是由于坚持了这些正确的目标，中国的税制改革不仅在城市经济体制改革中起了"突破口"的作用，而且适应有计划商品经济要求的税制框架已经建立起来，并在改革的实践中使国家与企业的关系得到了比较正确的处理，企业和职工的积极性被进一步调动起来；税收的经济杠杆作用得到了很好的发挥，税收管理得到了加强，税收计划连年超额完成，税收成为全国上下普遍关心的问题，税收工作从来没有出现过现在这样的好形势。因此，我们认为，不能说几年来税制改革的目标不明确，不能说现行税制的建立多偏重于对经济行为的短期调节，而对一些长期性的经济行为的调节重视不够，更不能说现在建立起来的税制是"暂时采取的一个过渡性办法"。

当然，我们说中国税制改革的目标和内容始终是明确的，并不等于说这些目标和内容都已得到充分的实现。比如，在为实行以划分税种为基础的分级财政体制创造条件方面，就没有完全实现原来的设想，这是由于在第二步"利改税"中集中精力考虑解决国家与企业的关系问题，对中央财政与地方财政的关系有意放缓解决的缘故；企业特别是大中型国营企业还没有真正实现自主经营、自负盈亏，还不具有根据市场需要进行自我改造和自我发展的能力；在为企业创造比较平等的外部竞争条件方面也还有不少工作要做；等等。所有这些未实现的任务，都是"七五"期间或明后年完善税制应该逐步解决的任务。这种情况表明，"七五"

时期或明后年完善税制的任务还是比较重的,同时也表明过去几年税制改革的目标是正确的。当然,"七五"期间还应根据经济改革和经济发展的新形势、新情况和出现的新问题以及新的情况和问题的要求,提出一些与之相适应的、新的完善税制的任务,进一步研究制定比较完备的具体制度和办法,如税制改革如何与价格改革配套进行的问题,税收如何在宏观经济管理方面发挥更大的作用,等等。总之,中国税制改革的目标一定会实现,一个适应有计划商品经济发展要求的社会主义税收体系一定会得到进一步的完善。

(原载《税务研究》1986年第9期)

中国税制改革的原则刍议

为了在1980年、1981年两年内提出税制改革的总体设计方案和实施步骤，有关部门正在上海和扬州等地进行税制改革的调查测算和试点。这是当前经济管理体制改革的一个重要组成部分。搞好税制改革将对中国国民经济的发展和四化建设产生重大影响。

新中国成立以来，中国的税制经过了几次重大的改革。但是，在生产资料的社会主义改造基本完成以后，根据当时对社会主义税收的性质和作用的认识，中国的税制改革主要是从保证财政收入和简化合并税种、税率方面考虑的。比如，经过1958年的改革，就把原来分别征收的商品流通税、货物税、工商营业税、印花税等合并成为工商统一税。经过1973年的改革，又在工商统一税的基础上把车船使用牌照税、屠宰税、城市房地产税、盐税等简化合并成为工商税。目前，工商税是国营企业缴纳的唯一的一种税。对国营企业由于多方面的原因而形成的盈利水平悬殊的情况下，用一种税是无法把企业的利润调节到一个合理的水平的，税收的经济杠杆作用是无法得到充分发挥的。因此，现行税制必须进行改革。

这次税制改革的出发点和原则是什么？这是必须首先要解决的问题。这个问题不解决，税制改革及其试点就没有正确的方向。但是看来各方面对这个问题的看法，并不完全一致。我们认为这次税制改革应当接受1958年和1973年的实践经验和教训，即税制改革不能单纯从保证财政收入和简化合并方面考虑，而应在考虑保证财政收入的同时，更多地考虑税收的经济杠杆作用。目前中国正处于向"四化"奋进的新时期。税制改革总的出发点应当是调动积极因素，为促进"四化"建设，发展壮大社会主义物质基础，不断提高人民物质文化生活水平服务。

从这个出发点出发，税制改革的原则应当是以下五项。

一 促进国民经济协调发展，不断扩大财政收入来源

税收是国家财政取得及时、稳妥、可靠收入的重要手段。税制改革必须认真考虑财政收入的增减，特别是在目前财政收入比较紧张的情况下更应考虑这个问题。这是没有争论的。问题是我们的脑子不能只在单纯的财政收支上打生意，而应看到经济。

毛泽东同志说："……财政政策的好坏固然足以影响经济，但是决定财政的却是经济。未有经济无基础而可以解决财政困难的，未有经济不发展而可以使财政充裕的。"我们从事财政税收实际工作和理论工作的同志一定要努力探索能够促进经济发展的、好的财政政策。财政与经济的关系问题，在实际工作中是经常碰到的一个有争论的问题。我们觉得正确处理这个问题不能离开时间、空间和调节的条件。在中国存在社会主义商品经济、对经济实行计划调节与市场调节相结合以计划调节为主的条件下，税收同价格、信贷等经济杠杆一起，应当成为调节生产与消费、调整国民经济比例关系促进经济发展和实现国家计划的重要工具。税收的这种作用，是通过企业利润按最优比例在国家（包括地方财政）与企业（包括职工）之间进行分配而实现的。所谓最优比例就是使国家与企业都能取得最优经济效果的比例。对企业利润按最优比例在国家与企业之间进行分配，从税收方面看，这是正确处理财政与经济的关系的结合点，是一个很重要的问题。因为这个比例处理不当，不是影响国家财收入，就是影响企业发展生产的积

极性。

过去我们对企业利润的分配，总的来说，是国家集中过多，企业留利偏少，结果或者影响企业生产的发展，或者迫使企业用违反制度的办法发展生产。这里我们可以看看柳州市的情况。柳州市工业生产发展较快，工业产值在1971—1979年增长了4.4倍，同期财政收入增长2.1倍。近三年工业产值与财政收入平均每年增长都在18%左右。为什么工业生产与财政收入增长这么快呢？主要原因是企业搞了一些投资少、见效快、利润大的小型生产项目。搞这些项目的资金主要是靠小额专项贷款解决的。现在全市工业企业使用的小额专项贷款为2500万元，1979年归还贷款680万元。按规定，归还贷款应从企业超额利润中解决，实际上企业是从应上缴国家财政的计划利润中解决的，有的企业还把为这些项目制作的自制设备也打入生产成本。企业为什么要违反制度这样搞呢？就是因为发展生产的资金不足。比如，1979年企业留成的利润仅占利润总额的12%，用来支付奖金和福利费开支还紧张，哪里还有余力发展生产呢？所以，企业发展生产只有在"半违法"情况下偷偷摸摸地搞。这次税制改革，企业要求把"偷偷摸摸"变为合理合法。我们认为，这个要求是合理的。税制改革应把企业这些合理要求（这里说的是合理要求，不是说财权越大越好）考虑进去。这样做，财政收入不仅不会减少，相反，由于经济的发展，扩大了收入来源，财政收入肯定还会增加（柳州市近三年的实践已经证明了这一点）。我们从事财政税收工作的一些同志，对经济决定财政、财政影响经济的道理，在理论上是能够接受的。但在实际工作中总觉得理论与实践有矛盾，总怕把利润留给企业部分适当增加一些，会减少财政收入。当然，这些同志的顾虑是有一定道理的，我们应当在工作中努力避免出现这种情况。不过，我们认为在搞税制改革试点的过程中，思想应当解放，因为即使在一个点上试验失败，出现了减少财政收入的问题，对全局影响也不会大；如果试验成功，将为促进国民经济协调发展、不断扩大财政收入来源、解决四化建设的资金问题提供重要的经验。我们现在缺少的正是这方面的经验。

二 要保证国家、企业与个人利益的正确结合

经济发展是处理三者物质利益正确结合的物质前提，而三者物质利益处理得好又会促进经济的发展。在经济发展的基础上正确处理国家、企业与职工个人的物质利益关系，不仅是一个经济问题，而且是一个政治问题。国家、企业与职工个人从企业利润中各拿多少，有没有一个客观合理的界限，回答是肯定的。但这个客观界限也不是一成不变的，它是随着政治、经济形势的变化而变化的，也是随着经济管理体制和奖金、福利制度的变化而变化的。从目前柳州市的情况看，国家拿企业利润的65%或70%比较合适。今后增加的收入，保证国家、企业、个人都能增长，但国家可稍多拿些。企业留下的利润主要用于发展生产、集体福利和奖金等三个方面。目前用于个人奖金的比例较大，而用于发展生产的基金较少。看来，发展生产的基金占企业留利的50%左右可能比较合适。

三 要促进企业加强经济核算，以最少的劳动消耗取得最大的经济效果

各项工作都要进行经济效果的比较，从中选出花钱少、收效大的最优方案，这是一条十分重要的方针。税制改革必须认真考虑促进企业贯彻执行这条方针。目前，中国国营企业的利润水平在地区之间、行业之间和企业之间差距很大，这种情况不仅造成企业之间苦乐不均，而且不利于企业加强经济核算，进行经济效果的比较。形成这种情况的原因是多方面的，主要的有：价格因素，自然资源丰瘠不同，技术装备不同，地理、交通等条件不同，

企业组织形式不同（如全能厂与非全能厂等），企业管理水平、工人劳动熟练程度和劳动态度不同，等等。总之，这里有客观原因，也有主观原因。税制改革，应在税种的设置、税率的设计、纳税的时间和地点等方面贯彻下述精神：（一）把企业由于客观原因而得到的收入，纳入国家预算，为各个企业实行独立的经济核算创立一个比较公平、合理的外部条件，以便正确地评价各个企业的工作成果。（二）扩大企业自主权，促使企业增加产量，提高质量，降低消耗，努力采用新技术，提高竞争能力，改善经营管理，进一步加强经济核算，以最少的劳动消耗取得最大的经济效果。

四　维护国家主权和经济利益

随着中国对外贸易和其他对外经济活动的扩大，涉外的税制，有的应积极研究改进，如关税；有的应尽快制定和公布，如合资经营企业纳税办法等。涉外税制的修改和制定，都应贯彻维护国家主权、维护国家经济利益和在平等互利的基础上促进国际经济交往的原则。

五　税法要简便易行

现在企业财务干部较少，财务管理水平较低。如柳州市印染厂有职工1600多人，年产值近一亿元，可是厂财务科只有四个干部，整天忙于收收支支的日常工作，没有精力抓财务管理。税务干部也比较少，而真正懂税务、懂企业成本核算的更少。从这种实际情况出发，税法在征税办法和纳税手续等方面的规定，要力求简便易行。

税收是国家分配和再分配国民收入的重要工具。税收政策是为政治、经济政策服务的。税收政策的好坏，对经济的发展影响很大。亚当·斯密的"租税四原则"（平等的原则、确实的原则、便利的原则、最少征收费用的原则），对反对贵族特权、促进资本主义经济的发展产生过很大的影响。近代资本主义国家对经济的干预，主要是通过税收、信贷等经济杠杆实现的。中国的税制，一定要适应国家政治、经济形势的发展，尽快地进行改革，各级税务机构应该相应地加强，以便使其在发展国民经济和四化建设中发挥更大的作用，做出更大的贡献。

（原载《经济研究参考资料》1981年第72期）

建立与健全经济特区税法的原则

一　对外开放的新阶段

党中央和国务院于1979年7月决定对广东省、福建省在对外经济活动中实行"特殊政策，灵活措施"，之后并决定建立经济特区（当时叫出口特区），到现在已有七年的历史。七年的实践证明，中央的决策是完全正确的，它不仅加速了特区的经济建设，而且更重要的是特区充分发挥了"四个窗口""两个扇面"的作用，为国家提供了改革、开放和搞活的丰富经验。经过几年来的工作，有些特区的工作重点已由铺摊子、打基础转到抓生产、上水平、求效益方面。同时，客商对中国开放政策和投资环境的态度也由观望探索开始转变为进行战略性的投资和合作。1984年初，国家决定进一步开放东部和南部十四个沿海城市和海南岛，接着又宣布整个沿海地带都将要对外开放，这是中国建立经济特区经验的进一步发展，也是中国对外开放政策进入了一个新阶段的标志。在这个新阶段，我们应该按照胡耀邦同志提出的"特事特办，新事新办，立场不变，方法全新"的精神，总结前几年特区建设的经验，除继续抓好经济特区的基础设施建设以外，更为重要的是"要在健全经济立法、提高办事效率、加强培养人才这些软件上下功夫"。抓好特区的经济立法，是一项很重要的工作。我们应该加强这方面的工作，使特区的对外经济法规，包括税法，逐步配起套来，以适应经济特区发展的需要，并为对外开放的新阶段做出贡献。

二 税收在对外开放中的地位

税收在贯彻执行对外开放政策中占有重要的地位。因为对外开放从经济方面来说，它的主要内容不外乎是两个方面：一是扩大进出口贸易；二是扩大引进外资、引进先进技术和管理方法的规模。税收在这两方面都会发挥重要作用。它在进出口贸易方面，"关税壁垒"的影响早为人们所熟知。它在引进外资、引进先进技术和管理方法方面的作用也逐渐被人们所了解，"外引"能否成功，主要取决于投资环境。什么是投资环境呢？所谓"投资环境"指特定国家对外国投资的一般态度，包括积极的或消极的态度，特别指对投资者期待的利益所给予的影响。形成一国的投资环境，有政治的、经济的、社会的、文化的乃至心理的种种因素，而以法律因素为主导，如税收、外汇管理、特定营业行为的限制、征用、国有化等政策和法令措施。（见《中国大百科全书》法学卷233页）从历史上看，1547年开特区之先河的意大利的里窝那自由港就是以免税为特征的。后来不少国家创设的"自由贸易区""自由关税区""自由港""保税仓库区"等都同税收政策特别是同税收优惠政策有密切的关系。不过，过去的优惠多是仅同关税相联系，而现在发展为不仅同关税而且同流转税、所得税、财产税等优惠都有关系。可以说，在政治、经济、社会、文化和心理等因素既定的条件下，税收是投资环境的决定因素。

中国自1980年以来，在涉外税收方面先后公布了《中外合资经营企业所得税法》《外国企业所得税法》和《个人所得税法》，并规定在其他税收方面，三资企业继续沿用1958年人大常委会通过的《工商统一税条例》和1951年中央人民政府政务院公布的《城市房地产税暂行条例》《车船使用牌照税暂行条例》，1984年11月国务院又公布了《关于经济特区和十四个沿海港口城市减征、免征企业所得税和工商统一税的暂行规定》。这样就初步解决了我国对外经济合作和经济技术交流中的税法问题，并初步建立了涉外税收的征收管理制度，涉外税收收入逐年增加。但是，当前中国在涉外税收方面也存在不少问题。这些问题在经济特区表现得更为突出。主要是：沿用老税法，不适应形势的要求；在经济特区内，内、外资企业之间，新老外资企业之间税负不平衡；在税收优惠措施方面存在"一刀切"的现象，不利于引进先进技术和发展出口创汇；对"内联"企业、对消化、吸收、创新的企业，在税收上缺少鼓励措施等。这些问题都需要从税收立法上加以解决。

特区税收与内地税收存在许多根本不同点。看来，单独建立特区税法势在必行。

三　建立与健全特区税法的原则

(一) 维护国家主权和经济利益的原则

在新中国成立以前，许多税的征税权实际上不是由中国人行使，而是由外国人操纵，因此，国家的权益根本无法维护。现在不存在外国人操纵中国征税权的问题，但是存在会不会行使征税权的问题。维护国家主权和经济利益，作为涉外税收立法的一条原则，没有人不同意。但是涉及具体问题就有了分歧。现在有两个问题需要讨论。一个是税率从低问题，另一个是减免税优惠问题。有的同志不主张税率从低，而主张税率和税负至少维持一般发展中国家的水平，因税率从低，外商回国后还要补缴税款，得到好处的是外商政府，而不是外商，所以税率从低并不能达到鼓励外商投资的目的，却丧失了中国应得的权益。有的同志主张只能对同中国有"税收饶让"协议国家的外商实行减免税优惠，否则减免税优惠的好处，还是由外商的政府获得，而不是由外商获得；减免税优惠也不能达到鼓励外商投资的目的，却同样丧失了中国应得的权益。税率和税收优惠是特区税法（尤其是所得税法）的核心问题，我们应总结经验，并根据平等互利的原则把这个问题解决好，做到既能维护我国的权益，又能达到"外引"的目的。

（二）有利于吸引外资、先进技术和发展出口创汇的原则

税收应该对提供先进技术和管理方法的客商给予优惠。所谓优惠，就是让税、让利。对中国来说，这当然是损失。但是，不承担这个损失，先进技术就引不进来。不过对这种损失应该加以测算。这种损失只有比我们自己从头搞起所花的费用小，所花的时间要少，才算值得。据估计，"日本从1950年到1971年掌握引进甲种技术9870件，所需要的时间大约相当于自己从头搞起所需要时间的1/5"。也就是说，日本由于技术引进，仅用10—15年的时间，就走完了欧、美先进国家半个世纪所经历的"路程"。又据推算从1950年到1970年"日本用于技术引进、消化和推广的费用，约60亿美元，而自己要从头搞起，发展这些技术，那么，科研、试验、设计等所需要的直接和间接的费用约1800亿至2000亿美元"。"所以一个国家，如果能处理好技术引进，等于为自己积累了巨额资金。"（见《经济研究资料》1986年第6期）这种引进，虽然付出了一定代价，但却赢得了时间，节约了资金，是很值得的。这里的关键问题是必须保证引进的技术是先进的。为了保证中国引进的技术的先进性，有两个问题需要解决。一个问题是在税法上应该明确规定只有引进先进技术而不是一般技术才能享受优惠。但是，我们现行的税收优惠政策，是按照经济特区优惠多于经济技术开发区，经济技术开发区优惠多于14个沿海城市的老市区，这些地方的老市区优惠多于其他地区的按地域实施的"一刀切"的优惠办法。例如，在特区内所有的"三资"企业的所得税税率都是15%，特区企业进口属于生产必需的机器设备、原材料、零配件、交通工具和其他生产资料，一律免征工商统一税，而没有区别这些设备技术是否先进，产品能否出口创汇。这

种办法，对于引进先进技术和发展出口创汇的产品没有特殊的鼓励规定，所以应该改进。另一个问题是引进的技术是否先进由谁鉴定？是由引进企业、企业主管部门还是由税务部门鉴定？这也是一个值得研究的重要问题。看来，由其中任何一个单位来鉴定都不一定合适，应该由计委、经委和科委出面鉴定（企业主管部门和税务部门参加）可能比较合适。

（三）对"内联"和消化、推广新技术的企业实行税收优惠的原则

内联企业是经济特区发挥"四个窗口"和"两个扇面"作用的桥梁。实行内联，一方面可以增强"外引"的能力，增强特区的开发力量；另一方面可以向全国输送先进技术、先进管理方法和各种人才。因此，对内联企业在税收上应当给以优惠。但是中国现行的税法对"内联"企业没有优惠的规定。1987年年初，国务院批转的《经济特区工作会议纪要》提出："内联生产性企业，在特区内按15%的税率缴纳企业所得税。从获利年度起五年内，在特区税后的利润，如留在特区扩大生产或兴办外向性工业，免除在内地补缴所得税和调节税；如解往内地的，按20%补缴所得税。从第六年开始，在特区税后的利润不论是否解往内地，均按账面所得额补缴20%的所得税，但免征调节税。非生产性企业不享受上述优惠。"这比没有优惠规定前进了一步。这个会议纪要还对内联企业的条件做了严格规定。"内联应当以技术水平和经营管理水平较高、产品具有外销潜力的内地企业为主要对象，以增强对外资、外技的吸收能力和消化能力为目的"，"内联企业的产品都应以出口为主"。既然对内联企业规定了比较严格的条件，看来对它们的优惠似应更宽些。当然也不能把特区办成国内的"避税港"。

多年来，中国一直强调不搞成套设备进口，严格控制一般加工设备进口，不搞重复引进，要引进软件、先进技术和关键设备，

并强调在引进后要加以消化和推广。但实际上这些问题一直没有很好解决。问题在哪里呢？问题在于引进设备，特别是成套设备和一般加工设备省事、省时、见效快，而引进软件、先进技术再加以消化、吸收见效慢，甚至还要担风险。但是一个国家要想在技术上不受制于人，关键在于对先进技术能够消化、吸收，并在消化、吸收的基础上加以推广和创新。因此，我们应该在税法上像鼓励引进软件、引进先进技术那样，鼓励那些能够消化、吸收先进技术，并在消化、吸收的基础上加以创新和推广的企业。中国现行税制虽有鼓励外商提供先进技术减征免征预提所得税的规定，但却无鼓励国内企业消化、吸收、创新和推广新技术的优惠措施，看来应该考虑改进。

（四）对特区内企业执行统一税法的原则

现在经济特区内的企业，按照经济成分的不同，执行不同的税法。

在流转税方面，实行第二步"利改税"以后，内资企业按产品税、增值税、营业税条例缴纳流转税，三资企业按《工商统一税条例》缴纳工商统一税，但原来已按工商税税率缴税的外资企业暂不变动。这样就出现了两个问题，一是内资企业与三资企业执行不同的税法，税负不同；二是三资企业也由于成立于第二步利改税（1984年10月1日）前后的不同，而负担不同。

在所得税方面，三资企业的税率一律为15%，而内资的小型国营企业和集体企业适用八级超额累进税率，除全年所得额在1000元以下税率为10%，轻于三资企业外，其余超过1000元以上的小型国营企业和集体企业的负担都比三资企业重，而且所得越多负担越重。大中型国营企业所得税率统为55%，加上调节税，实际负担率在80%左右，比三资企业的负担重四倍多。

特区经济是以市场调节为主的经济，在同一市场上销售同一产品而税率不同，或者所得相同而负担不同，必然会使适用税率高的企业，在竞争中处于不利地位。这是不符合公平税负、鼓励竞争的精神的，因此，在特区内的企业应该执行统一的税法。

（五）*严格征收管理的原则*

对涉外税收管理不严，常常会使税款流失国外，使国家经济利益遭受损失。因此，对涉外税收的管理应该比国内税收的管理更加严格。

现在对特区税收的宣传存在一种偏向，即只讲优惠从宽，不讲征管从严，不讲依法纳税。许多外资企业利用这一偏向进行偷税、逃税活动。甚至有些单位帮助客商逃税或者替客商"包税"。优惠从宽，但是征管必须从严，征管不严，无法体现优惠从宽。在特区执行税法也必须严格执行依法办事、执法必严、违法必究的原则。

（原载《厦门特区税务》1987年第1期）

税制改革应当贯彻公平与效率的原则

在产品经济模式与财政体制实行"统收统支"的条件下，在税收方面几乎不存在公平与效率的原则。但是，随着产品经济模式的被打破，商品货币关系的广泛发展和社会主义有计划商品经济环境与秩序的逐步建立，公平与效率的问题将会成为中国税收制度改革须认真研究与贯彻的两条重要原则。

所谓社会公平，不是指伦理、道德的观念，现在，在西方国家所说的社会公平一般是指"收入均等化"。但是，事实上他们不可能完全做到这一点，最多只能通过财政和税收的再分配使人们收入的悬殊差距相对缩小。我们这里所说的公平是指税收负担的公平。税负公平，分为横向公平与纵向公平。所谓横向公平也叫"水平公平"。其含义是说对相同的人（包括法人与自然人，下同），在税收上应实行相等的待遇，比如说，对有相同所得的人应征收相等的所得税款。人民对横向公平，在理论上没有什么争论，在实践上也容易做到。所谓纵向公平也叫"垂直公平"。其含义是说对不相同的人，在税收上实行不相等的待遇，即"有钱人多纳税"。人们对纵向公平的看法是有分歧的。如果基于"负担能力说"，那么"有钱人多纳税"就是公平的，因为钱越多，税负能力也应越高；如果基于"利益说"，那么"有钱人多纳税"就是不公平的，因为税款的使用一般都带有集体消费的性质，多纳税不一定多消费。由于人们对纵向公平问题在理论上看法不一致，在实践上单从经济方面也不容易解决，所以最后税收政策的制定往往要结合考虑当时的政治和社会等方面的因素。

用公平的观点来看中国现行的税制，不难看出，有许多地方需要进行改革。中国现行的企业所得税制度是按照不同的经济成分来设立税种的，结果形成了"一税多制"（如国营企业所得税、集体企业所得税、私营企业所得税、城乡个体工商业户所得税、外国企业所得税、中外合资经营企业所得税等）。在税率上也不统一，有的实行累进税率，有的实行比例税率，税负高低不一。这种状况既与"公平税负"的原则相悖，也不利于在各种不同的经济成分企业之间开展平等的竞争。现在，既然对私营企业所得税已经实行35%的比例税制，那么对集体企业、外资企业和中外合资企业也应逐步实行这种税制，对国营企业则应在取消调节税，实行税、利分离，改税前还贷为税后还贷之后，实行同样的制度。

现行的产品税是按流转环节课征的，协作环节越多，税负越重，所以不公平，也不利于专业化协作，今后应该建立增值税和产品税两个层次调节的流转税制度。增值税是一个比较合理的税种，能够较好地解决重复征税问题，有利于横向联合和促进进出口商品税负平衡，也有利于保证国家财政收入，所以在工业生产环节应该普遍推行；对需要进行特殊调节的产品，可在普遍征收增值税之后再征收一道产品税。对商业批发环节的营业税应积极研究改为征收增值税。对涉外企业实行的工商统一税也应根据公平税负的原则逐步同对国内企业实行的流转税制度统一起来。

所谓效率，人们一般是指经济效率，即投入与产出的比率。这种比率的高低是由生产要素的组合经济运行方式决定的。在税收方面所说的效率，在不同的历史时期有不同的含义。早期的所谓效率，一般是指税务部门的行政效率，即要求税务部门用尽可能少的人力、物力和财力取得尽可能多的税收收入，当代的所谓效率，主要是指税收应当尽量采取避免破坏市场功能的措施。应当尽量避免采取影响人们生产经营、工作和消费决策的措施。因此，人们又把税收方面的这种效率原则叫作"中立性"的原则。在市场体系发育健全的商品经济社会中，现在都十分强调税收要遵守这条重要原则，因为遵守这条原则可以降低税收的"经济成本"。

说到税收的"经济成本"，有些同志可能感到很陌生。他们说税收是无偿的，哪里有什么"经济成本"。其实，税收的"经济成本"概念是一个很重要、对经济发展影响很大而又很容易被人们忽视的概念。因此，在这里有必要多说几句。所谓税收的"经济成本"包括"机会成本"（或叫"择一成本"）和"效率成本"（这里不涉及税务机关的征收费用，即暂不把税务机关的征收费用列入成本）。"机会成本"和"效率成本"是我们借用西方经济学中的两个术语，它的含义与西方的不尽相同。这里我们先解释一下这两个术语的含义。假定国家向企业征收100元的税款，由国家作为满足社会公共需要的资金来使用，那么，很明显企业就会失去运用这100元的资源价值，这100元的资源价值就是"机会成本"。又假定企业的资金利润率是10%，那么这100元如果国家不征走，继续留给企业运用的话，企业还会获得10元的利润，从国家角度来看就是"效率成本"。不过，实际经济生活中的"效率成本"概念，包括的范围是很广泛的。有些是有形的，是可以准确计算的，比如上面提到的10元利润；有些是无形的，是不能准确计算只能进行测算的，比如人们可以通过加班加点多为社会创造财富，同时也多为个人取得一些收入，但是由于税负重，人们不加班加点了，那么由于不加班加点所造成的损失（包括社会和个人的损失），也可看作是征收付出的"效率成本"。同样，有些企业本来可以把更多的资金投入社会再生产，生产更多的财富，但是由于税负重而改用于个人消费，从而减少了社会财富的生产，这也应看作是征税付出的"效率成本"。在税收负担较重、税率较高的国家，如果再提高税率，将会付出更高的"经济成本"。以上说的都是由于税收负担重而增加了"经济成本"的例子，假如不是税收负担重，或者是把过重的税收负担降到适度的水平，那么就会调动企业和职工的生产经营和工作的积极性，增加企业和个人的收入，从而会大大降低"经济成本"。另外，税收的鼓励限制政策制定得正确与否，也同样对"经济成本"有很大的影响，所以强调"中立性"的原则，采取一种既能带来必要的财政收入，又对资源配置影响最小的税收政策是很重要的。

目前有些同志，根据西方税制实行"中立性"原则的经验，要求我们国家的税制也实行这一原则。我们认为这个意见是不对的，至少在目前是行不通的。因为中国的市场体系正处在发育阶段，新旧体制交替又有很多摩擦，在这种情况下，如果税制实行"中立性"的原则，放弃对宏观经济的调控职能，那么不仅国家的经济计划、产业政策和技术政策无法实现，而且社会主义商品经济秩序也很难建立起来。所以在中国不论在所得税方面还是在流转税方面，特别是在流转税中的产品税制度方面，目前不大可能实行完全的"中立性"的政策，即使在市场体系发育健全的商品经济社会中，虽然他们十分强调税收的"中立性"原则，但是为了实现其产业政策、技术政策和社会政策，他们还是采取了一些鼓励或限制性的政策措施，也不完全是中立的，当然在这方面的政策措施，是逐步减少的趋势。

应当指出，在公平与效率之间是存在矛盾的。往往是要保持公平就不能保持高效率，要保持高效率就不能保持公平，这一点在资本主义社会尤其突出。这也是资本主义社会的税收理论界长期存在公平与效率争论的重要原因。应当看到，在社会主义社会这个矛盾也是存在的，而且过去我们在处理这对矛盾中是有过错的。比如，有一个时期我们把公平理解为绝对平均，以牺牲效率为代价来换取"公平"——绝对平均。实际上绝对平均不是公平，而恰恰是少劳动者对多劳动者的一种剥削，是很大的不公平。因此它不仅束缚了劳动者的积极性，影响了社会生产力的发展，而且使分配方面的小资产阶级平均主义思潮泛滥成灾。我们在今后的税制改革中一定要注意防止这种思想的影响。

　　现在人们对奖金税议论比较多，认为它既欠公平又影响效率。原来设置奖金税有两个目的，一是为了控制消费膨胀，二是为了实现公平，防止某些人收入增长过快。对这两个目的，无可非议。但在实际执行中，问题不少。这不仅仅是因为奖金税是对已征过税的税后留利的再次征税，而更重要的是同效率发生了很大的矛盾。这里举一个例子。1988年2月15日上海《解放日报》发表了对"赶工费"征奖金税对谁有利的文章。文章说：过去上海生产出口的真丝绸缎产品交货期太长，许多外商的订货单，往往因此流向韩国和中国香港等国家和地区。1984年，有的外商提出为了加速交货，愿意酌情付给"赶工费"。经征得有关领导和财税、劳动部门同意后，对外商付给的赶工费的45%用于职工福利和奖金。这些奖金可参照"外轮速遣奖"的办法，免缴奖金税。实行此项办法后，第一绸缎印染厂的职工积极性很高，在短短的两年时间内就使快速交货的订单增加了三倍。这个工厂的人均创汇也由此而达到了5万美元。谁知到了1987年，有关部门通知说，原先把赶工费视同"外轮速遣奖"是对政策理解上的错误，现在要纠正，要该厂补交奖金税26万元。消息传出后，在职工中立即掀起了轩然大波，许多外商对此也表示不理解。有些外商忧心忡忡地说："恐怕我们只能去韩国订货了"。这大概是由于考虑公平和控制消费膨胀，而限制效率的一个典型实例。遗憾的是类似的实例不是个别的，在几个经济特区更为突出。在这种场合，奖金税不是鼓励人们"拼命干"的税，而成了影响效率、影响生产力发展的"算着干"的税。因为奖金税设计不合理，税率过高或起征点过低，必然会使不工作（休闲）的"成本"相对降低，从而必然会鼓励人们"休闲"而降低努力工作的积极性。因此，从公平与效率的角度来看，奖金税如何稽征、如何完善，很值得研究。

中国是社会主义公有制占主导地位的国家，税收在公平与效率的问题上应该说有条件做到使二者相互促进。如果在有些场合不能完全做到这一点，至少也应做到以最小的不公平换取最大的效率或以牺牲最小的效率来换取最大的公平。因此，在今后的税制改革中，我们一定要认真研究如何贯彻公平与效率的原则。

（原载《山东财政学院院报》1989年第1期）

试论税收调控经济的重点

一 税收与经济的关系是各国政府关注的焦点

20世纪30年代初,在资本主义世界发生的经济大危机,标志着原始的资本主义市场经济时期的结束和现代资本主义市场经济时期的开始。

在这次经济大危机发生之前,资本主义社会的国家机器只是一个组织国防、维持"秩序"以征收捐税的机关。而且当时征收的捐税数额,只占国民生产总值的百分之几,对经济的影响很小。但是,从20世纪30年代开始,情况发生了很大变化,资本主义国家机器对经济的影响越来越大。现在它不仅拥有一定数量的国有企业,而且还通过税收把大量的社会财富集中到自己的手中。有些国家的税收收入已经占到国民生产总值的40%—50%,甚至更多。政府已经成为国家的"最大事业单位"和"最大的经济实体"。政府通过税收掌握着相当大部分的生产资料与生活资料的分配权。这样,虽然就上一个社会生产周期来说,税收只能参与产品的再分配,但就下一个社会生产周期来说,税款的使用是在生产周期开始之前,是对相当大部分生产资料与生活资料的分配,这种分配会在很大程度上直接"决定"生产的规模和经济的产业结构和地区结构,不仅如此,通过税负水平的调整和奖限政策的制定,税收也会对全社会总供给与总需求的平衡和产业结构产生积极的影响。由此可以看出，现代税收不仅由经济所决定，而且它对经济的兴衰也有决定性的影响。这是现代税收与经济关系的一个重要特点。可以毫不夸张地说，某届政府制定的税收政策的好坏，不仅决定该届政府的"存亡"，而且决定该国经济的荣枯。税收与经济的关系问题，已成为现代各国政府关注的焦点之一。

60多年来的经济演变史表明，如果说对原始市场经济的活动，政府可以不干预，可以由市场机制自发调节的话，那么由于生产与流通的社会化和国际化的趋势日益加强，现代市场经济的活动就必须由政府实行宏观调控。现在世界上绝大多数国家的政府都把促进经济稳定发展和促进收入的公平分配定为重要的施政方针。当然，政府对经济实行宏观调控，不是替代或限制市场配置资源的基础性作用，而是要为发挥这种作用创造更为有利的条件。税收是政府对经济实行宏观调控的重要工具。政府征税不只是为了取得财政收入，而更重要的是为了实现国家的经济目标。税收已经成为经济稳定发展的有力因素。因此，研究探讨税收调控经济的重点，具有很大的理论意义和实践意义。

二　计划经济体制下税收调控经济的重点

中国在国民经济恢复时期和第一个五年计划时期，还是相当重视运用税收对经济进行调控的，既重视总量调节，也重视产品结构调节。当时，政府从经济受到严重破坏，社会总供给同社会总需求严重不平衡、缺口很大，多种经济成分并存的实际情况出发，一方面实行直接的计划调节，另一方面运用税收、财政、货币、价格等经济杠杆实行间接的调节，结果使各种经济成分各得其所，总供给与需求很快达到基本平衡，经济得到了迅速恢复与发展，第一个五年计划提前完成。

后来由于实行高度集中的计划经济制度，税收对经济总量的调节，实际上被计划手段所代替，因而税收调控经济的重点不能不由总量调节转变为对产品结构的调节。比如在一个较长的时期内，税收一直实行"工轻于商"、生活必需品轻于奢侈品的负担政策；以后在实行产品税、营业税、固定资产投资方向调节税的过程中，曾按不同产品、不同商业性质和流转环节、不同投资领域，实行不同的税率；在企业所得税方面，对一些需要鼓励的产品、行业，曾实行过减税免税政策。这种对产品结构的调节，也是在计划严格控制下进行的。所以，在计划经济体制下，税收对经济的调控作用受到很大的限制，即使是对产品结构的调节，也只是微调而已。这种状况，一直到1984年中共中央作出《关于经济体制改革的决定》之前，没有什么大的改变。

随着中国经济体制改革的逐步深入，上述情况也发生了深刻的变化。1984年中共中央《关于经济体制改革的决定》提出，要重视宏观调节，善于综合运用价格、税收、信贷等经济杠杆，调节社会供应总量和需求总量。1993年《中共中央关于建立社会主义市场经济体制若干问题的决定》更进一步提出要建立健全宏观调控体系。要运用财政税收政策和货币政策"调节社会总需求与总供给的基本平衡""调节经济结构和社会分配"。社会主义市场经济体制的建立，要求税收调控经济的重点必须加以转变。

三　社会主义市场经济体制下税收调控经济的重点

社会主义市场经济，不是原始的市场经济，而是现代的市场经济。社会主义市场经济要求充分发挥市场在资源配置中的基础性作用，不如此便没有社会主义市场经济，也要求正确运用税收等经济杠杆对市场实行宏观调控，以避免因市场的盲目性、自发性和滞后性对经济发展产生不利的影响。

在社会主义市场经济体制下，税收对经济的调控主要有以下三个方面。

1. 税收对经济总量的调节。保持社会总供给与总需求的基本平衡是实现经济稳定增长、充分就业和物价稳定的重要条件。因为如果供给过多，有效需求不足，就会造成生产下降，失业增加；如果需求过多，供给不足，又会导致通货膨胀，物价上涨，所以税收调控经济的首要任务是调节社会供求总量，使之保持大体均衡的状态。

税收调节社会供求总量（主要是调节社会需求总量），有两种方法：一是精心设计税制，使其尽量自动适应这种调节的要求；二是及时调整税收政策。比如，在经济滑坡时期，应采取降低税率（或停征某些税种），减少税收收入的政策，以增加消费和投资。在经济过热时期，应采取提高税率（或开征新税种），增加税收收入的政策，以减少消费和投资抑制物价上涨，减少社会总需求。应当指出，采用及时调整税收政策的方法有时会存在困难。因为：（1）对经济形势的变化很难预测准确，如果预测不准确，调整税收政策很难奏效；（2）调整税收政策，变动税率，需要经过立法机关批准，而完成立法程序后，调整税收政策的时机可能已经错过；（3）地方政府的政策与中央政府的政策有时不协调，步调不一致，相互抵消作用。

2. 税收对经济结构的调节。经济结构是指国民经济各部门（地区）合理的结合方式以及它们之间客观存在的比例关系。经济能否稳定增长，不仅取决于社会供求总量是否平衡，而且也取决于经济结构是否合理，经济结构不合理，即使供求总量是平衡的，也会出现经济不稳定和资源的浪费。

调节经济结构的实质是改善供给，即增加供给总量并使供给结构更好地适应需求结构。税收对经济结构的调节，主要是通过税收优惠方式进行。比如，为了鼓励某些产业部门或行业的发展，可以给予它们减免税优惠；为了鼓励向某些部门或行业投资，可以给予它们投资税收抵扣；为了促使某些产业部门或行业的机器设备加速更新，可以给予它们快速折旧的优惠；等等。国内外学术界对采用税收优惠方式调节经济结构的做法，存在不同的意见。赞成采取税收优惠方式的认为采用这种方式可以弥补市场的盲目性、自发性和滞后性所造成的"市场失灵"，使社会资源配置达到"帕累托最佳状态"。反对采取税收优惠方式的，认为采用这种方式违反税收"中性"原则，不利于充分发挥市场机制的作用。但在实际经济生活中，包括在实行市场经济体制的国家中，很少有不采取税收优惠方式体现其经济政策的。当然，在市场经济体制下，运用税收优惠政策应当加以控制，鼓励面不能过大，优惠的时间不能过长，否则会使被鼓励者产生某种特权思想或不求进取的依赖性，形成保护落后，甚至还会割断它们同市场的联系，影响资源的合理配置。

3. 调节社会分配。在 19 世纪后半期，调节社会分配已成为资本主义国家税收的一项重要功能。因为这时比较发达的资本主义国家先后进入垄断时期，所得与财产的分配极不平等，贫富差距拉大；资产阶级与无产阶级的矛盾加剧，社会问题日趋严重。为了缓和阶级矛盾，德国新历史学派代表人物瓦格纳提出要运用税收手段调节社会分配，主张把"正义的原则"（或称社会的原则）作为与财政政策的原则、国民经济原则、税务行政原则并列的原则在税法中加以贯彻执行，以"矫正"社会分配不公。他认为产生社会分配不公的原因有二：（1）由于特权阶级或富豪享有免税特权；（2）由于作为生产要素的资本、土地或财产等分配不平等。因此，为了消除社会分配不公，他主张在税法上应明确宣布取消免税特权，同时要把税收作为再分配的工具来使用，对富人要征重税，对穷人要征轻税，对生活特别困难的要减免税。瓦格纳的上述政策主张，后来被大多数资本主义国家所采用。人们把这种政策称为"社会政策的税收政策"。应当指出，实行瓦格纳的政策主张，至多只能缓和而不能彻底解决社会分配不公的问题。因为社会产品价值初次分配不公，源于生产要素及财产的分配不平等，因此要解决初次分配不公，必须解决生产要素及财产的分配不平等，而通过税收再分配是无法解决这种分配不平等的，同时在公平与效率之间也存在矛盾，往往是要保持公平就不能保持高效率，要保持高效率就不能保持公平，这是资本主义社会在税收方面长期存在公平与效率争论的重要原因。

在中国社会主义市场经济条件下，调节社会分配仍然是一个重要的税收政策问题。因为中国现在处于社会主义初级阶段，对个人收入分配实行以按劳分配为主体、多种分配方式并存的制度，允许属于个人的资本等生产要素参与收益分配，这样就会在社会产品初次分配上不仅会有劳动收入与劳动收入的差别，而且会有劳动收入与非劳动收入的差别。存在这种差别是合理的。但是如果差别过大，就可能会影响社会的稳定，所以，应当通过税收手段，比如征收个人所得税、遗产税与赠予税等办法加以调节。

税收对以上几个方面的调控都是很重要的，但却不是平列的，对经济总量的调节应是税收调控重点。因为社会总供给与总需求一旦失衡，就会使社会再生产无法正常进行，所以在市场经济体制条件下税收无论在什么时候都不应忽视对经济总量的调节。随着经济体制改革的深化和宏观调控体系的健全，人们对这一点的认识将会越来越清楚。

（原载《河北税务》1995年第2期）

所得税的产生和发展

所得税是国家就企业或个人在一定期间所获得的各种所得，按照规定的税率进行课征的一种税，它是资本主义社会的产物。1798年所得税创始于英国。1798年，英国财政大臣皮德（1759—1806年）创设一种新税，名为"三级税"，实为所得税的雏形。但因其税法不健全，漏税甚多，遂于1799年废止，又采用新所得税法；新所得税法比"三级税"规定周详，如规定纳税人有如实申报其各项所得的义务等，它奠定了英国所得税制度的基础。因此，又有所得税1799年创始于英国的主张。英国的所得税自创立后至1875年废止的七十多年间，时征时停，而每次开征，在议会审议时，都有以几月或几年之后停征为条件。因此在此期间它属于"临时税"的性质，1876年才宣布所得税为"永久税"。

继英国之后，瑞士于1840年开始实行所得税制度。19世纪中期至20世纪中期，美国（1862年）、意大利（1864年）、日本（1887年）、荷兰（1893年）、西班牙（1900年）、法国（1914年）、俄国（1916年）等主要资本主义国家相继开征所得税，并且由次要税种逐渐发展成为主要税种。

所得税之所以能成为现代一些资本主义国家的主要税种，是有其深刻的经济方面的原因的。马克思曾经说过：由于现代分工，由于大工业生产，由于国内贸易直接依赖于对外贸易和世界市场，"间接税制度就同社会消费发生了双重的冲突"，这种冲突，在国境上体现为保护关税政策,它破坏或阻碍同其他国家进行自由交换。在国内,它破坏各种商品价值的对比关系,损害自由竞争和交换。"鉴于上述两种原因,消灭间接税制度就愈来愈有必要了。直接税制度应当恢复。"① 由此可以看出,实行所得税制度是同商品经济的发展相适应的。有些中产阶级的税务专家也认为所得税对资本家的经营决策干预最少,符合"中性原则",所以称所得税为"良税",称所得税制度为进步的现代的税收制度。

所得税的产生和发展还有政治方面的原因。随着资本主义的发展,资本主义社会的基本矛盾——生产社会化和生产资料的资本主义占有的矛盾也在不断地发展;社会财富日益向少数资本家手中集中,阶级矛盾日益尖锐,资产阶级为了维护自己的统治,缓和阶级矛盾,不能不在税收方面提出"公平的原则"。而所得税的纳税人,一般来说就是直接负担税款的人,不易转嫁,同时,所得税的课征又有多种扣除和减免规定,税率又多系采用累进制(全额累进或超额累进)。因此,所得税比较符合所谓"公平的原则",比较容易为无产阶和资产阶级所接受,所以,所得税又是阶级矛盾的产物。当然,所谓所得税比较容易为各方面所接受,只是从相对的意义上来说的。其实,资产阶并不欢迎所得税制度。法国资产阶级就是一个典型的例子。法国在 1848 年就有人向议会提出征收所得税的提案,但当时以所得税侵犯"个人自由"为由而被否决。之后,自 1871 年普法战争失败至 1913 年的近半个世纪期间,议会几乎每年都进行关于开征所得税的辩论,但都因代表"富人"利益的上院议员的反对而未能开征。

所得税的产生和发展还有财政方面的原因。所得税 1798 年产生于英国,1914 年推行于法国,其直接原因是筹措战费。因此,有人把所得税称为"战争税",并且认为所得税的生产和发展主要

---

① 中共中央马克思恩格斯列宁斯大林著作编译局编:《马克思恩格斯选集》(第 8 卷),人民出版社 1961 年版,第 543—544 页。

出于解决财政困难的需要。其实这种观点是不对的。财政方面的原因，是一副"催生剂"，但不是根本原因。根本原因是上面说的经济和政治方面的原因。

资本主义国家的所得税，主要采用分类所得税制与综合所得税制，也有采用综合与分类并课制的。所谓分类所得税制是指就纳税人的各种所得分别课税的制度。如对工商企业课盈利所得税或公司所得税，对薪给报酬课薪给报酬税；所谓综合所得税制是指就纳税人的总所得课税的制度。随着国际经济联系的不断扩大，各国的所得税制度也日益趋向统一，目前大多数资本主义国家由分类所得税制改为综合所得税制。

第二次世界大战以后，税收对经济的影响越来越大，资本主义国家广泛运用税收手段干预经济，作为实现其经济政策的工具。所谓运用税收手段干预经济，主要是指运用所得税制度干预经济。所得税税率的设计、所得的扣除因素、折旧的处理以及征收方法等方面的规定，都要考虑对稳定和"繁荣"经济可能产生的影响。有些资本主义国家还把所得税制度作为实现其社会政策的手段，即实现所谓"福利国家"和"收入均等化"的手段。因此，对个人所得税采用高额累进税率，对个人所得税的计征要考虑扣除个人的生计因素等。资本主义国家在制定所得税法时，在这些方面花费了不少的精力，也取得了一定的成效。但是，它们运用税收手段干预经济和实现"收入均等化"计划时，都要受资本主义社会基本矛盾的制约，因此，它们取得的成效也不能不受到限制。

随着经济活动的国际化，客观上也必然要求税收活动国际化。所得税已经越过一个国家的范围，而成为国际税收涉及的主要税种，成为避免国际双重征税协定谈判的主要内容。

我们知道，产业革命之后大工业不仅代替了工场手工业，而且逐步建立了世界市场。一些工业比较发达的国家，主要依靠商品输出的竞争去夺取市场和利润。关税成为当时一些资本主义国家财政收入的主要来源和实现贸易保护主义政策的重要手段。但是，在19世纪末20世纪初，自由资本主义发展到了垄断资本主义阶段，即帝国主义阶段。这个阶段的资本主义，在经济上有许多基本特征。其中资本输出就是它的一个基本特征。"自由竞争占完全统治地位的旧资本主义的特征是商品输出。垄断占统治地位的最新资本主义的特征是资本输出。"[①] 第二次世界大战后资本输出的规模更加扩大，进入50年代以后，以资本输出为主的跨国公司又大量出现。当今世界是一个更加开放的世界。通过对外开放，吸引外资，引进技术，发展国际经济往来，促进和加强本国的经济建设，已成为世界经济发展的潮流。国际的资金流动、劳务交流和贸易往来的规模空前扩大。这里应当指出，资本输出与商品输出不同，它可以绕过"关税壁垒"和"贸易壁垒"去夺取更多的市场和利润。同时还应指出，对"资本"的含义不能作狭义的理解。资本有两种，一种是物质金融资本，另一种是通过教育和训练获得的"人力资本"。按照传统的观点，所谓资本输出，多半是指物质金融资本的输出，不包括"人力资本"的输出，但是，近一二十年来"人力资本"的输出大量增加，通过"人力资本"输出而取得的收入（专利、软件、特许权使用费）也在迅速增加。从发展的趋势看，"人力资本"输出的规模和收入还将继续扩大。"人力资本"的输出同金融资本的输出一样，也可以绕过"关税壁垒"和"贸易壁垒"去夺取更多的市场和利润。

在上述金融资本和"人力资本"输出规模越来越大的情况下，再单纯依靠按商品流转课税的关税来维护国家（包括资本输出国和资本输入国）的权益，那是很困难的。因为金融资本和"人力资本"输出和输入的结果是所得额，而不是流转额，因此，只有按所得额课税才能维护国家的权益。所以，以各类所得为课税对

---

① 中共中央马克思恩格斯列宁斯大林著作编译局编：《列宁选集》（第二卷），人民出版社1972年版，第782页。

象的所得税，就成为国际税收涉及的主要税种。但是，如果按所得额课税又会产生所谓"双重"征税问题。因为资本输出的国家，有权规定它的居民和企业必须就其在国内外取得的所得，按期向本国缴税，而资本输入的国家也有权规定外国居民和企业，必须按照该国的税法就他们在该国的所得，按期向该国纳税。于是同一笔国际所得，就要分别在两个国家缴税。这种双重征税，不仅会增加跨国纳税人的税收负担，而且会影响国际资本的流动，妨碍国际经济技术合作、科学文化交流和人员的往来。因此，避免对所得的双重征税就成为国际税收协定谈判的主要内容。

新中国成立以前倡议所得税，肇自清末，当时曾经拟定所得税法，提交资政院审议，但资政院还未议决，清王朝便被推翻。民国成立后，于1914年（民国三年）1月颁布所得税条例。该条例将所得分为两类，第一类为法人所得及公债公司债等利息所得，采用比例税率，前者税率为2％，后者税率为1.5％。第二类为不属于第一类之各种所得，采用累进税率，由0.5％累进至5％。但这个条例，实际上并未能实行。嗣后又屡议屡辍。至1935年7月，国民党政府财政部又决意开征所得税，并设直接税筹备处筹办此事，并提出"所得税法草案"，送立法院审议。1936年6月，国民党中央政治会议通过征收所得税的原则，并对上述"所得税法草案"进行了修改和补充，同年7月9日立法院通过了此项草案，但改名为《所得税暂行条例》。10月，决定开征薪给报酬所得税与证券存款利息所得税。1937年以后，又陆续开征盈利事业所得税、非常时期过分利得税、财产租赁出卖所得税等多种所得税。

中央苏区在第二次国内革命战争时期也开征过所得税。1931年11月，中华工农兵苏维埃第一次全国代表大会通过的《关于经济政策的决议案》规定"消灭国民党军阀政府一切的捐税制度及其它一切横征暴敛，苏维埃另定统一的累进所得税制，使之转由资产阶级负担。"这是在革命根据地最早明令征收所得税的规定。在解放战争时期，有些解放区向公营企业和私营企业也都征过所得税。

中华人民共和国成立后，政务院于1950年1月规定我国所得税由薪给报酬所得税（未开征），存款利息所得税（1959年停征）和工商所得税（包括在工商业税中，但对国营企业不征工商所得税）。1979年以来，中国的所得税制度发生了比较大的变化。目前中国开征的所得税有六种，包括国营企业所得税、集体企业所得税、城乡个体工商业户所得税、个人所得税、中外合资经营企业所得税、外国企业所得税。

中国现行的所得税，基本上是按企业的经济性质设置的。企业的所有制形式不同，适用的所得税办法不同，税收负担也不同。这种所得税制度看来不太适应有计划商品经济的要求，因为生产同样产品的企业，由于所有制形式不同，适用的税率不同，必然会使适用税率高的企业在竞争中处于不利的地位。从发展趋势看，现行的所得税制度应该进行改革和简并，可以简并为两种，即企业所得税和个人所得税；也可简并为三种，即企业所得税、个人所得税和外商投资企业所得税。

（原载《吉林税务》1987年第2期）

实行坚决有力的扭亏措施

——介绍甘肃省扭亏"责任制"

在当前集中资金工作中，要重视扭转企业亏损这个重要环节。企业努力提高经济效益，为国家提供更多的财政收入，是为国家集中资金做贡献；企业努力提高经济效益，扭转亏损，减少国家补贴，同样是为国家集中资金做贡献。几年来，财政部门和企业及其主管部门在扭亏增盈方面做了大量工作，取得了不少成绩。但是也必须看到，当前企业亏损面仍然很大，它几乎涉及工业、交通、商业、粮食、外贸、供销、农林牧等各个经济部门，亏损金额也很大，一年上百亿元。这种情况应该引起有关部门的重视。当前，中国的企业面临着一场严重的挑战，面临着一个如何提高素质的新的转变。因此，对那些由于经营管理不善、长期发生严重亏损和超计划亏损的企业，应该实行关停并转；对更多的亏损企业，应该帮助它们采取得力措施限期扭转亏损。

最近，甘肃省在对亏损企业调查研究的基础上，召开了全省扭亏工作会议。会议围绕省政府1983年第二次全体会议提出的"今年亏损户和亏损额要比去年减少1/3"的目标，认真分析了企业亏损的原因，落实了各地区和各部门的扭亏计划，制定了限期扭亏的措施，并签立"责任书"。这次会议对各个经济部门，特别是对亏损企业触动很大。经委和财政部门的同志反映，扭亏增盈工作抓了五六年，但是都没有像这次上下认识一致，各部门同心协力，措施坚决有力。

1982年，甘肃省共有亏损企业1826户，占同口径企业总数的30%多。其中工业186户，占预算内国营企业的27%；商业413户，占独立核算企业的20%；粮食992户，占独立核算企业的90%。亏损额也很大，1982年，全省亏损额高达2.7亿元，占全省企业盈利的31.7%。如果加上补贴，数额更大，几乎相当于全省财政收入的1/3。由于企业亏损和财政补贴越来越多，财政负担越来越重，已经制约着甘肃省经济效益的提高和生产建设的发展。

企业发生亏损有客观原因，如购销价格倒挂、部分原材料涨价、银行利率提高及边远地区运输距离长、费用高等，这些都是应该承认的。但是也有主观原因，即由于工作没有做好，经营管理不善造成的亏损也是大量存在的，而且在分析亏损原因时把重点放在这个方面。属于主观方面的原因，主要有：一是企业领导不力。据分析，在亏损的186户预算内国营工业企业中，约有一半是由于领导班子不力造成的，或者不是"明白人"当家，或者班子内部涣散软弱，或者领导水平和管理水平低。二是建设上的盲目性带来的后遗症。1970—1977年，全省在地方工业建设方面花费很大的投资，建成了97个企业，但由于建设带有一定的盲目性，有的是无米之炊，有的是产品不对路，有的是技术不过关，结果有52个企业亏损。这几年，一部分企业已经关停并转，但留下来的后遗症还没有完全消除。这些盲目建设带来的亏损后遗症，不应视为客观原因造成的。三是因产品质次价高，货不对路，滞销积压而造成的亏损。四是经营管理不善投入多、产出少、消耗高、浪费大。造成企业亏损的原因，当然不止这几个，各个行业、各个企业亏损的原因也不一样，有的可能是一个原因造成的，有的则是几个方面的原因都有。但是不管是什么原因，都应该具体分析，严肃对待，不能用政策性亏损掩盖经营性亏损，也不能用客观原因掩盖工作上的问题。只有这样，才能把问题找准、潜力找到。

甘肃省在扭转企业亏损方面，蕴藏着很大的潜力。首先，同全国平均水平相比，每百元固定资产实现的产值和每百元固定资产提供的税利，甘肃比全国低一半。其次，同自己的历史相比，如果1982年的产值利润率能够达到1980年的水平，全省就可以增加利润4亿元。最后，省内地区之间和企业之间发展很不平衡，差距很大。例如食品，全行业是亏损的，但是各个县的经营情况差别很大，1981年和1982年全省有41个县的食品行业盈利，但也有14个县连续亏损。这种情况表明，企业在扭转亏损方面的潜力很大。甘肃省根据这些潜力，提出了全省三年扭亏的目标。1983年全省必须减亏1/3，1984年，除粮食、食品、供销、省属煤炭和酒钢、维尼纶等少数工业企业外，其他企业要争取全部扭亏，酒钢也要大幅度减亏，为扭亏创造条件。粮食、食品、供销系统要严格区分政策性亏损和经营性亏损，争取今明两年全部解决经营性亏损问题；对政策性亏损部分，也要在保证市场供应和稳定物价的前提下，通过提高经营管理水平来减少亏损。这就是说，从今年起，争取用三年时间，工交企业要基本消灭亏损；粮食、食品、供销企业要消灭经营性亏损。围绕上述总目标，省政府对各地区、各部门提出了今年减亏的具体计划。

实现上述扭亏目标，必须要有坚决有力的措施做保证。要切实改变那种空泛议论多、实际办法少，指标鼓舞人心、措施软弱无力的坏习惯。为了给亏损企业以必要的压力和动力，鼓励先进，鞭策落后，促进扭亏工作尽快见到效果，甘肃提出要把扭亏工作同企业整顿、同经济改革、同技术改造、同经济调整等四个方面紧密结合起来，实行综合治理，并对亏损企业提出了以下七个方面的措施。

1. 每个企业都要建立扭亏责任制，签立"责任书"，明确什么时候扭亏、采取什么措施、怎样落实、谁负责等项责任。特别要建立领导干部的责任制，实行重奖重罚。扭亏效果显著的，领导干部的奖金可以高于工人，但不得超过全厂平均奖金的一倍；到期完不成扭亏计划的，对领导干部的处罚可以严于工人，但罚金不要超过规定的对工人最高罚金的一倍。

2. 按照财政部《关于国营企业利改税试行办法》的规定，对能够实行承包的亏损企业可以实行承包。但对承包要正确理解：一是亏损企业实行承包后，必须贯彻按劳分配的原则，体现奖勤罚懒，具体的条件和办法要层层落实；二是承包不能单纯地理解为亏损指标或利润指标包干，必须全面包，包产量、质量、品种、消耗、成本、利润，还要包安全生产、设备完好和技术改造等，坚决纠正忽视质量安全的倾向，坚决反对为了一时的效益而搞超负荷运行、拼设备的做法，商业企业还要对市场负责，保护消费者利益，包服务质量。

3. 承包人要选准，首先在企业内部职工中挑选，其次才是从社会上招聘，对承包后按合同改变了企业面貌，提高经济效益显著的，又适合做领导工作的人，要按干部审批权限进行正式任命。最后亏损企业奖金的发放，要有利于减少亏损。完成了扭亏计划的企业，奖金按核定的指标发放，多减亏部分，视同超额利润，可提取超额利润奖；扭亏成绩大、经济效益显著的企业，上级主管部门可以发给一次性奖金，用于奖励扭亏中的有功单位和人员。

4. 实现了扭亏的企业，厂长可以行使1%的晋级权。

5. 今年扭亏为盈的企业，在符合国家有关规定的情况下，视其自有资金的多少，可以给全部职工或者给一部分职工调资；政策性亏损企业，完成了减亏计划和主要经济技术指标的，视其自有资金的多少，可以给全部或者部分职工调资，经营性亏损企业必须扭亏后，才能调资。

6. 没有按计划实现扭亏的企业，再给半年的补课时间，如在半年内亏损情况仍无好转的，领导班子要重新组建，原厂主要领导干部就地免职，不能再调任同级职务。

7. 建立企业主管部门负责制。省级厅（局）、各地州市县安排出扭亏的时间和进度，为企业扭亏创造条件，到期进行检查，决定奖罚。如到期有半数以上企业没有达到扭亏目标，主管部门要承担责任，对领导和有关职能科室的负责人给予批评、行政处分，直至免去领导职务。对企业主管部门的奖惩由各级经委检查执行。

按照上述条件，已对省直属183户企业逐户签订了扭亏"责任书"。

甘肃省委和省政府提出1983年产值要"保四争五"，财政收入要"保三争四"。这是需要经过艰苦努力，才能实现的目标。特别是实现财政收入的指标，更不容易，需要企业在降低成本、提高经济效益方面下大功夫。扭转企业亏损是实现这个目标的一项重要措施。目前甘肃省各级经委和财政等有关部门正在帮助企业落实今年的扭亏计划，并决心同企业一起为国家集中资金、增加财政收入做出新贡献。

（原载《财贸经济》1983年第10期）

全面推广增值税制度势在必行

一 增值税的一般理论

增值税是对商品和非商品流转的增值额课征的一种流转税，是适应现代社会化商品生产发展要求的产物。1917年，美国耶鲁大学教授托马斯·亚当斯首先使用这一概念。1921年德国学者威尔海姆·范·西门子也论证过增值税的优点。但是，当时由于商品生产的社会化水平较低，旧的流转税的缺点未充分暴露，所以，他们的研究成果和创见并未引起人们的重视。

增值税制度，1954年产生于法国。在此之前，法国同世界上大多数国家一样，是按照传统的方式对厂商征收营业税（营业税、货物税、产品税等流转税实质上都是销售税）的。传统的营业税是按照每个生产经营单位的商品和非商品流转额的全额课征，具有多环节阶梯式课征的特征。就是说一件商品从生产至消费每经过一个环节就征一道税，随着商品流转环节的增多，税收负担也呈阶梯式上升。这种重复征税、税上加税的税制，显然有失公平，有碍平等竞争和社会生产专业化分工，也不利于社会化商品大生产的发展。增值税与传统的营业税不同，它是对商品和非商品流转额的增值额课征，而不是对各个环节流转的全额课征，这就避免了重复征税、税上加税所带来的各种弊病，所以，它是一种比较科学和合理的税种。

增值税的要旨是"增值"。只有正确理解"增值"，才能正确规范已税因素和扣税范围。由于对"增值"的理解不同，也由于各国财政经济状况的差异，各国的增值税制度对"增值"所作的法律规定并不相同。概括来说，有三种类型。一是生产型。这种形态增值税的增值额（税基）等于销售收入减去同期"营业成本"的差额。（"营业成本"的内容一般包括外购原材料价款、进货成本要支付的一般费用）这个差额乘以适用税率即为应纳税额。从扣税范围说，就是除固定资产已纳税额不准扣除外，其他用于生产的外购物品等的已纳税额允许扣除。全社会的增值额相加等于国民生产总值，故称生产型增值税。二是收入型。这种形态增值税的增值额（税基）也等于销售收入减去同期"营业成本"的差额。但这时的"营业成本"除包括"生产型"的"营业成本"项目外，还要加上固定资产的当期折旧额。从扣税范围说，就是除用于生产的外购物品等的已纳税额允许扣除外，还允许将固定资产已纳税额按折旧年限把本期应摊税额扣除。这时，全社会的增值额相加等于国民生产净值（国民净收入），故称收入型增值税。三是消费型。这种形态增值税的增值额（税基）也等于销售收入减去同期"营业成本"的差额。但这时的"营业成本"除包括"生产型"的"营业成本"项目外，还要加上同期购入的全部固定资产支出额。从扣税范围说，就是除用于生产的外购物品等的已纳税额允许扣除外，还允许将固定资产已纳税额一次扣除。就全社会来说，这时的增值税等于只对社会总消费课税，故称消费型增值税。

三种类型的增值税，在市场经济条件下对财政和经济的影响很不相同。假定对三者都采用单一比例税率，那么"生产型"的税基比较宽，对保证财政收入有利。同时，它对经济也具有"自动稳定"作用。因为在繁荣时期销售收入增多，税收收入成比例增加，它对经济过热自然会产生降温作用。反之，在萧条时期销售收入减少，税收收入成比例减少，这对经济滑坡自然会产生抑制作用。"收入型"和"消费型"的税基比较窄,特别是"消费型"的税基更窄,甚至在当期固定资产投资过大时,可能会出现负值,故对财政收入不利。同时,它们对经济的"自动稳定"作用也较差。因为在繁荣时期销售收入增多,固定资产投资增多,抵扣的税额也会增多,税收收入不会成比例增加,这对经济过热的降温作用自然会减弱。反之,在萧条时期销售收入减少,固定资产投资减少,抵扣的税额也会减少,税收收入反而可能会增加,这对经济滑坡的抑制作用自然也会减弱。但是,"收入型"和"消费型"增值税,对投资具有较强的鼓励作用。因此,从较长期观点看,它们对经济的发展和财政收入的增加是很有利的。

二 增值税的优越性

我们说增值税是一种比较科学和合理的税种,是因为不论哪种类型的增值税同旧制销售税相比,都具有以下优点。

1. 避免重复征税。市场经济要求货畅其流,忌讳税卡林立、层层盘查、重复征税。随着市场经济的发展和社会的进步,税卡林立、层层盘查的现象逐渐减少,但重复征税问题却未解决,各国现行的销售税、货物税、产品税等税种大都具有这些特征。它们按商品流转环节道道征税,下一环节的税基,既包括上一环节的货价,也包括上一环节的已纳税额,结果形成重复征税、税上加税,使实际税负高于名义税负,影响商品生产和商品流通。增值税虽然也是按商品流转环节道道征税,但它是按每个环节的增值额征税,上一环节已纳税款允许扣除,所以不论经过多少环节,都可以避免重复征税,在流转税制史上确实是一个很大的进步。

2. 税负公平。现代商品生产是专业化的商品生产,现代市场经济是公开、平等、竞争的经济。它对现代税制提出的基本要求是公平和效率。但传统的销售税恰巧与这些原则相悖。分工协作环节越多,专业水平越高,税负越重;分工协作环节越少,越是

"全能"厂税负越轻。结果对生产组织形式不同的企业不能形成平等竞争的税收环境，还干扰资源的合理配置，促使企业向低效率的"小而全"或"大而全"方向发展。增值税按每个流转环节的增值额课税，企业不会因实行专业化协作，环节增多，而使税负加重；也不会因实行横向联合，环节减少，而使税负减弱。这种税负公平的环境，使企业完全可以根据客观经济规律的要求和自身的需要，自由选择最合理最有效率的生产组织形式。

3. 防止和减少偷漏税。防止偷漏税问题，历来是各国税收当局和司法部门在技术上较难解决的问题。实行增值税制度，一般都要实行发货票注明税款、凭发货票扣税的办法。即上一个环节已经缴纳的税款必须在发票上加以注明，作为下一个环节扣除税款的依据。这样就会在纳税人之间自动建立起一种纳税制约机制。因为下一环节纳税人如果对上一环节纳税人的偷漏税行为不加监督，置若罔闻，那么，上一环节纳税人的偷漏税款，就要由下一环节纳税人承担。这种相互制约和监督机制的形成，对防止和减少偷漏税活动，无疑是一种无形的力量。这种力量，有时比税务、司法等专门机关的力量还要大。当然，在商品和非商品流转最后环节的纳税人，如果同消费者串通，暗中给消费者某种"好处"，诱使消费者不要发货票或者制造假发货票，也会造成偷税。为了杜绝这些现象的发生，政府应加强税收宣传，提高全民纳税护税意识，制定鼓励消费者向纳税人索要发货票的措施，严格发货票的管理，同时对蓄意偷税的纳税人，要依法惩处。

4. 出口产品退税彻底。增值税是一种间接税，它最终是由消费者负担的。出口产品的消费者在国外，因此，出口产品在国内已缴纳的税款应该退还。同时，对产品出口国来说，退税越彻底，出口产品的成本越低，竞争力越强。但是，在实行旧制销售税法情况下虽然对出口产品也有退税等优惠规定，但这种退税只能向直接经营出口业务的纳税人退税。在此之前，不论在国内经过多少环节，其各环节所缴纳的税款都无法退还。这样就会使出口产品以含税价格进入国际市场，降低出口产品的竞争力。同时，退税手续也比较复杂。实行增值税则可避免上述弊端。因为增值税对出口产品实行零税率，只要按出口产品的总值核计退税，即可实现彻底退税，手续也非常简便。

由于增值税制度具有上述优点，所以在它出现后，不仅很快得到财政税收理论界的肯定，而且引起许多国家政府的重视。"增值税的兴起堪称税收史上一绝。没有别的任何税种能像增值税那样在短短的三十年左右的时间里，从理论到实践横扫世界，使许多原先对其抱怀疑态度的学者们回心转意，令不少本来将其拒之门外的国家改弦更张。"这是增值税专家、国际货币基金组织财政事务部副部长爱伦·泰特先生在《增值税——国际实践和问题》一书中说的一段话，应该说这段话是符合实际情况的。目前世界上已有60多个国家和地区实行了增值税制度。

三 全面推广增值税制度

中国在1979年开始探索试行增值税制度。当时，在党的十一届三中全会精神鼓舞下，工业部门开始进行改组。有的一厂变多厂，实行专业化协作，有的多厂合并成立专业公司并进行统一核算。而当时实行的"工商税"制度同这种形势的发展很不适应。对于前者，由于流转环节增多，税负加重，阻碍改组的进行；对于后者，由于流转环节的减少，税负减轻，又形成财政收入的流失。同时，由于实行对外开放政策，对外经济技术交流和进出口贸易发展很快，也要求实行一种更有利于鼓励出口的新税制。于是在1979年，国务院同意财政部把实施增值税作为税制改革的重要内容。同年7月，税务总局在襄樊、上海等地部署试点。1982年，财政部在总结各地试点经验的基础上制定了《增值税试行办法》，将机器及其零配件、农机具及其零配件、缝纫机、电风扇、自行车等五项工业产品由征收"工商税"改为征收增值税。1984年9月，国务院决定将工商税分解为产品税、增值税、营业税，并发布《中华人民共和国增值税条例（草案）》。这个条例的发布标志着中国的增值税进入法制化阶段。

增值税制度的建立是中国流转税制度的一项重大改革。这项改革配合改革开放政策，在促进工业优化改组、鼓励外贸出口、稳定财政收入等方面发挥了积极作用，也为全面推广这一制度积累了经验。但是由于它是以原工商税和产品税及原税负为基础，在价格体系和财政体制改革未完成和各方面利益制约的特定历史条件下逐步形成的，所以它还很不完善。主要是：（1）课税范围比较窄。增值税制度，虽然在中国已探索实行十余年，但现在在商业部门仍未推行，在工业部门也未全部实施，到目前为止其课税范围也只有31个税目，并且增值税与产品税并存，互不交叉，影响二者各自职能的充分发挥。（2）税率档次过多。增值税是对社会再生产过程进行普遍调节的税种，税率不宜过多。各国的税率多为两档或三档。中国的税率虽然几经合并，但目前仍有12档。档次过多，必然难以推广，也使稽征管理复杂化。（3）计算方法复杂。中国增值税的计算方法，先后采用直接计算（增值额）法和扣税法。在扣税法中又有购进扣税法、实耗税法、销售实耗法、生产实耗法等。企业财会部门及基层税务部门都对这种复杂的计算方法不适应。真所谓："外行弄不懂、内行记不住"。现行增值税制的上述缺点，阻碍了增值税优越性的发挥，也对组织财政收入、加强宏观调控和向社会主义市场经济体制过渡不利。彻底改革增值税制度是摆在我们面前的一项刻不容缓的任务。

改革现行增值税制度，应围绕向社会主义市场经济体制过渡、国家产业政策和财政经济状况的要求进行。改革的基本构架是建立增值税、消费税、营业税三税并立，双层次调节的新的流转税制度，从工业生产到商业流通，从批发到零售全面实行增值税。

具体来说，除对金融保险、邮政通信、交通运输、饮食服务、文化娱乐等第三产业和建筑业等少数部门继续实行营业税制度外，对其余所有工商企业普遍实行增值税制度。在增值税对国民经济进行普遍调节的基础上，再根据产业政策的要求，对某些需要进行特殊调节的产品，如烟、酒、化妆品等再征收一道消费税，做到普遍调节与特殊调节相结合。改革后的增值税仍宜选择"生产型"，不宜采用"消费型"。因为目前在中国基本建设投资规模膨胀问题仍未解决，采用"消费型"将会加剧这种膨胀。增值税的税率应作有升降有降的调整，税率的档次应减为两档或三档。计算方法要简化，应统一实行"购进扣税法"，同时实行发货票注明税款、凭发货票扣税的制度。另外，为了区分国家税收与企业利润的界限，明确增值税的间接税性质，应在生产批发环节变价内税为价外税。

美国著名经济学家、诺贝尔经济学奖得主萨缪尔森曾说过："由于现代政府的巨大规模，没有财政政策就等于宣布死亡"。这两句话充分说明财政在现代政府中的重要地位。严格说来，他的后一句话是不确切的。因为一个政府执行错误的财政政策也等于宣布死亡。所以，这句话应改为"没有正确的财政政策就等于宣布死亡"。正确的财政政策，是和正确的税收政策分不开的。而税收政策正确与否，关键是看主体税种是否正确。增值税制度在中国从理论到实践已经探索了十余年，实践证明它是比较科学和合理的税种。完成上述改革，将为全面推广增值税制度铺平道路。增值税将会成为中国最主要的税种，它在组织财政收入和宏观调控方面的作用将会大大加强，从而也将更好地为健全社会主义市场经济体制和发展社会生产力服务。

（原载《湖北税务研究》1993年第12期）

资源税的沿革与目前征收中存在的一些问题

资源税一般指为保护和合理使用国家自然资源而课征的税。所谓自然资源，包括地面、地下和海洋等领域的自然资源。近年来，有些国家因劳动力缺乏，故对超额使用劳动力者也实行课税，这种税也可看作是一种资源税，是对劳动力资源征收的税。

在历史上，土地曾被广泛地当作资源税的课征对象。因为"土地是一种比较确实和恒久的资源。"① 当今世界上有些国家仍然征收"地税"。但地税的内容已不仅限于土地，还包括渔业、矿产、森林等。不过，有些国家一般把土地作为财产税的课征对象，而把矿产、森林等作为资源税的课征对象。第二次世界大战以后，石油成为各国经济发展的战略物资，同时，石油的级差收益又比较大，所以，不少国家都对石油开采业征收多种形式的资源税。各国对矿产、石油等资源征税的形式，概括起来大致可分为三种：（1）按采矿区面积征收；（2）按产量或销售收入征收；（3）按资源丰瘠程度征收。

中国自然资源丰富，劳动人民在几千年前就掌握了矿产物的开采和冶炼技术。但是，由于金、银、铜是铸造货币的材料，铁、

---

① ［英］亚当·斯密：《国民财富的性质和原因的研究》（下卷），郭大力、王亚南译，商务印书馆1974年版，第380页。

铜、铅等是制造武器的材料，所以，自西周起的历代王朝为了维护自己的统治，大都实行矿冶官营政策，很少允许民营，因而也很少采取征税的形式。明末清初，这种矿禁政策同商品经济的日渐发展，产生了很大的矛盾，所以不得不放宽对民营的限制。清康熙十四年（1675）颁布《开采铜铅之例》，规定"采铜铅以十分内二分纳官，八分听民发卖"。纳官的二分称"矿税"。这种矿税，实际上就是以矿产物为课征对象的资源税。民国时期，北洋军阀政府继续征收矿税，分为矿区税、矿产税、矿统税三种。矿区税实际是属于绝对地租性质的资源税，它按采矿区域面积分期缴纳，归当时的农商部征收。国民政府1927年将矿区税与矿统税合并为矿产税，1930年公布《矿业法》后，又规定矿商应交矿区、矿产两种税。前者归农矿部征收，后者归财政部征收。1933年4月矿税划归国民政府的税务署管辖。税务署将矿税按照统税的成规，加以逐步整理，于1934年10月公布了矿税稽征章程，矿税征收制度才渐趋完备。当时公布的征收种类（征收范围），计有金、银、铜、铁、锡、铅、镍、钴、锌、汞、硫黄、水晶、石棉、云母、明矾、金刚石、重晶、硼砂、绿松石、弗石、大理石、石膏等44个品目和煤炭类、石油类、煤气类、磨砂类、颜料石类等五大类。并规定："其有前项所未载者，得由国民政府随时指定。"① 但是，由于矿产物出产区域不同，运销情况也不同，同时开征矿产税"窒碍颇多"，所以，实际开征的只有煤、铁、石膏、明矾、弗石、钨、锰、黄金、石棉、石瑛等十余个品种。矿产税的税率，一般系按不同矿产物的价格纳2%—10%。如煤、铁、弗石、石膏等为5%，明矾为2%。但也有从量定额征收的，如石瑛按每吨征收一角五分。

从以上情况可以看出，新中国成立以前开征资源税是从开征

---

① 见《财政年鉴》上卷，商务印书馆1935年版，第1148页。

矿税开始的，矿税虽然不等于资源税，但矿税始终是资源税的主要组成部分。

中华人民共和国成立后，停征矿税。1984年10月，国务院决定开征资源税。资源税的纳税人是从事开采应纳资源税产品的国营、集体企业及其他单位和个人。计税依据是应税产品的销售收入额。目前，中国开征的资源税有两个特点：（1）征税面比较窄。征税范围为原油、天然气、煤炭、金属矿产品和其他非金属矿产品，但目前对后两者暂缓开征。（2）税率，采用超率累进的办法。因为我们开征资源税的主要目的是调节开采企业或个人因资源结构和开采条件不同而获得的级差收益，使资源开发企业或个人都能获得比较合理的盈利。而销售利润率（计算公式：应税产品销售利润率＝应税产品销售利润额/应税产品销售收入额×100%）一般说是自然资源级差收入的综合反映，因此，税率的设计，应首先考虑销售利润率。但是，销售利润率内也包括有纳税人的主观努力因素，国家对由于主观努力而取得的收入，不宜全部拿走。因此，资源税的税率是按销售利润率超率累进的办法确定的。销售利润率在12%以下的免征，超过12%的部分按分级超率累进办法征收。

我们开征资源税仅有不到两年的历史，基本上还处于开创时期，征收中还存在一些问题，征收制度也还不完善。这对于处于开创初期的事物来说是很难避免的。目前，实际工作部门和理论学术界对资源税的征收制度提出了不少改进意见。这些意见，主要集中在两个方面：一个是属于征收范围方面的，另一个是属于征收办法方面的。

关于征收范围方面的意见也有两个方面。一是说目前的征收面太窄。现在的征收范围仅限于原油、天然气、煤炭三种，品目太少，不能充分发挥资源税的调节作用，不利于为企业创造比较均等的外部竞争条件。因此，多数同志都主张扩大资源税的征收范围。首先应扩大到有条件开征的大部分金属矿产品方面，然后再扩大到非金属矿产品方面，同时，要积极探讨对森林和水资源的征税的可行性。还有的同志主张把资源税的征收范围扩大到劳动技术资源和资金资源等方面，应该积极准备开征人才使用税和资金占用税。二是说资源税不仅要起调节级差收益（级差地租）的作用，而且要起征收绝对地租的作用。持这种观点的同志认为，对国有资源应该实行有偿使用的原则。这不仅有利于合理地、节约地使用国家的自然资源，而且有利于促进企业加强经济核算、改善经营管理。目前的资源税征收制度，主要是为了调节企业的级差收益，不能全面体现国有资源有偿使用的原则。因此，这些同志主张，除应继续实行目前的资源税征收制度，对企业、单位和个人开采资源的级差收益加以调节以外，还应征收绝对地租，即对凡是开采国有资源的，不论这些资源的品位、含量等如何，都要按同一比例征收绝对地租（类似前述的"矿区税"）。我们认为，这些意见在理论上都是完全可以成立的，但是要把这些意见付诸实践却要经过缜密研究。因为在这些方面不仅有计算方面的困难，而且更为重要的是目前开采业的产品价格偏低的现象还未改变。因而，大面积开征资源税（比如普遍征收绝对地租）可能会影响开采业的积极性，从而不利于促进矿藏资源的开发。当然，我们这样说，绝不是反对扩大资源税的征收范围。

关于征收办法方面的改进意见，主要是认为超率累进办法，不仅计算复杂，而且对那些资源条件大体相同，但因经营管理水平不同而形成不同销售利润率的企业有"鞭打快牛"之嫌，主张改为定额征收办法。我们认为，定额征收办法确实计算简便，也可避免"鞭打快牛"之嫌，但是定额的确定却并不容易。因为形成级差收益的因素很多，比如资源的质量、开发条件、地理位置、资金有机构成等，而这些因素在不同行业或者在同一行业的不同地区的开采业都是大不相同的，在这种情况下，为某个行业制定一个全国统一的、科学合理的定额，恐怕在实践上是很难办到的。如果这个统一的定额制定得不合理，那么，必然会造成人为的苦乐不均，出现新的矛盾。要避免这种矛盾，定额就不能是全国统一的，而只能是一个企业一个定额，这不仅不便于立法，而且"一户一额"更不简便。因此，我们认为，超率累进的办法在解决开采业的级差收益方面，目前还不失为一个较好的办法，对它不能全盘否定，而应在实践的基础上不断总结经验，使它不断完善。当然，定额征收的办法，也可以在经过调查研究和测算摸底的基础上，在一些行业进行试点。

（原载沈阳《税收理论与实践》1986年第9期）

关于税收和如何配合搞活国营大中型企业的问题

一 搞活国营大中型企业的重要性

中国国营大中型企业为8285户,虽然只占预算内国营企业总户数的2%左右,但它们在人才、技术等方面占有很大的优势,它们拥有的固定资产和上缴税利的数额也很大,大约占全国的60%。工业总产值占全部工业的43%,上缴税利占全国财政收入的42.7%。这种情况表明,搞活作为国民经济骨干的几千个全民所有制大中型企业,对中国经济的发展和四化建设是极为重要的,它们是中国国民经济的"命根子"。

1984年10月,党的十二届三中全会通过的《关于经济体制改革的决定》(以下简称为《决定》)标志着中国进入了以搞活企业为中心环节的城市经济体制改革的阶段。《决定》指出,城市企业是否具有强大的活力,对于中国经济的全局和国家财政经济状况的根本好转,对于党的十二大提出的宏伟目标的实现,是一个关键问题。"具有中国特色的社会主义,首先应该是企业有充分活力的社会主义。"而现行经济体制的种种弊端,恰恰集中表现为企业,特别是大中型企业缺乏应有的活力。"所以,增强企业的活力,特别是增强全民所有制的大中型企业的活力,是以城市为重点的整个经济体制改革的中心环节。"

搞活企业的难点,在于搞活几千个全民所有制大中型企业。大中型企业搞活了,整个国民经济的面貌就会为之一新。但是,据有关部门调查估计,目前全国大中型企业搞活的只占15%,有所变化但缺乏活力的占65%,基本无活力的占20%。这就是说,目前有85%的大中型企业仍然处于不活或不够活的状态。这种状态,理所当然地引起了各有关部门,包括税务部门的高度注意,并在积极研究采取有效措施把大中型企业搞活。

那么,什么叫"搞活"呢?"搞活"的标准是什么呢?现在人们对搞活的概念有各种不同的理解。

——企业只有真正成为相对独立的经济实体,成为自主经营、自负盈亏的社会主义商品生产者和经营者才能叫"搞活";

——企业搞活,归根到底就是要使每个企业有求生存、求发展的劲头;

——所谓搞活企业,就是指使企业有自我生存、自我改造、自我发展的能力。

这些提法,都有一定的道理,但这些提法的内容却有很大的不同。其所以不同,是因为人们界定搞活的标准不同。我们认为,第一种提法是搞活企业的"远期标准";第二、第三种提法是搞活企业的"近期标准"。由于人们界定搞活的标准不同,所以对企业现状的估计也不同。上面提到的对企业的三种状态的估计实际上是根据"近期标准"来衡量的。这就是说,即使按"近期标准"来衡量,现在已经搞活的大中型企业也只有15%。如果按"远期标准"来衡量,那么现在已经搞活的企业的比例就更低了。因此,充分认识全民所有制大中型企业在国民经济中的重要地位及其现状,采取切实有效的措施把它们搞活仍然是一个严重而迫切的任务。

二 资本主义国家的经验

增强企业的活力问题,几乎是一个带有全球性的问题。社会主义国家存在这个问题，资本主义国家也存在这个问题。不过，由于社会制度的不同，搞活企业有不同的社会性质罢了。

目前，资本主义国家为了增强企业活力，解决经济"膨胀"问题，一般都采取了下述两条措施。一条措施是对"国营"企业实行私有化。率先采取这种措施的是英国，以后又波及法国、日本等一些西方国家。采取这种措施，不仅是由于"国营"企业本身存在"效率低下，管理落后"等问题，而且是由于意识形态方面的分歧。不过，"国营"企业在资本主义国家，一般占的比重不大，所以这条措施对经济的影响不是很大。另一条措施是对私营企业实行减少国家干预、减轻税收负担的政策。这条措施对经济的影响比第一条措施大得多。而在这条措施中，税收又是主要的。所以，税收在搞活企业、刺激经济发展中占有重要的地位。当前资本主义国家的税收在刺激经济发展中的作用，主要是通过减税政策和调整负担结构而实现的。让我们先看看美国的情况。美国的经济从20世纪60年代末70年代初以来，一直处于"滞胀"状态，如何走出"滞胀"、增强企业活力是困扰美国经济学家和政治学家的重要问题。正是在这种情况下，供应学派应运而生。供应学派是作为凯恩斯主义的对立面而出现的。它们反对凯恩斯通过国家干预经济、实行赤字预算、刺激需求以达到供求平衡的政策主张。提出用增加供给，减少政府干预，提高生产率来促进经济发展的主张。供应学派既然反对国家干预经济、反对实行赤字预算、刺激需求的政策，那么合乎逻辑发展的结果必然是主张实行减税政策。事实也正是如此。减税是供应学派经济理论的基石。

供应学派的理论家和政治代表拉弗就是竭力主张采取减税政策的。他说："总是存在产生同样收益的两种税率"，并认为在税率与税收收入之间存在一种函数关系，高税率并不一定能够取得高收入。1974年，美国前总统福特的一位高级助手，在华盛顿饭店请拉弗详细解释一下自己的观点时，拉弗就在餐巾上划了一条极简单的曲线来表达他的观点。这条曲线就是后来有名的"拉弗曲线"。

对拉弗曲线的一般道理，经济学家们是能够接受的。问题在于如何从历史事实方面证明它是正确的，同时还要回答美国当时的税率究竟处在曲线的什么地方？只有回答了这两个问题，拉弗的理论才能不仅在理论上，而且在实践上被人们所接受。

供应学派的代表人物认为，从历史上看，降低税率而不减少收入，甚至还会刺激经济增长、增加收入的例子是很多的。第二次世界大战后，美国的经济之所以能够顺利地转入和平时期，并得到较快发展，是同把战时的高税率很快转为低税率分不开的。他们还对20世纪60年代初期肯尼迪政府减税前后的税收资料和人均实际产出额资料进行了验证。结论是：肯尼迪减税的结果，使经济活动有巨大的扩张，而税收收入却无多大缩减。

那么，在20世纪70年代初美国的税率究竟处在曲线的哪一端，是处在"禁区"，还是处在"非禁区"呢？这个问题，在当时美国的经济学家中，是争论的焦点。拉弗认为，"我们正在沿着右面斜坡下降"，也就是说税率已经达到了"惩罚性"的程度，进入了"禁区"，所以生产上不去。因此，只要政府持续降低税率，就能刺激人们工作、储蓄和投资的积极性，从而扩大生产与就业，促进经济发展，而经济发展了，又会扩大税源，增加收入。拉弗的这些观点，很快地产生了反响。1977年，美国众议员肯普和参议员罗斯联名向国会提出了《肯普—罗斯减税法案》。法案要求三年减税30%。后来，这项法案虽然未通过，但却获得了不少议员的支持，大大扩大了供应学派的政治影响。

里根是供应学派的信徒和最大的支持者。里根在当选总统前后多次说过，他是信奉"供应学派的理论的"。他说："我的确相信供给学派经济学……难道我们试用其他办法还不够久吗？"因此，对拉弗的思想，他对《肯普—罗斯减税法案》都是支持的。

1980年年底和1981年年初,他在入主白宫前后即同他的经济顾问班子研究确定了贯彻自己经济主张的"经济复兴计划"和财政税收政策。1981年2月,他在参众两院联席会议的演说中把他的这些计划和政策的主要内容,概括为四个基本要点(四点计划)。四点计划的核心内容是减税。

从1981—1984年,个人所得税的边际税率大约降低了25%,从原来的最低税率14%和最高税率70%,分别下降为11%和50%。

实行上述四点计划,加上有利的国际环境等条件,使美国的经济有了较快回升。比如,1984年的经济增长率为6.4%,这是从1951年以来没有过的增长速度;失业率从1982年的10.7%降为7.4%;通货膨胀率从1980年的13%下降为1984年的4%。里根对他在第一任期的四年里取得的成绩是满意的,认为联邦政府的工作发生了"悄悄的但是深刻的革命"。

里根连任总统后,决心在其第二任期内继续沿着他的四点计划的路子走下去,特别是在税制改革方面。于是在1986年10月他又签署了新的税制改革法案。新法案在个人所得税方面又把以前的最高税率50%、最低税率11%的15级累进税制改为15%和28%的两级制;在公司所得税方面把原来的15%—46%的五级税率,改为15%、25%、34%三档税率。这就是说,新法案把个人所得税和公司所得税的最高税率又分别降低了22%和12%。不过应当指出,并不是所有的行业都会从这次改革中得到好处的。因为这次改革取消了过去对某些行业的优惠、减税规定。

从上面的叙述可以看出,在战后初期的美国的经济恢复过程中,税收是起了很大作用的。美国在20世纪80年代初的具体历史条件下,实行减税政策对刺激经济的增长也是起了很大作用的。这里说的具体历史条件指的是税收已占国民收入的40%左右这样一种情况。美国是生产资料私人资本主义所有制的社会,税收负担达到这样重的程度是与它的社会性质相矛盾的，必然会影响资本家生产经营和投资的积极性，成为经济发展的障碍。在这种情况下，减税自然就会成为经济发展的推动力量。因此，不能由此得出结论说减税可以解决资本主义社会的基本矛盾，也不能认为只有减税才是刺激经济发展的推动力量。相反，如果不是目前的具体历史条件，而是生产相对过剩、"有效需求"不足，那么用增加税收、增发公债、扩大预算支出的办法来刺激需求，也会刺激经济的发展，这正是半个世纪以来凯恩斯主义在资本主义世界广泛流行的经济和社会条件。所以，不能笼统地说，是采取减税政策对发展经济有利，还是采取增税政策对发展经济有利，而必须根据具体的时间、地点、条件来确定采取用减税政策还是增值税政策对发展经济更有利。

三　税收如何配合搞活大中型企业

中国的历史实践也证明，税收对搞活企业和促进经济的发展占有极为重要的地位。

1950年中国财政经济状况极为困难，针对这种困难，国家采取了"统一财经工作的管理"和"调整工商业，调整税收"两项极为重要的决策。一统一调，"只此两事，天下大定"，税收在实现这两项决策中起了重要作用。党的十一届三中全会以后，中国农村经济有了迅速的发展。这种发展基于以下两个原因：一是农村体制改革，实行家庭联产承包责任制；二是农村负担政策正确，对农村实行增产减税（提高农副产品价格，实际上等于减税）政策。两者缺一不可，便能把农民的积极性调动起来。

但是，目前税收在城市改革中的地位与作用，同上述情况有所不同。税收遇到两个难题。第一，由于过去高度集中的经济体制模式的各种弊病集中体现在大中型企业身上，因此，搞活大中型企业不仅需要税制进行改革，而且需要各种体制进行配套改革。

现在税制在改革中已先走了一步,而其他方面的改革不配套。同时,现在在搞活企业方面还有一些理论问题没有突破。比如,全民所有制的实现形式问题,如何运用利益机制正确解决国家、集体和个体的利益分配问题,如何健全社会主义民主,使职工真正感觉自己是企业和国家的主人问题,等等。这些理论问题不突破,各项改革不配套,国家与企业的关系不解决,企业的模式不确定,税收在搞活大中型企业中的地位与作用必然会受到很大的限制,而且必然处于"模糊"状况。第二,国家财政有赤字,国家要求作为财政收入主要提供者的大中型企业,能够提供更多的收入,而这些企业现已深感留利不足,要求国家财政能够给予更多的留利。这是一对尖锐的矛盾。有些同志形容它是税收在搞活企业中遇到的一个"死结"。这种说法也许言过其实,但它确实使税收在搞活企业中的回旋余地减少,需要从多方面探讨解开它的"艺术"。

指出这两个难题是为了说明搞活大中型企业是一项复杂的系统工程,需要从经济、政治和管理等方面进行配套改革才能奏效,只靠税收是不可能解决这个问题的,但是,如果税收工作搞得好,也会促进这两个难题的解决。

我们认为,税收在配合搞活大中型企业方面,可以采取以下四点措施。

1. 合理确定税收的数量界限

所谓合理确定税收的数量界限,主要指合理确定税收占国民收入的量限和税收占企业纯收入的量限。实际上这是一个问题的两个方面。研究确定这个量限,既要考虑国家财政的承受能力,也要考虑企业的承受能力。

1986 年税收占国民收入的比重为 25%。现在对这个比例是否适当的看法不统一。一些同志认为,这个比例低了,今后应适当提高;另一些同志认为,今后不宜再提高。我们认为,这个比例同中国目前经济状况是基本适应的，不宜再提高。理由是中国生产力不发达，劳动生产率比较低，过去对企业集中又过多，这些特点决定我国税收虽然占国民收入的比重并不高，但它占企业纯收入（M）的比重却很高，而企业的纯收入是制约税收占国民收入和比重的决定性因素。

目前中国大中型企业负担的税收大体占其纯收入的85%左右，企业留利约占15%，在留利中用于发展生产的资金只占5%左右。在这种情况下要求企业具有自我积累、自我改造和自我发展的能力是困难的，要求把企业搞活也是困难的。因为所谓"活"或"不活"不仅是指当前，而更重要的是看今后，即看企业有无再投入的能力。应该承认，经过九年改革，中国大中型企业有了一定的再投入能力，比之九年前连简单再生产也难以维持的状况有了很大改变，但是也应看到企业的再投入能力还是很薄弱的。

所以，从增强企业"三自"能力来看，应该给予企业更多的留利，但是从国家财政的承受力来看，如果期望通过过多地减少国家财政收入来增加企业留利也不大可能。因此，我们认为当前只能从维持税收占国民收入25%的数量界限出发，去寻求搞活大中型企业的途径。

2. 对国营大中型企业采取特殊的税收政策

（1）取消调节税，把所得税率降为35%，取消税前还贷。采取这样的措施，对目前缴纳调节税和55%所得税而又没有多少贷款的企业的负担将会大大减轻，因而有利于首先把这些企业搞活。

（2）根据国家产业政策，对某些需要加快发展的行业中的国营大中型企业实行减免税优惠。如前所述，当前国家财政有赤字，因此要求对所有的行业实行全面减税是不现实的。但是对某些需要加快发展的行业实行减免税优惠却是可以做到的。因为这样做，一则不会给财政增加太大的困难，二则企业的生产发展起来以后，可以扩大税源增加收入。

(3) 实行鼓励技术进步的税收政策。中国对外商兴办的以生产出口产品为主的企业和先进技术企业都给予大幅度的减免优惠，以示鼓励，这当然是正确的。但是对积极生产出口产品和努力消化、开拓先进技术的内资企业包括国营大中型企业，在税收政策上似乎鼓励不够。另外，对内资企业在减免税方面似乎存在某种"救济"观点，即哪个企业的日子过不下去了，就给予减免税照顾。由于这种观点的影响，在沈阳曾经出现过企业争"黄牌"（破产警告）的奇怪现象，因为争到"黄牌"可得到各种照顾，包括减免税照顾。我们认为应该摒弃"救济"观点，树立鼓励技术进步的观点，就是说对积极消化、开拓新技术、努力改善经营管理的企业，即使它们的日子比不思进取的企业过得好，也应给予鼓励，这不仅有利于尽快把这些企业搞活，也有利于使它们能够为社会创造更多的财富。

3. 对国营大中型企业实行比例税

目前有些同志主张将国营大中型企业所得税的比例税制改为累进税制。我们认为这种主张值得商榷。实行比例税制还是实行累进税制这是一个方法问题。方法是为政策服务的。中国在经济政策上，允许一部分地区、一部分企业、一部分工人和农民，由于辛勤努力成绩大而收入先多一些，生活先好起来。确定实行什么样的税制，应该考虑什么税制有利于实现这个政策。我们认为，如果能把企业取得利润的客观因素基本剔除，就应该继续实行比例税制，因为比例税制比累进税制更有利于贯彻上述政策。

4. 实行利税分离，完善承包经营责任制

从1987年上半年开始，承包经营责任制在全国各地广泛推开。这次"承包"同过去的"承包"相比，具有许多不同点；这次承包首先是在大中型企业中进行的，承包的内容更加丰富，承包的形式更加多种多样。经过半年多的实践证明实行承包经营责任制，有利于实行两权分离和正确处理国家同企业的关系，有利于企业内部机制的改造和正确建立企业的管理制度和分配制度。它是当前搞活大中型企业和城市经济改革的重要内容。

实行承包经营责任制同税收的关系极大。有些同志说，实行承包经营责任制是对利改税的否定。有些同志不同意这种观点。我们认为，实行承包是不是对利改税的否定，主要看承包的内容。如果实行税后承包，则不仅不是对利改税的否定，而且是对利改税缺点的纠正。因为"利改税"的一个重要缺点是它没有区分国家以所有者身份取得收入和以社会管理者身份取得收入的界限。而二者的界限是应该明确分开的。现在回过头来看，如果过去不实行完全的以税代利，而是把企业原来的"利润上缴"分解为两部分，把其中的一部分国家以社会管理者的身份用开征所得税的形式拿走，另一部分国家以所有者的身份用"红利"形式拿走（或者以所有者身份留给企业，作为再投资），即实行税、利分离，会更有利于处理国家与企业的关系。说它更有利于处理国家与企业的关系，是从所有者（国家）与经营者（企业法人）关系的角度说的，在这种关系的形式上，经营者对所有者上缴的"红利"实行"包死基数确保上缴超收多留，欠收自补"无疑是调动经营者积极性的有效办法。但是，如果从社会管理者与被管理者的角度来说，国家对企业应上缴的税款不能实行"包死基数……"及"保税"办法。"包税"无法体现税收政策，无法发挥税收对经济的调节作用。现在有些地方在实行承包经营责任制过程中，不仅包了所得税，而且包了产品税，这是不对的，因为这种做法，不仅在理论上混淆了国家的两重身份，混淆了税、利的界限，而且在实践上也不利于真正搞活企业。这种情况表明，为了真正把国营大中型企业搞活，必须进一步完善承包经营责任制和税收制度。

（原载《河北税务》1988 年第 2 期）

研究企业税收负担水平　探索解决财政困难的途径

目前中国的经济体制改革已经进入了一个关键阶段。税收制度也将进入更深层次的改革，今后的税制改革，应该以建设具有中国特色的社会主义理论为依据，把发展生产力作为全部改革的中心，治理经济环境，整顿经济秩序，认真研究企业税收负担水平，积极探索解决中国财政困难的途径，努力建设一个适应社会主义商品经济要求的、促进社会生产力迅速发展的、具有中国特色的税制体系。

企业的税收负担水平问题，是税收制度的核心问题，也是税制改革不能回避的问题。一般来说，改革税制不是为了调整总体税负水平（最明显的例子，就是由和平时期转入战争时期以后大大提高总体税负水平；或由战争时期转入和平时期以后大大降低总体税负水平），就是为了调整结构税负水平（即提高一部分纳税人的负担、降低另一部分纳税人的负担，但总体税负水平不变）。但是，中国从1950年6月以后进行的历次税制改革，都比较注重税制简繁（税种的简并与分开或增设）的研究，而对总体或结构税负水平，以及这种税负水平对生产力发展的影响，则研究不够。这种状况在产品经济模式下是很难避免的。

1980年8月，中央财经领导小组在专门讨论税制改革问题时提出，应该通过税制改革和税收负担的调整，把企业的潜力挖掘出来，把企业的积极性调动起来。只要能够做到这一点，"财政资金、经济建设和人民生活问题就好办了"。并明确指出："应当相信，改革会促进企业挖掘潜力，减少浪费，发展生产，增加收入。这是大前提，这个账要算活"。这不是算账的方法问题，而是转变制定税收政策的指导思想问题。就是说，应该由产品经济模式下的治税思想过渡到有计划商品经济模式下的治税思想，应该由静止的治税思想转变为辩证的发展的治税思想。制定税收政策指导思想的这种转变，是十分正确的。但遗憾的是这种正确的治税思想在后来的"利改税"中又被"不挤不让"的原则所代替，没有得到全面实现。

1980年11月5日，罗纳德·里根当选为美国第四十届总统之后，即他领导的经济顾问班子制定了一个被称为美国"历史上规模最大的减税"的《经济复兴税法》，即《1981年减税法案》。不久以后同是在里根领导下的美国政府又推行了一次"历史上规模最大的增税"。但是，又过了"九个月以后，里根总统以一个供应学派领袖的姿态而重新出现"，即重新执行1981年的减税法案。在短短一年多的时间里，美国在减税问题上为什么会出现这么大的反复呢？据罗伯茨分析，主要是由于两个原因。一个原因是美国前财政部部长威廉·E. 西蒙的警告。西蒙认为，"总统一旦当选，就成了旧势力的俘虏"，"由于西蒙的预先警告，以及一些人的努力，使里根总统在一年内免于向旧势力屈服。"[1] 另一个原因是"供应学派的圈子太小了，以致不能辅佐里根政府。很多非供给主义者也起着决策性作用，出于对其他问题的考虑，他们不愿意承担变革的风险。"[2]

---

[1] ［美］保罗·克雷·罗伯茨：《供应学派革命》，杨鲁军、虞虹、李捷理译，上海译文出版社1987年版，"导言"。

[2] 同上。

看来，一种正确的思想被否定的事，无论在中国还是在外国都是不乏其例的。这是因为在社会政治经济领域进行活动的都是具有自觉意识的人，他们都会以自己的思想对别人施加影响。一旦错误思想的影响超过正确的思想，那么，正确的思想就会被否定。

应当说产品经济模式下的企业负担水平同有计划商品经济模式下的企业负担水平是有原则区别的。在产品经济模式下，国家财政对企业实行的是"统收统支"的"大锅饭"体制，税负高低对企业的生产经营积极性没有多大的影响；在有计划商品经济模式下，国家对企业将创造条件逐步实行自主经营、财务自理、自负盈亏的制度，税负高低不仅会影响企业的生产经营积极性，而且会影响企业的生存与发展。

在党的十一届三中全会以前，我国企业的税收负担水平（包括上缴利润）是相当高的。这种高税负的形成既有实行产品经济模式的原因，又有历史的原因。中国的税负基础是 1950 年形成的，当时国家财政经济状况极为困难，因此确定的税负水平是不会轻的。由于当时处于"打台湾、九百万、运粮救灾"①那样一种军事、政治环境，人们对这种负担水平是能够理解和承受的，不过人们也期望一旦有条件，这种负担水平是应该降下来的。但是，后来除了在 1950 年 6 月调整税收时，税负有所下降以外，其余几次税制改革都是强调"保持原税负"和"以税挤利"的原则。所谓"保持原税负"是指保持 1950 年 6 月的税负水平，所谓"以税挤利"是指在国营企业纯收入的分配中，要提高国家税收的比重，减少企业留利的比重。当时有一种理论，说是"以税挤利"企业留利越少，越有利于企业加强经济核算。"挤"的结果，使税、利成反比例增加。这样一来，说是保持原税负，实际上税负

---

① "打台湾"指把解放战争进行到底，"九百万"指要保证全国九百万军政公教人员的供给。

是不断提高的。比如，在流转税方面，"根据1984年的调查测算，各项工业产品平均税负11.5%……1953年前工业环节征收营业税的行业和产品，最低税率为1%，最高税率为3%，平均税率为2%左右。适用于1%税率的有机器制造业、一般食品等15个大行业。现在这些行业和产品的税率最低为5%，比建国初期提高了几倍。"[①] 又如在所得税方面，20世纪50年代私营企业的所得税率为35%左右，而现在国营企业所得税率为55%（如果加上调节税约为70%），集体企业的最高税率为55%，平均税率为50%左右，个体工商业户的最高税率为60%，如果加上加成征收则为84%，都比50年代私营企业的负担高（当然，现在名义税率与实际税率存在一定的差距）。这样就不能不影响第一步和第二步"利改税"的效果和形象。有些同志诙谐地说："1982年的承包逼出了'利改税'，而两步'利改税'又逼出了1987年的承包，几年来在利改税与承包之间形成了一个'怪圈'，这个'怪圈'的出现，不仅使国家与企业之间的分配关系不能完全固定下来（如果企业负担过重，这种关系是不可能固定下来的），而且也影响了企业，特别是缴纳调节税的大中型企业的生产经营积极性。"而作为中国国民经济骨干的大中型企业的积极性不能被充分调动起来，必然会给社会财富的生产带来很大的损失，这种损失也应看作是一种税收负担——由于税收负担重而造成的一种无法准确计算的"税收负担"，从而必然会大大提高税收的"经济成本"。这一方面由于税收负担达到70%以上，人们提高生产经营的积极性会降低，也不会把留利用于企业扩大再生产；另一方面由于税收负担重，企业不会精打细算，努力降低生产成本，因为浪费的70%以上是由国家财政负担的。所以，这样就会得到同原来设计高税率愿望相反的结果：财政收入不仅不会增加，反而会减少。

---

① 见《河北税务》1988年第2期。

税收负担问题，实质是财政税收与经济的关系问题。处理这个关系是一门很高的"艺术"。这个关系处理得好坏，不仅会影响经济的兴衰和财政的状况，而且会影响政权的巩固。

应该如何看待中国国营企业现在的负担水平？有三种不同的观点：第一种观点认为是适当的；第二种观点认为是偏低的；第三种观点认为是偏重的。现在主张第一种观点的人为数不多，主要是第二同第三种观点的争论。认为企业税收负担仍然偏低的同志，主要基于以下两个理由：第一，国家财政收入紧张，预算连年有赤字；第二，财力分散，财政收入占国民收入的比重降低。我们主张第三种观点。我们认为通过两步"利改税"和企业经营承包责任制的推行，中国国营企业现在的负担水平比1978年以前的负担水平确实有很大的降低，企业的留利确实有很大的增加，但是这种增加同对企业实行自主经营、财务自理、自负盈亏的体制和使企业具有自我改造、自我积累、自我发展能力的相对独立的商品生产者和经营者的要求来说，还是不适应的，现在企业的税收负担还是不轻的，应该在国家财政承受能力允许的条件下，努力探索逐步解决这个问题的途径。

由于对企业负担水平的估计存在上述两种截然不同的观点，所以对如何解决中国目前财政困难的出路也存在两种截然不同的观点。主张第二种观点的同志认为，解决中国财政困难的唯一出路是提高税负，集中财力，收回下放的部分财权，提高财政收入占国民收入的比重；我们认为解决中国财政困难的出路是降低税率、发展经济、拓宽税基，增加财政收入的绝对额，而不是收回下放的财力财权，人为地提高财政收入占国民收入的比重。遗憾的是，有些同志从1982年下半年以来一直疾呼财力分散过头了，疾呼要提高财政收入占国民收入的比重，但是现在六七年的时间过去了，这个比重始终在25%左右徘徊，甚至有时连25%也保不住，这难道不值得深思吗？几年来，企业对承包为什么有那么大的兴趣，为什么在"利改税"与承包之间出现那个"怪圈"，这难道不同样值得深思吗？我们认为是很值得深思的。这里最重要的经验教训是，在生产力发展水平和劳动生产率既定的条件下，国家应该拿多少，企业应该留多少，在客观上是存在一个最佳的数量界限的。超过这个界限，越想多拿，越拿得少。尽管想多拿的同志是从"为国排忧解难"和解决目前财政困难的良好愿望出发的，但是违反了客观实际，这种良好的愿望即使不会把国家、企业和个人引向"地狱"，也会造成工作上的被动。相反，如果国家拿的数量符合这个最佳界限，那么，虽然表面上看拿得少、比重低，但是实际上国家拿的绝对额不会少，而且由于国家拿得适当，企业留得合理，企业和职工的生产经营积极性会被进一步调动起来，生产力和劳动生产率会进一步提高，结果国家拿的绝对额不仅不会减少，而且还会增加，甚至相对额也有了提高的条件。我们必须按照唯物辩证法的原理来理财、治税。我们认为这种理财、治税的思想是完全符合八年前中央财经领导小组会议提出的改革精神的。这种理财、治税的思想应该成为我们研究企业税收负担水平，促进社会生产力的发展，探索解决中国财政困难的路子的指导思想。

（原载《财贸经济》1989年第4期）

经济体制改革与税收

税收在国家经济生活中的地位和作用同国家的经济体制模式有很大的关系，正确认识这种关系，对于做好税收工作有很大的理论意义和实践意义。

党的十一届三中全会和十二届三中全会后，中国城乡经济体制进入了一个新的转换时期。即由以指令性计划为主的、高度集中的经济体制转换为在公有制基础上有计划的商品经济体制时期。"七五"期间，国家将采取措施进一步增强企业的活力、完善社会主义市场体系、建立健全间接控制体系，基本上奠定有中国特色的社会主义经济体制的基础。这就是说，"七五"期间我国的经济体制将发生根本性的变化，在国家对企业的管理由直接控制为主逐步转向间接控制为主的同时，政府机构管理经济的职能也将按照政企职责分开、简政放权的原则进行改革，并使计划与市场、微观搞活与宏观管理、集中与分散有机地结合起来，进一步促进社会生产力的发展。

税收作为掌握在国家手中的一个重要的经济手段，具有以下两个特点：一是对经济的影响范围很广，它不仅涉及社会再生产的各个环节，而且涉几乎所有有收入或某种行为的经济部门、企业和个人；二是对经济的影响程度比其他经济手段来得强烈，因为它是国家凭借政治权力向纳税人强制征收的。由于税收具有以上两个特点，所以在国家对企业的管理转向以"间接控制"为主以后，它在国家调节经济运行加强宏观控制方面不能不占有非常重要的地位。

从以上分析，我们可以看出这样一个趋势，即经济体制改革越深入，政府机构管理经济的职能越完善，政府专业性管理部门越精简合并，税务部门承担的任务就越重，税务机构就越要加强，税收对经济的调节作用也就越发重要。这是体制改革向税收工作提出的客观要求。税务部门要承担这些任务，除了要加强理论建设之外，还必须加强组织建设和税收管理工作。

一 加强税收管理

税收管理包括各级政权和政府部门税收权的划分和对纳税人的纳税管理，前者一般称税收管理体制，后者一般称税收的征收管理。

税收管理是国家行政管理的重要组成部分，具有一般行政管理的目标多、范围大和综合性强等特点，对于整个社会和经济发展都有一定的影响。因此，税收管理问题是有关税收政策和税法能否得到正确执行的问题，也是有关社会发展和经济运行的大问题，从这个高度看问题，我们应要求税收管理同国家行政管理一样必须是科学的、严密的。

中国的税收制度从党的十一届三中全会以后不断地进行了改革和完善，尽管在税制建设方面有许多事情要做，但从总的方面看，可以说，适应有计划商品经济要求的税制框架已经建立起来。因而，如何加强税收管理，特别是税收的征收管理，全面贯彻落实现行的税法，堵塞偷税漏税，增强征纳双方的法制观念，应该说是目前的一个重要课题。

解决这个课题，看来应做好两个方面的工作。一是加强征管法制建设，二是加强征管理论研究。关于征管法制建设问题，目前已开始加强。国务院发布的《中华人民共和国税收征收管理暂行条例》就是加强税收征管法制建设的重要标志。这个条例,实际上是中国的税务稽征法。它是中国三十多年来税收征管经验的结晶,也是税收征管制度走向规范化、法律化的重要步骤。全面贯彻落实这个条例,必将使中国的税收征管水平大大提高。关于加强征管理论研究问题,近几年来已引起各方面的重视。去年有不少省、市、自治区的税务系统召开研讨会,并取得了不少研究成果。但是总的来说,这方面的研究还跟不上形势发展的要求。我们应该努力建立社会主义的税收管理学。

二 加强税务队伍的建设

加强税务干部队伍的自身建设有多方面的内容,首先要做好思想政治教育工作,提高干部的政治素质。在不同时期思想政治教育应该有不同的内容。当前,在进行四项基本原则正面教育的同时,应该对我们的队伍进行秉公执法、公正廉洁的教育。

目前中国税收已成为国家财政收入的主要支柱,税收工作在国家经济生活中的地位大大提高。这对搞好税收工作是一个非常有利的条件,同时,应清醒地看到,税务干部面临着一种"经济诱惑"的威胁。我们的税收干部,特别是处在第一线的干部,拥有直接代表国家行使征税的一定权利,在他们行使这些权力(包括涉外征税权)的时候,必然要触及纳税单位和个人的经济利益,因而必然面对着这些单位和个人中的一些不法分子的"经济诱惑"。明显的诱惑是私下向他们行贿。他们行贿的目的,或者是要求税务干部收"人情税",给他们"照顾",或者是引诱税务干部"贪赃枉法",包庇他们偷税,坑害国家。对这类问题,决不能掉以轻心,否则,不仅会腐蚀税务干部队伍,而且会影响国家四化建设大业。有位经济学家调查了一些发展中国家官员受贿的腐化现象以后得出结论:"腐化是(经济)发展的最严重的障碍"。所以,在税务干部中一定要提倡全心全意为人民服务、献身国家的精神，坚决抵制各种各样的"经济诱惑"，秉公执法，公正廉洁，保证国家税收政策和税法的正确执行。

　　加强税务队伍建设还要注意提高干部的业务素质。税收工作是一项政策性很强、综合性很大的复杂工作，做好这项工作，不仅要求税务干部必须懂得税收的基本理论、税收政策、税收法规和征管方法，而且要求他们懂得经济、财政、会计、审计、法律等方面的一般知识。对从事涉外税收工作的干部还要求他们通晓外语，懂得国际税收、国际法和国际经济关系等方面的知识。应该看到，做到这些是很不容易的，但是，做不到这些又不能适应形势的要求。因此，我们的税务干部都应结合自身的业务，刻苦学习，努力提高自己的政策、业务水平，使我们的队伍成为在政治、业务、作风等方面都过硬的队伍。

（原载《中国税务》1987年第7期）

完善地方税体系为实行
分税制创造条件

实行分税制是建立分级财政的重要步骤。而分级财政的建立是与政治民主化分不开的。

在新中国成立以前几千年的历史上，中央政府与地方政府的职权，从来没有明确的划分过，也不可能有明确地划分。因为"地方政府只是中央政府的派出所，其职权并不固定，中央可以随时变更。地方官是'朝廷命官'派来管人民的。……官既不产自人民，也不向人民负责，只要善能应付中央，在地方上纵使犯了天大的罪，人民也没奈何。同时，中央对于派到地方的官，深恐其尾大不掉。于是派去许多的官来彼此监视。可以说，皇权政治下的地方政府及地方官，在精神上与人民是对立的，与中央也是对立的"。在这样的政治体制下，实行分税制与分级财政，是根本不可能的。

民国成立以后，中央与地方的关系开始有所变更，也曾几次拟议实行中央、省、县三级财政或中央（包括省）、县二级财政（称国家财政与自治财政），但由于中央政府不断要求"集权"，划归地方的税收常常被挤掉，而地方则不断要求"均权"，均权不成，则实行"滥权"，任意截留划归中央的税收，所以三级或二级财政体制从未真正实行。

新中国成立不久，在实现了国家财政经济工作的统一管理和统一领导之后，就提出在财政管理体制方面实行"统一领导，分级管理"的原则。在以后的二十多年中，中央也几次下放财权，有时（比如在1958年前后）下放的权力还相当多，但是总的说在这个相当长的时期内实行的基本上是高度集中的统收统支的财政税收体制。结果一方面使中央部门管了许多不该管或管不好的事，增加了不少不必要的事务，而对该管的事又未完全管好；另一方面又使地方政府缺乏必要的自主权，影响了它们理财管税的积极性。

实行分税制是在两步利改税中提出来的一个重要问题。但当时由于要集中精力解决国家与企业的分配关系，搞活企业，所以，有意拖后了这个问题的解决。现在解决这个问题，已经提到国家的重要议事日程。在党的十三大政治报告中指出："在中央和地方的关系上，要在保证全国政令统一的前提下，逐步划清中央和地方的职责，做到地方的事情地方管，中央的责任是提出大政方针和进行监督。"在中央和地方的职责划分清楚以后，必然要求划清中央和地方的财政税收职责。所以报告又具体指出要"改革财政税收体制，……在合理划分中央和地方财政收支范围的前提下实行分税制，正确处理中央和地方、国家、企业和个人的经济利益关系"。

实行分税制的前提是明确划分中央和地方的职责。中央和地方的职权责任范围划分不清，就无法划分中央和地方的支出范围，支出范围划分不清，也就无法确定其收入范围和财权。所以，只有确定了中央和地方的职责和支出范围以后，才能明确划分中央和地方的收入（地方的收入来源，一是税收，二是补助金）范围，实行分税制。

从历史上看，各国实行分税制有以下三种形式：第一，对同一税源，中央和地方都可进行独立的课征。如美国对所得税即采取这种办法。中央和地方都可独立立法开征或停征其所得税,税务机构也是两套系统(即国家税务系统和地方税务系统)分别管理中央税和地方税。第二,中央和地方不对同一税源进行独立课征,而是由中央统一征收后再依法向地方分拨。第三,对同一税源,中央征正税,地方征附加税,不过现在采取这种办法的国家已不多见。三种形式(主要是前两种形式)各有利弊。一个国家究竟采取哪种形式是由该国具体的政治、经济和历史情况决定的。

从上述三种形式可以看出,比较彻底的分税制是美国的办法。这种办法具有以下四个特征:一是确定中央和地方税源的划分原则(这些原则包括有利于经济发展,有利于提高工作效率,便于管理,收支相当,等等);二是根据税源的划分原则,明确划分税种和税源的归属;三是中央和地方都有对其归属的税源税种实行开征、停征、减征或免征的立法权;四是中央和地方都有其独立的税务管理系统,而且国家税务管理系统是垂直领导的。

中国是一个发展中的大国。一个大省相当于欧洲的一个大国,一个一般的省份也相当于欧洲的一个不大不小的国家。实行分税制,正确处理中央与地方的经济关系和财权财力,对于充分调动中央部门和地方政府加速四化建设、发展地方经济和增进人民福利的积极性具有重要的意义。但是,目前中国的经济体制还处于新旧体制交替时期,政治体制改革刚刚起步,各级政府的事权和财政范围不是很明确,而且这些范围明确以后,中国宪法关于审定预算的条款也需要修改,所以这些都需要时间,因此,目前还不具备实现彻底分税制的条件。当务之急是应该为实行分税制积极创造条件。第一,根据中国的实际情况明确界定分税制的概念,研究实行分税制的意义和作用,确定中央和地方税源、税种的划分原则,为实行分税制提供具体的、可供实际操作的理论依据。第二,应该完善地方税体系,扩大地方税的收入规模。研究把对涉外企业实行的地方税同对国内企业实行的地方税统一起来。建立内、外统一的地方税制。第三，完善税收管理体制。现行税收管理体制是 1977 年制定的。现在中国的经济、政治状况同 1977 年相比发生了很大的变化。但是税收管理体制却基本未作变动，有些该集中的权限没有集中，比如一些地方在产品税、增值税方面对个别企业减免税口子开得过大，导致了地区之间税负不平衡，不利于企业在平等条件下开展竞争；有些该下放的权限尚未下放，比如，随着微观经济进一步搞活，要求适当扩大地方政府（主要是省级政府）的税收管理权，以便使地方政府因地制宜地、分层次地进行宏观经济调节，但是现行体制对某些应由地方政府行使的管理权尚未下放给地方。另外，对新出现的一些税种，在管理体制上尚未作出统一规定。根据以上情况，中国现行的税收管理体制应该做适当的调整特别是对减免税管理权限应做适当调整。

应当指出，在有计划商品经济条件下，竞争机制不仅会在企业与企业之间发挥作用，而且也会在地方与地方之间发挥作用，因为在地方之间有个"利益溢出"与"利益流入"的问题；地方的自主权越是扩大，这种竞争越是激烈。现在在吸引外资方面有些地方政府争相扩大对外商投资企业减免税的范围就是这方面的预兆。因此，扩大地方税的收入规模和地方政府的税收管理权限，必须在全国政令统一的前提下进行，要坚决防止某些地方利用这些权力搞"关税壁垒"，实行地方贸易保护主义或者搞"低税港"，盲目吸引境外或外国的资金，破坏社会主义商品经济秩序和社会主义统一市场，阻碍社会生产力的发展。

（原载青海《税务学习》1989 年第 1 期）

民国时期的"分税制"

民国时期（1912—1949年）可细分为北京政府时期、南京政府时期和重庆政府时期，这里简称北京政府时期和南京政府时期。无论北京政府时期还是南京政府时期，都没有"分税制"一词。有关"分税制"的内容是在《国家与地方收支之划分》《办理预算收支分类标准》《财政收支系统划分法》《财政收支系统法》等法律性文件与法律中加以规定的。

一 中国"分税制"的起源

几千年来，中国一直是单一制的集权国家，地方政府只是中央政府的"派出所"。因此，中央与地方国家机构的职权，中央与地方的财权税权，从来没有清晰地划分过。

随着经济、社会的发展和西方财政思潮的影响，在清末民初，各界要求划分中央与地方职权和财政税权的呼声日益强烈。同时，清朝政府的"中央权力渐衰，地方权势日涨"，又因庚子赔款由地方负担，地方乃借口筹款，乘机擅自加征杂税、停解饷银、截留款项，中央财政收不抵支，清朝被迫于光绪三十四年（1908）筹备立宪，并制定国家税（中央税，下同）与地方税的章程，开始税项的划分。宣统年间（1909—1911），曾编订财政说明书，对于税目的划分，论列甚为详细，但对国家（中央，下同）与地方政费的划分却未涉及。

清朝被推翻后，民国元年（1912）夏，又对划分国家税与地方税的问题进行了讨论。但这时有的省明确提出在划分国家税与地方税时，"需将国家与地方之经费，同时划清界限"。后由于各省疆吏认为地方职权过狭，"难期自治之发展"，故中央与地方经费的划分未能实行。

1913年春，北京政府财政部设国税厅总筹备处和各省国税厅筹备处，主管国家政费及税款事项，而地方之政费及税款事项则由各省财政司主办，并对国家与地方的财政收支，以"草案"形式进行了划分。关于国家税与地方税划分的内容如下：

1. 现行税项之划分。国家税包括：（1）田赋；（2）盐税；（3）关税；（4）常关；（5）统捐；（6）厘金；（7）矿税；（8）契税；（9）牙税；（10）当税；（11）牙捐；（12）当捐；（13）烟税；（14）酒税；（15）茶税；（16）糖税；（17）渔业税。地方税包括（1）田赋附加税；（2）商税；（3）牲畜税；（4）粮米捐；（5）土膏捐；（6）油捐及酱油捐；（7）船捐；（8）杂货捐；（9）店捐；（10）房捐；（11）戏捐；（12）车捐；（13）乐户捐；（14）茶馆捐；（15）饭馆捐；（16）肉捐；（17）鱼捐；（18）屠捐；（19）夫行捐；（20）其他杂税杂捐。

2. 将来新税之划分。国家税包括：（1）印花税；（2）登录税；（3）继承税；（4）营业税；（5）所得税；（6）出产税；（7）纸币发行税。地方税包括：（1）房屋捐；（2）国家不课税之营业税；（3）国家不课税之消费税；（4）入市税；（5）使用物税；（6）使用人税；（7）营业附加税；（8）所得附加税。

1916年初，袁世凯称帝，为了巩固其中枢地位，实行集中财权税权、削弱各省实力的政策，结果"所有重要税源，悉归中央……地方税源，悉被攫取"，但随着袁氏权力的衰落，各省托故截留税款，或以多报少，及至袁世凯死后，中央对地方更无法驾驭，有些省倡议联省自治，自立省宪，省内一切赋税收入，概不上解。所以，从民国二年（1913）至民国十七年（1928），国家与地方税源的划分是屡议屡辍、法无定制时期。

1927年，南京政府成立，同年7月颁布国家与地方收支标准案。1928年，国民党政府召开第一次全国财政会议，对该案进行修订后，正式确定了中央与地方财政收支的划分。关于税收划分的内容是：

1. 现行税项的划分：国家税包括盐税、海关税及内地税、常关税、烟酒税、卷烟税、煤油税、厘金及类似厘金的一切通过税、邮包税、印花税、交易税、公司及商标注册税、沿海渔业税。地方税包括田赋、契税、牙税、当税、屠宰税、内地渔业税、船捐、房捐。

2. 将来新税之划分：国家税包括所得税、遗产税。地方税包括营业税、市地税、所得税之附收税。

一般认为，1928年是中国中央与地方收支划分的真正开始时期，由此也可以说，中国的"分税制"起源于1928年。

二 中国"分税制"的演变

1928年实行的"分税制"，名为中央、省、县三级制，但在地方是以省为重心，县是省的附庸，所以实际上实行的是中央与省的二级财政制度。从1928年到1934年这一时期财政收支的特点有二：一是省的职权较大，收支独立；二是实行"复式预算"，即在收支两方面都要区别"属于普通会计所"和"属于营业会计所"，即在收支两方面都要把经营性收支与非经营性收支加以区别。

1935年南京政府颁布《财政收支系统划分法》。明确规定实行中央、省（包括中央直辖市）、县三级财政制度，并以充实县财政财力为特色。三级财政的税源划分情况如下：

1. 中央税：（1）关税（包括货物进口税、货物出口税、船舶吨税）；（2）货物出产税（包括盐税、矿产税、其他以法律规定的出产税）；（3）货物出厂税（包括卷烟税、火柴税、水泥税、棉纱税、麦粉税、其他依法律规定的出厂税）；（4）货物取缔税（包括烟税、酒税、其他以法律规定的无益物品或奢侈物品取缔税）；（5）印花税；（6）特种营业行为税（包括交易所证券及物品交易税、银行兑换券发行税、其他以法律规定的特种营业行为税）；（7）特种营业收益税（包括交易所税、银行收益税、其他以法律规定的特种营业收益税）；（8）所得税；（9）遗产税；（10）由直隶于行政院之市分得的营业税；（11）由市县分得的土地税。

2. 省税：（1）营业税；（2）由县市分得的土地税；（3）由市分得的房屋税；（4）由中央分给的所得税；（5）由中央分给的遗产税。

3. 直隶于行政院之市税：（1）土地税；（2）房屋税；（3）营业税；（4）营业牌照税；（5）使用牌照税；（6）行为取缔税；（7）由中央分给的所得税；（8）由中央分给的遗产税。

4. 县税或隶属于省之市税：（1）土地税；（2）房屋税；（3）营业牌照税；（4）使用牌照税；（5）行为取缔税；（6）由中央分给的所得税；（7）由中央分给的遗产税；（8）由省分给的营业税。

1941年4月，国民党五届八中全会通过修订《财政收支系统划分法》案，决定取消省级财政，使之归并于中央财政，称为国家收支系统，实行中央与县的二级财政制度。原属地方的田赋、营业税与契税列为中央收入，并将田赋改征实物。取消省级财政，实行集权，虽然适应了当时抗战环境的要求，但是中国幅员辽阔，县市级单位2000多个都直隶中央，也造成财政管理困难，再加上物价上涨，县市财政除需维持正常开支外，还要筹办驻军及过境部队的给养，支出庞大，收不抵支，因而地方普遍滥权，结果形成"无一天不在摊派之中,无一物不在摊派之列"。因此,南京政府于1946年召开第四次全国财政会议,将《财政收支系统划分法》修订为《财政收支系统法》,恢复省级财政,恢复中央、省、县三级制,经立法院通过后,7月1日公布实行。不过,这时省级的税源仅有营业税总收入的50%和土地税总收入的20%(还要补助贫困县一部分),远低于1928年和1935年时期。后来由于国民党发动内战,上述规定实际上也未完全实行。

三 几点启示

(一)"分税制"与民主法制等政治制度的关系非常密切

这里所说的民主与法制,既包括国家机构同人民群众之间的民主与法制关系,也包括国家机构与国家机构之间民主与法制的关系。国家机构与国家机构之间的民主与法制关系,包括纵横两个方面:横的方面指同级国家机构的立法、司法、行政等机构之间民主与法制的关系,纵的方面指上下级国家机构之间(中央、省、县等)民主与法制的关系。分税制是中央与地方国家机构之间通过法律形式、民主分配税源的制度。民主的基础在地方,中央与地方分税的主要矛盾也在地方。因此,在大一统皇权政治制度下,不可能有分税制度。在北京政府统治的十余年时间里,由于军阀混战,政局不稳,以及袁世凯专权,国家机构与国家机构之间的民主与法制关系无法建立,所以虽然屡有"分税制"之议,但始终未能实行。南京政府时期也是如此。由此可见,没有一定的民主与法制制度基础,不可能建立真正的分税制。另外,实行中央集权政治制度的国家(如法国),与实行分权政治制度的国家(如美国),在实行分税制上也有很大的区别,这也说明分税制与政治制度的关系是极为密切的。

(二)地方的级数问题

北京政府时期曾讨论过实行"分税制"如何划分地方的级数

问题。因为地方的级数多少同政费、税款的分配有关。级数多，则政务繁，经费增，而经费增，则地方税自宜从多。当时讨论结果认为，地方国家机构应分为省、县、乡三级。在南京政府时期曾两度（一为1928—1935年，实行中央与省二级财政制；二为1941—1945年，实行中央与县二级财政制）实行二级财政制；两度实行三级财政制（一为1935—1941年的中央、省、县三级财政制；二为1946—1949年，恢复中央、省、县三级财政制）。看来，将县财政并入省财政，或将省财政并入中央财政都是不成功的，不符合中国幅员辽阔的国情。而实行中央、省、县、乡四级制或中央、省、县三级制可能比较符合国情。这里的关键问题，是省的地位如何确定。省是承上启下的枢纽，它的职权和收支规模如何确定，对于整个国家经济、社会的发展，具有重大的影响。

（三）各级国家机构的收支规模应与其职权相适合

清朝末期，由于中央权力衰落，收入减少，收不抵支，所以宣统年间的"分税制"注重税目的划分。其目的，一方面着眼于税目的性质，另一方面着眼于中央集中收入。而对于中央与地方的政费范围，却未划分。重收不重支。因而"分税制"无法实行。民国元年（1912）江苏总督提出应在分税同时，将地方经费划分清楚，即要求政费与划分税款应"相提并论"。"嗣后各省函电交驰，互有主张，或趋重国家或趋重地方，见解既属相歧，持论每多偏执。"所以，就收入论分税行不通，收支相提并论也行不通。因为划分税款、分配政费必须有个前提，这就是必须首先把中央与地方国家机构的职权（事权）划分清楚。中央与地方各级的职权划分清楚了，支出就可以大体确定，从而也就为划分收入创造了条件。

那么各级国家机构的职权到底应如何划分呢？北京政府时期按"通例"划分，以利害关系全国及地方团体不能自谋之事，则隶诸国家。而其利害仅局于一方，或虽亘全国；而地方团体能谋之事，则属诸地方。依此通例，外交、国防应为中央之绝对职权，没有争议。但文化教育、经济建设、社会救济、卫生医疗、社会治安（户籍、警察）应如何在中央与地方之间划分，则颇有争议，没有定见。南京政府在1946年颁布的《财政收支系统法》中，对此做了如下规定：关于文化教育、经济建设、卫生医疗、社会救济及移植等支出凡有全国一致之性质或为一省或直辖市资力仍不能发展或兴办者归中央。凡有全省一致之性质或为一县市资力仍不能发展或兴办者归省。凡有因地制宜之性质或为一县市局资力仍能发展或兴办者归县市局。遇有争议，由立法院裁决。看来，南京政府这项原则规定是正确的，是有借鉴意义的。

（四）对于税收立法权和税收收入应加以区别的问题

民国初期，"财政思潮渐随社会思想与经济思想，日益演进"。所谓日益演进，主要是指要求增加地方收入（如要求田赋收入归地方）和扩大地方支出（如要求内政、教育等经费归地方）。民国十年（1921）以后，北京政府将有些税收收入（如田赋等）陆续下放给地方。但对税收立法权未全部下放给地方。规定各省课税的种类及征收方法，如有下列情况者，应该用法律加以限制。（1）妨害国家（中央）收入或通商；（2）二重课税；（3）公共道路或其他交通设施之利用课以过重或妨碍交通之规费；（4）各省各地方由因保护其产物对于输入商品为不利益之课税；（5）各省与各地方由物品通过之课税。

这种"于地方分权之中，仍寓中央统筹之意"的做法，既将税权与税收收入加以区别（下放收入、不完全下放税权）的做法，看来是正确的。后来的南京政府仍继续沿用。

（五）补助金与协助金制度

"分税制"之分税与中央和地方，一般是根据税种的性质确定的。比如，关税、货物税具有全国一致的性质，应属于中央，但也有时是根据中央与地方的政权和历史传统确定的。因此，有些地方所得税的税收收入不敷弥补其支出，而有些地方则除弥补外，还有盈余。中央对前者应给予补助，称补助金；后者应向中央解缴一部分，称协助金。补助金、协助金制度，在北京政府和南京政府时期都实行过，看来这是实行"分税制"时不可缺少的辅助制度，或者说是"分税制"的必要组成部分。

（原载《税务研究资料》1998 年第 11 期）

新中国成立初期建立统一税制的经验

——庆祝中华人民共和国成立四十周年

1949年，中华人民共和国的成立标志着帝国主义、封建主义和官僚资本主义在中国的统治宣告结束，标志着工人阶级领导的、以工农联盟为基础的、人民民主专政政权的建立。这是中国人民一百多年以来，前仆后继，进行艰苦卓绝斗争所取得的伟大胜利。中国的历史，从此开辟了一个新的纪元！

新中国的成立，也标志着一百多年来由帝国主义控制中国财政税收和经济命脉的半殖民地半封建的财政税收制度的结束，以及独立自主的、全国统一的新民主主义的财政税收制度的开始建立，并在以后的社会主义改造过程中建立了社会主义的财政税收制度。

新中国成立初期，是我国税收工作最艰苦，同时也是最兴旺的时期之一。在这个时期里，它不仅积极勇敢地投身到战胜财政经济困难和"三大改造"的伟大斗争中，而且很快地实现了全国税政和税制等方面的统一。这种统一，既适应了当时政治经济形势发展的需要，也为以后的税政和税制等方面的建设提供了丰富的经验。这里所说的"以后"，也包括四十年后的今天。因此，在我们热烈庆祝中华人民共和国成立四十周年的时候,应该对这个时期建立统一税制的经验加以回顾。

大家知道,从1927年毛泽东同志领导建立井冈山第一个革命根据地开始,经过第二次国内革命战争、抗日战争,直到第三次国内革命战争后期几个大战略区的建立,中央根据各个革命根据地被敌分割的客观形势,一直对财政税收和经济工作实行"分区经营"的办法,并在分区经营的基础上,实行"政策上统一领导,业务上分散管理的方针"。但是到了1948年,情况有了很大的改变。由于人民解放战争取得了决定性的胜利,被敌分割的几十块革命根据地已经陆续联结成几个大战略区,客观上要求对财政经济和税收工作实行统一领导和管理。但是当时对税收制度还来不及整理和统一,为了保证财政收入不受影响,党中央决定对老解放区仍然沿用革命根据地时期制定的税收制度,对新解放的城市则暂时沿用国民党时期的旧税法(但对反动名目的税捐和苛捐杂税则立即取消)。这样就使后来建立全国统一的税政税制的任务更加繁重。但是,我们从1949年11月全国首届税务会议到1951年下半年,仅用不到两年的时间,就把全国统一的、适应多种经济成分并存需要的税收制度建立起来了。

在一个拥有几亿人口、情况极其复杂的大国里,统一全国的税制,绝不是一件轻而易举的事情。中国在这样短的时间里建立了全国统一的税制,这在法制建设史上是少见的。

中国建立新税制不仅时间短,而且这个税制基本适应中国当时政治经济形势的要求。新税制具有三个基本特点。第一个特点是按产品或按流转额课税的税种的收入,在整个税收收入中占有很大的比重,按所得额课税的税种的收入也占有一定的比重。这种税制结构同中国的生产力发展水平,特别是同中国劳动生产率的水平是相适应的。这样既保证了国家的财政收入,也促进了国民经济的恢复和发展。第二个特点是多种税、多次征的复合税制。

这是同中国当时存在多种经济成分，特别是同私营经济占有很大比重的客观情况相适应的。第三个特点是征收管理办法灵活多样，但又比较严密。这就保证了"依法办事，依率计征"原则的实现，对堵塞偷、漏税起了很大作用。

中国建立统一税制的经验，可以从两个方面来概述。一是属于建立统一的税收工作指导思想经验；二是属于建立统一税制本身方面的经验。

（一）统一税收工作的指导思想

1. 税收要为发展生产事业服务

中国人民夺取全国政权以后，在军事、政治、经济和文化等方面都面临着繁重的任务。同样，在接管一个城市以后，也面临着这些繁重的任务。那么，在这些繁重的任务面前应该首先抓什么工作呢？毛泽东同志指出："从我们接管城市的第一天起，我们的眼睛就要向着这个城市的生产事业的恢复和发展"。[①] 城市中的其他工作，都要为"生产建设这个中心工作"服务。毛泽东同志的这个思想，也是税收工作的指导思想。

税收为发展生产事业服务的思想，在税制建设和实际工作中体现在许多方面。比如，积极配合调整工商业和稳定物价，积极配合打击投机倒把的斗争，等等，而且在这些方面都取得了很大的成就。税收为发展生产服务的思想，还体现在税负上实行"工轻于商"的政策方面，即体现在工业的税收负担轻于商业。近几年来，在总结历史经验的过程中，有些同志对实行这个政策提出异议，认为实行这样的政策是"轻商"观点的表现，也是形成"轻商"观点的重要原因。

对于这种指责，我们不敢苟同。因为当时的情况是：一方面工业部门需要大量投资，而国家资金不足；另一方面由于新中国

[①]《毛泽东著作选读》（下册），人民出版社1986年版，第655页。

成立以前受多年通货膨胀的影响，资本家愿意把资本投入周转快并有一定投机性的商业，而不愿意投入工业。实行税收负担上的"工轻于商"的政策，有利于把私人资本吸引到工业生产中去，这对于整个国民经济的恢复与发展是有利的。同时，"工轻于商"是个总原则，并非凡工都轻，也并非凡商都重，而是根据经济发展的需要，在工业中实行必需品工业轻于非必需品工业，生活用品工业轻于奢侈品工业的负担政策；在商业中对批发与零售、对不同行业也确定不同的负担政策，比如对生产和经营出口商品的工商企业也都给予减税的照顾。显然，这里不存在"轻商"观点的问题。

2. 税收工作的重点在城市

过去我们党长期处于农村环境，军政费用主要靠农业税（公粮）支持，城市收入很少。1947年解放战争转入战略反攻阶段以后，我们陆续占领了一些大中城市。但是城市税收收入却没有相应增加，城市税收的比重与城市经济实力相比很不相称，城乡负担很不平衡。据当时不完全统计，全国农业税占农民总收入的20%—25%，而城市工商税收仅占工商业总收入的4%—20%，[①]北京市1949年2月份的工商税收折合小米仅有27万斤，而国民党盘踞时期的1948年2月份税收收入折合小米却达1950万斤。[②]所以，必须坚定不移地把税收工作的重点转移到城市。

但是，当时实现这种转变是很不容易的。阻碍这种转变的，主要有三个方面的原因。一是经验不足，我们的税收干部，特别是从革命根据地来的税收干部，对城市税收的重要性认识不足，对城市税源不了解，缺乏城市税收工作经验；而占税收人员总数90%以上的新干部，更缺乏城市税收工作经验。二是有些同志存在片面的"仁政"观点。过去片面强调向农民施"仁政"，现在

---

① 贺笠：《逐步统一全国税政》，《人民日报》1950年第3期。
② 费孝通：《论北京的税收》，《新华日报》1950年第4期。

则片面强调向资本家施"仁政"。这些同志认为，经过八年抗战，三年解放战争，城市工商业存在很大困难，应当向它们施"仁政"减轻税收负担。不能说这些同志没有一点道理。但是，这些同志没有看到迅速恢复和发展生产、改善人民生活是最大的"仁政"。不施"大仁政"，"小仁政"也不会实现。三是有些国营企业的领导同志有抵触情绪。他们错误地认为国营企业不应该向国家交税，理由是大家都姓"公"，自己向自己交税是自找麻烦，甚至说，向国营企业征税会削弱国营企业的领导地位，有利于资本主义经济的发展。过去在地下工作时期，领导过抗税斗争的同志，更有一种把新中国的税收同国民党政府的苛捐杂税混为一谈的糊涂思想。

1950年初，上述三种情况都影响着税收工作重点的转移并对税收工作产生过不利的影响。由于对税收工作抱有抵触情绪和存在糊涂认识的同志都是"公家人"，有的还是领导干部，所以，这种情况对税收工作产生的消极影响更大。但是，应当指出，这种消极影响存在的时间并不太长，大概在1950年上半年就基本上得到了解决。这种消极影响之所以很快被克服，主要是由于两个原因。一是党中央的正确领导。1950年3月3日，党中央发出《关于保证统一国家财政经济工作的通知》，通知严肃"责成各级党委务必立即从全国每一市、县党委中各抽一个现任部长职务的干部，担任各该市、县的税务工作，克服干部思想上存在的轻视税务工作的错误观点"。二是由于当时军事、政治和经济等方面开支的压力很大，不允许久拖不决。

3. 正确对待私人资本主义经济

中国的私人资本主义工业，占了现代工业的第二位。因此，要尽可能地利用城乡私人资本主义的积极性，对一切利于国民经济的城乡资本主义成分，都应当允许其存在和发展。但是它们的存在和发展，要在活动范围、税收政策、市场价格、劳动条件等方面加以限制。这就是说,为了保证中国由新民主主义社会转变为社会主义社会,税收工作必须配合其他工作,对私人资本主义经济实行利用、限制和改造的政策。这是一项政治性很强的政策,稍有不慎,就会犯"左"的或右的错误。为了实施这项政策,当时,在税收上实行了"公私区别对待,繁简不同"的原则和多种税多次征的复税制,同时对不同行业、不同所得实行不同的税率,这样,既保证了国家财政收入,也体现了正确对待私人资本主义经济的政策。

4. 税收工作必须维护国家的主权和经济财政利益

实行集中统一的独立自主的关税制度,保护民族经济,反对帝国主义国家的经济侵略。在平等互利的原则下,发展同各国的经济交往。

5. 群众路线

税收工作要走群众路线,主要有两方面的含义:一是在税务系统内部要求上级税务部门在制定政策、确定税收任务时,要多征求下级税务部门的意见;二是在税务系统外部,强调要做好以下三个方面的工作:

(1) 依靠工人、店员办税

在私人资本主义工商业还占很大比重的情况下,依靠工人和店员协助办税,对于减少偷税漏税,帮助税务干部掌握生产经营知识,正确执行政策是很重要的。工人、店员协助办税包括以下内容:积极搞好生产和经营,为国家培养税源;团结教育资方积极执行《爱国公约》,树立自觉守法纳税的思想;积极检举不法偷税分子;对税务干部执行政策、工作作风以及贪污违法等行为进行监督和揭发。

(2) 同国家各有关部门密切配合

在制定税法的过程中,要广泛征求国营企业主管部门、工商管理部门、公安部门、交通邮电部门及海关等方面的意见,同时在征收管理工作中要同这些部门密切配合。

(3) 征求资本家的意见

在制定税收政策时，要征求工商界代表人物的意见；在征税过程中要吸收当地工商界代表人物参加工商业税民主评议委员会和税务复议委员会。但征求资本家的意见，绝不是无原则迁就资本家和依靠资本家办税，而是宣传和贯彻执行税收政策、团结教育守法资本家和向不法资本家进行斗争的形式。

(二) 建立统一税制的经验

建立统一税制的经验，概括起来主要是正确处理以下三个方面的关系。

1. 正确处理积极慎重与勇于探索的关系

新中国成立初期，统一全国税制的工作，无论在客观条件还是在主观条件方面都存在许多困难。从客观方面说，我国地广人众，经济文化发展极不平衡，五种经济成分并存，情况十分复杂。从主观方面说，我们不仅没有建立全国统一税制的经验，而且也缺乏有关这方面的资料。这种情况决定，我们在统一税制的过程中，必须采取十分慎重的态度。

谦虚、谨慎、不出差错——这几乎是当时所有参与制定统一税制工作的同志的心理状态。因为他们坚信，不慎重就会出现不完善，不完善就会出现朝令夕改的乱现象。如果出现这些现象就会影响党和政府的威信和政策的严肃性。因此，制定全国统一的税法，不能不采取慎之又慎的态度。我们制定的一些税法，特别是像制定工商业税和货物税这样的主要税法，是从1949年8月到1950年底经过多次调查研究，经过两届（一、二届）全国税务会议的集中讨论，经过政务院财政经济委员会的多次研究，并广泛征求了工商业界和民主党派的意见后才以"暂行条例"的形式出台的。由此可以看出，我们当时对待税收立法的态度，是十分严肃和慎重的。但由于过分慎重，有些税收条例试行一年多了还未正式公布、施行细则迟迟未出台，不能使税法得到完善。因此，必须要处理好积极慎重与勇于探索的辩证关系。

2. 正确处理集中统一与因地制宜的关系

在全国交通、币制已经逐步走向统一的情况下，税制不统一就会影响经济发展和物资交流，同时，为了克服多年实行"分区经营"和分散管理的习惯影响，强调实行集中统一，反对各自为政，反对对统一税法自作解释和任意减免税是完全必要的。否则，全国的税政、税制就很难做到统一。

但是，从另一方面也应看到，中国是一个土地辽阔、人口众多的多民族国家，经济文化发展极不平衡，中央集中过多，统得过死，不仅会使繁杂的、具体的税收事务集中在中央部门，影响中央部门对税收重大问题的考虑和决策，助长官僚主义，而且地方机动性太小，不能因地制宜，也会影响地方积极性和主动性的发挥。因此，要在统一税政的基础上照顾各地的不同情况，允许地方采取一些适当的、因地制宜的灵活措施。比如，屠宰税的征税、免税，就应考虑照顾少数民族的宗教与节日的习惯等。实行适当的因地制宜的措施，不是为了削弱集中统一，而是为了巩固集中统一，不是为了限制经济的发展，而是为了促进经济的发展。

3. 正确处理税制的简与繁的关系

税种、税目和征收查验手续的简与繁的问题，是在实际工作中经常遇到的一对矛盾，也是涉及征纳双方关系的一个重要问题。

从纳税人来说，总是希望在这些方面能够尽量简化。当然，要求简化的人也有各种不同的情况。比如，有的要求简化是为了方便生产和经营，因为"简政便民""繁政扰民"。应该说，这种要求是合理的，而且这不仅是纳税人的要求，也是征税人的要求。但是，有的要求简化，则是为了从简化中寻找偷税、漏税的空隙，应该说，在多种经济成分并存、税务部门征管力量不足的情况下，抱有这种心理状态的人还是不少的。

因此，在对待繁与简的问题上，不能脱离当时的具体情况。总的原则应该是既要防止偷漏，特别是对重点税种要防止偷漏，以保证国家经济政策的实施和财政收入不受损失；也要防止繁杂和乱征，做到"便商利民"，以保护工商业者的正当生产经营和合法利益，促进国民经济的发展。

新中国成立初期，我们设计的税制，总的来说是与当时政治、经济形势的要求相适应的，个别地方有不够简化的问题，比如在货物税稽征细则中，对"汽车零件"详列细目192种，就显得有些烦琐。产生这些问题的原因，主要是怕"跑税"。但是，税目多、手续繁，不仅对纳税人不便，而且与当时的征管力量也不适应，还会发生"抓住小的，跑了大的"的危险。所以，在简与繁的问题上，也应做到繁简适宜，不可偏颇。

（原载《税务研究》1989年第10期）

关于社会主义税收管理问题

一　积极创立社会主义税收管理学

管理是人类共同劳动过程的一种客观要求。马克思说:"一切较大的直接社会劳动或共同劳动,都或多或少地需要指挥,以协调个人的活动,并执行生产总体的运动——不同于这一总体的独立器官的运动——所产生的各种一般职能。"① 马克思在这里所说的"指挥",就是指的管理、监督、领导和调节的职能。

管理活动早就存在,但是把管理作为一门专门的学科来研究大概只有一百年的历史,它是随着生产力的不断发展,生产社会化程度的不断提高和国家机构的不断扩大而产生和发展的。管理有企业管理(工厂管理)和国家行政管理。管理作为一门学科来研究是从工厂管理开始的。西方古典管理理论的著名代表人物美国的F.W.泰罗说:"科学管理只是能使工人取得比现在高得多的效率的一种适当的、正确的手段而已。"② "我们可以看到和感觉到物质的直接浪费,但由于人们不熟练、低效率或指挥不当的活动所造成的浪费,则是既看不见又摸不到。要认识这些,就需要动脑筋,发挥想象力。也正是这样的原因,尽管我们来自这方面

---

① 中共中央马克思恩格斯列宁斯大林著作编译局编:《马克思恩格斯选集》(第23卷),人民出版社1972年版,第367页。

② [美] F.W.泰罗:《科学管理原理》,胡隆昶、冼子恩、曹丽顺译,中国社会科学出版社1984年版,第232页。

的日常损耗，比物质的直接浪费大得多，但后者使之触目惊心，而前者却容易使人无动于衷。"①

资本主义国家研究科学管理虽然已有一百年的历史，但是目前它们还未走出"管理的丛林"，仍是学派林立，学说纷纭，甚至对管理的概念、含义也是各执一词。苏联学者对管理的概念、含义的表述同资本主义国家的学者表述又不相同。这种情况，一方面说明这门学科还不那么成熟，另一方面也反映了这门学科在现代经济和社会生产中的重要性。

中国现有国家机关工作人员和企业不直接参加生产的管理人员为2000万人左右。这些工作人员天天都在进行"管理"。这些管理的科学性和效率如何，对于中国经济和社会的发展关系极大。我们全国税务系统现有近40万名干部，在这些同志中绝大部分是最近几年参加工作的青年同志，管理经验不足；而老同志，有丰富的实践经验，但也需要把这些经验升华，使其更好地为四化建设服务。因此，探讨税收的科学管理问题是一件很有意义的事。现在中国专门探讨税收管理的著作还不多见，一门科学的税收管理学还有待建立。而客观形势迫切要求我们建立这门学科。

二 国家行政管理与税收管理

税收管理是国家行政管理的组成部分，也是社会系统工程"基础结构"的组成部分，政府行政管理所具有的特点，税收管理也基本上都有。因此，税收管理问题绝不是仅仅多收几个钱或少收几个钱的问题，它是有关税收政策和税法能否得到正确执行的问题，也是有关社会和经济能否正常运行的大问题。从这个高度看问题，我们应该要求税收管理同国家其他行政管理一样必须是

---

① [美] F.W. 泰罗：《科学管理原理》，胡隆昶、冼子恩、曹丽顺译，中国社会科学出版社1984年版，第232页。

科学的、严谨的。列宁在强调要"组织对俄国的管理"的同时，也提出要改革税收的管理问题，绝不是偶然的。他批评俄国十月革命以后的税收管理工作"非常落后"。因为在这方面采用的方法，多半像是夺取的方法，"而很少像是管理的方法"。可是，要加强自己的力量和地位，就必须转而采取管理的方法。这种管理的方法，要求"我们有更高的组织性，有更完善的计算和监督机制"。① 但遗憾的是，列宁的这些思想，后来由于苏联没有很好解决政府机构如何管理经济的职能问题，从而长期实行高度集中的计划体制而没有得到发展。

我们知道，社会主义国家是人类历史上从来没有过的国家。这类国家应该有哪些职能，应该如何进行管理，这在十月革命后的苏联是作为一个有重大理论意义的实践问题提出来的。斯大林提出应把"经济组织工作和文化教育工作列为社会主义国家的第三个职能"。明确提出组织经济的职能是社会主义国家在国内的基本任务。但是，应该如何正确理解国家组织经济的职能和如何对经济进行正确的管理等问题实际上并未真正解决。长期以来，无论在苏联还是在中国有这么一种很流行的观点和做法，这就是各级政府对具体的经济事务管的越多，似乎越能体现国家组织经济的职能。由于这种观点的流行，就形成了以指令性计划为主的宏观与微观大一统的计划体制。多年来的实践证明，这种做法的效果是不好的。政府对具体经济事务管的越多，越要造成"政企不分"，既不能使政府真正"从政"，体现其组织经济的职能，把应管的事管好，也不能充分调动和发挥企业的积极性。不仅如此，在这种高度集中的计划体制下，计划价格成为国民收入分配的主要杠杆，税收是作为计划价格的

---

① 中共中央马克思恩格斯列宁斯大林著作编译局编：《列宁选集》（第三卷），人民出版社1972年版，第506页。

形成因素而存在的,① 再加上在苏联长期流行"非税论"的观点,因此也必然大大降低税收在社会和经济运行中的地位和作用。

中央《关于经济体制改革的决定》指出,要按照政企职责分开、简政放权的原则对政府机构进行改革,正确发挥政府机构管理经济的职能。国家对企业的管理逐步由直接控制为主转向间接控制为主,建立新的社会主义宏观经济管理制度,并要求各级政府机构都要适应这种转变。这是中国社会主义上层建筑将要进行的一次重大变革,也是社会主义政治体制的自我完善。不过,这里应该指出的是,国家对企业转向以"间接控制为主",绝不是不要控制。间接控制也是控制,区别是二者控制的方法与手段不同。间接控制是由以行政手段控制为主转向"以经济手段和法律手段,辅之以必要的行政手段来控制和调节经济的运行"。当然,间接控制也要适度。国家对企业控制方法的转变,完全符合有计划商品经济的要求。其目的是使计划与市场、微观搞活与宏观管理、集中与分散有机地结合起来,进一步促进社会生产力的发展。税收是掌握在国家手中的一个最重要的经济手段。税收作为经济手段,它有两个特点。一个是它对经济的影响范围很广,因为它不仅涉及社会再生产的各个环节,而且涉及所有有收入的或者有某种行为的经济部门、企业和个人;另一个是它对经济的影响程度最激烈,是其他经济手段所不可比拟的,因为它是国家以最高所有者和管理者的身份向纳税人强制征收的。由于税收有以上两个特点,所以它在国家对企业转向以"间接控制为主"以后,在控制和调节经济的运行方面不能不占有非常重要的地位。

---

① 中国现行的价格制度是把税收同价格直接捆在一起的制度。这种制度是20世纪50年代从苏联学来的。苏联人至今还认为:"国营企业的缴款由周转税和利润缴款这两个主要部分组成。……区别在于,它被征收到预算中去的方式不同。而征收方式则取决于价格形成制度。"又说"周转税乃是社会主义经济的货币积累的一部分,它作为国家集中性收入包含在商品的计划价格中"。(《苏联财政》276页,中国财政经济出版社1980年版)这种把税收与价格直接捆在一起的制度是不适应有计划商品经济的要求的。

从以上分析，我们可以看出一个发展趋势，这就是政府机构管理经济的职能转变的越是彻底，政府专业性管理部门越是精简合并，那么税务机构就越是要加强，税收在经济调节中的作用也就越要加强。行政干预越是减少，税务部门对企业的监督越是要加强。这是经济体制改革和国民经济的发展向税收工作提出的客观要求。税务部门应当义不容辞地承担起这项任务。承担这项任务，一方面靠制定正确的税收政策和税法，另一方面靠科学的税收管理。制定正确的税收政策和税法是很重要的，但是如果没有强有力的科学的税收管理工作跟上去，再好的税收政策和税法也是无法实现的，国家财政收入也是无法保证的。所以，我们一定要加强税收管理工作。

税收管理就其内容来说，可以分为两大主要部分。一部分是各级政权和政府部门税收权限的划分；另一部分是对纳税人的纳税管理。前者一般称税收管理体制，后者一般称税收的征收管理。下面我们谈谈税收的征收管理问题。

三　贯彻执行税收征管条例，提高征收管理水平

税收的征收管理，又称稽征管理。它是国家为了实行征税权力，贯彻执行税收基本法规，指导纳税人正确履行纳税义务而规定的纳税征税程序。这是税收征收管理的主要内容。这些内容应该用法律的形式加以确认。

1986年，国务院公布的《中华人民共和国税收征收管理暂行条例》，实际上就是中国的税收征收管理法，也就是税务稽征法。它是中国30多年来税收征管工作经验的结晶，它的公布实施是中国税制建设中的一件大事。贯彻落实这个条例，不仅对于健全中国税收法制、保障财政收入、促进改革开放和搞活经济有重要意义，而且必将使中国的税收征管水平提升到一个新的高度。

为了把这个条例贯彻落实好，为了把征收管理水平提高一步，

应抓好以下几项主要工作。

1. 加强宣传教育，增强法制观念

征收管理工作的一项主要任务是正确实施税制税法，堵塞偷税、漏税的现象。现在无论是企业单位还是个体工商业户，偷税、漏税的现象相当普遍。这种情况，一方面说明税收征收管理工作有漏洞，法制不健全；另一方面也说明当前征收管理工作的任务十分繁重。

产生偷税、漏税的原因，目前看来主要有两个：一个是本位主义和利己主义。现在无论是国营企业还是集体企业（个体户更不必说了），都有其本单位的物质利益。有些同志认为，现在偷税、漏税现象增多，就是因为企业有了自身的物质利益，要堵塞偷税就要"取消"企业的物质利益。我们认为这种想法是不对的。企业应该有其自身的物质利益，这不仅是发展有计划商品经济的要求，也是打破"大锅饭"，实行改革、调动企业积极性的一项成果。国家对企业和个人正当的物质利益不仅不反对，而且还鼓励他们在法律允许的范围内经过主观努力取得更多的物质利益。应该反对的是有些单位或个人不顾国家利益，挖国家、肥本单位和个人的本位主义和利己主义，以及由此驱使而产生的偷税抗税等违法行为。另一个是法制观念淡薄。《人民日报》评论员在为贯彻执行《中华人民共和国税收征收管理暂行条例》而撰写的《维护税法的严肃性》一文中指出："目前有相当多的企业和个体工商业户法制观念淡薄，有不少人甚至是法盲。有的违犯了税收法律还不知错在哪里；有些干部不懂得税收法规是由国家统一规定的，而把随意修改这些法规看作是'改革'，还有的以权代法、各自为政、任意干预税务机关和税务干部执行公务；甚至有的机关违反税收管理体制的规定自立税法"。这些情况说明，我们有些干部的法制观念真是淡薄到了无以复加的程度。从这里可以看出，加强宣传教育、增强干部（包括党政部门和企业主管部门等方面的领导干部）和群众依法纳税的观念，反对本位主义，是宣传部门和税务部门的一项重要任务。这是税收征管方面的一项基础工作，应当长期地抓下去。在目前，我们应该配合普法教育对广大干部和群众系统地讲解税收基本法规，进行税制宣传和依法纳税的教育，增强他们的法制观念。这些工作做好了，使纳税人自觉地把纳税当作自己应尽的义务去做，那么，我们的征管工作就会"事半功倍"，征管水平就会大大提高。

2. 坚持依法治税，密切同法院等有关部门的联系

新中国成立初期，为了解决所谓"政策与任务的矛盾"，在征管方面确定了一条重要的原则，叫作"依法办事、依率计征"。经过多年的实践，证明它是正确的原则。因为国家的方针政策在税收方面的体现就是税法。所以认真执行各项税收基本法规，做到依法办事、依率计征，不能不成为税收征收管理的一项重要原则。

"依法办事"，按现在的话说就是"有法必依、执法必严、违法必究"。应该看到，在存在多种经济成分，存在集体、个人和地方的利益同国家的利益有一定矛盾的情况下，坚持有法必依、依法办事是不容易的。不经过一定的斗争是很难克服某些地方存在的"有法难依、执法难严、违法难究"的现象的。在克服这些现象实现"有法必依、执法必严、违法必究"方面，税务部门负有特殊的责任。但是政法部门（特别是法院）也负有特殊的责任。在强调"依法治税"以后，人们会越来越看得清楚。这一点从国外的经验也可以得到证明。在美国设有专门的税务法院。它是审理判决联邦税务案件的特别行政法院。瑞典有两个平行的法院：一个是普通法院，另一个是行政法院。两个法院由具有同样资格的法官组成，其组织方式也大体相同。行政法院的主要任务是审理涉及税务的案件。我们认为，瑞典设置两个法院的做法是有道理的。目前，我们尚没有专门的税务法院，一些税务纠纷案的处

理是由地方人民法院受理的。这种做法在理论上值得商榷。因为按人民法院组织法规定，人民法院的任务是审判刑事案件与民事案件。纳税人与税务机关在纳税问题上发生的争执，毕竟与刑事案件性质不同。因为纳税人对税务机关的征收认为不合理或不合法而发生了争执，并没有触犯刑律，所以不能算作刑事案件。另外，税务机关是代表国家向纳税人征收税款，是执行公务，反映的是国家利益与集体或个人利益的关系，也不是民事纠纷。所以说，税务纠纷案，由地方人民法院受理，在理论上行不通。因此，在中国也应当建立专门的税务法院。不过，我认为目前单独成立专门的税务法院可能有一定困难，看来可以先扩大人民法院的经济法庭作为过渡，在适当时机再成立类似的法院，当前，特别要密切同法院、检察院的联系。如河北省藁城县在1985年成立了专门从事税务检察的司法机关——藁城县人民检察院税务检察室。它的成立对于强化税收征收管理，打击偷税、抗税活动，增强纳税人的法制观念，加强税收法规的严肃性都起了很好的作用。

3. 秉公执法、廉洁奉公

贯彻执行《征管条例》，还要加强税务干部队伍自身的建设。

加强税务干部队伍自身的建设有多方面的内容，首先要做好思想政治教育。这是提高税务干部的马列主义水平，提高他们对本职工作的光荣感、责任感，完成各项工作任务的需要，也是加强精神文明建设的需要。不过，在不同时期，思想政治教育应该有不同的内容。在目前，应该对我们税收队伍进行"秉公执法、廉洁奉公"和职业道德的教育。

大家都知道，国家实行对内搞活、对外开放，特别是实行利改税以后，税收工作进入了一个新的历史时期。税收引起人们的普遍注意，税务工作在国家政治、经济生活中的地位大大提高。这对于搞好税收工作当然是一个有利条件。但是也应清醒地看到税务干部面临着一种"经济诱惑"的威胁。因为我们的税务干部,特别是处在征收第一线的干部都拥有直接代表国家行使征税的一定权力。这些权力的行使同一些单位和个人的利益相关联,因而他们必然面对着这些单位和个人中一些不法分子的"经济诱惑"。明显的诱惑是私下给他们以经济利益的形式(如行贿等)出现的。而且行贿多少是与我们的干部能给他们多少"好处"成正比例的。那么,我们的干部能给他们多少好处呢?无非是要求我们的干部"贪赃枉法",掩护或包庇他们偷税,坑害国家。我们的干部如果不警惕,就会被拉下水,犯错误,甚至犯罪。我们对这类问题不能掉以轻心。如果任其发展,不仅会腐蚀我们的干部队伍,而且会影响四化建设大业。有位经济学家调查了一些发展中国家的官员受贿这种腐化现象的情况以后得出结论:"腐化是(经济)发展的最严重的障碍"。所以,在我们的干部中,一定要提倡为人民服务,献身国家的精神,秉公执法,廉洁奉公,两袖清风,一尘不染。坚决抵制各种各样的经济诱惑和偷税等违法行为,以保证国家的各项税收法规的顺利实行。

4. 提高征管工作的科学性

税收征收管理工作应逐步向法制化和现代化的方向发展,提高征管工作的科学性。

(1) 征管制度要逐步法制化

《中华人民共和国税收征收管理暂行条例》对税务登记、纳税鉴定、纳税申报、税款征收、账务和票证管理、税务检查、违章处理等都做了明确规定。这些规定,对逐步实现征管制度的系统化、法制化奠定了重要的基础。为了正确贯彻执行这个条例,有关部门还应尽快制定实施细则和单项征管法规,使各项征管活动都有法可依,以增强征纳双方的法制观念。加强征管工作的严肃性,尽快使征管制度逐步实现法制化。

(2) 征管形式和征管方法要多样化

确定征管形式和征管方法应贯彻三条原则：一是有利于依法办事，依率计征，有效防止偷税漏税；二是要简便，提高征管效率，既要方便纳税义务人，也要便于税务机关进行征收管理；三是要节省征收管理费用。

《中华人民共和国税收征收管理暂行条例》规定，税务机关对税款的征收管理可以采取驻厂管理、行业管理、分片管理、巡回管理等形式。这些形式税务机关过去都曾采用过，并且是行之有效的。现在，有些同志提出，根据目前形势的发展，过去实行的专管员"一人进厂，各税统管"的"征管合一"的形式，应当逐步改变为将税款征收、税务登记等工作集中处理，其余大部分力量专门用于管理和检查的"征管分离"的形式。我们认为，这种改变可能更适应目前某些城市对征管工作提出的要求，因此，可在一些城市进行试点。看来，在今后一个时期，很可能出现"征管合一"和"征管分离"两种征管形式并存的局面。

征管方法应按照前述三条原则和纳税义务人的生产经营状况和财务管理水平具体确定。主要方法有：查账征收、查定征收、查验征收、定期定额征收以及代征、代扣、代缴。目前，由于承包、租赁形式的发展，部分税源有由集中变为分散的趋势，如何加强征收管理是值得研究的一个新课题。城乡个体工商业已发展到1100多万户，点多面广，应加强对它们的纳税管理，抓好建账建制工作。

(3) 征管手段要逐步现代化

征管手段现代化，主要是指税务部门的交通工具和信息手段要逐步实现现代化。信息系统的建设是税收征收管理工作的重要组成部分，充分而又及时地搜集和利用税收信息资源才能取得税收征管工作的主动权。在纳税义务人，尤其是外商，有先进的信息传递设备，而税务机关的信息设施和交通工具都比较落后，因此，对纳税义务人的经济活动难以掌握，同时，各地税务部门之间也不能及时交流税务信息。这种状况应该尽快改变。应该积极创造条件，在税务部门，特别是税务首脑部门和涉外税务部门尽快建立运用电子计算机和微电脑管理技术系统。

同时，还应重视税收征管资料的整理和保管工作。搞好这项工作对于正确评价过去的征管成果，改进今后的工作和反馈经济及税收信息、为宏观经济管理服务都有重要的意义。

（原载《税务研究》1987年第4期）

税制改革与价格改革

税制改革与价格改革都是经济体制改革的重要组成部分，同时二者又有密切的关系，如何把二者的改革和关系处理好是一个重要的问题。20世纪60年代初期，中国由经济学界和实际工作部门的同志曾就这个问题进行过热烈的讨论，现在，随着税制改革与价格改革的推进，再次提出了这个问题。不过，这次提出这个问题不是作为一般理论问题，而是作为实践问题提出来的，也就是说这个问题已经到了非解决不可的时候了。同时也应看到，现在也确实有了解决这个问题的有利条件，这不仅是指实际工作部门经过多年实践积累了丰富的经验，而更重要的是指党的十二届三中全会作出了《关于经济体制改革的决定》（以下简称《决定》）。这个《决定》不仅指出了按照有计划的商品经济模式改革现行经济体制的方向和原则，而且也为建立具有中国特色的社会主义税收体系和价格体系指明了方向。我们应该根据《决定》的精神，认真搞好税制改革与价格改革，使税收与价格在发展社会主义有计划的商品经济中发挥更大的作用。

一　几年来税制改革的情况

税制改革是解决国家与企业关系问题的突破口。

党的十一届三中全会以前的20多年内，我们对国家与企业的关系问题，总的来说，没有很好地解决。国家对企业集中过多、统得过死是这个时期经济体制的主要弊病。由于这些弊病的存在，中国的经济和政治生活中存在许多矛盾的现象。如：一方面要求企业按照社会化大生产规律组织商品生产和流通，另一方面地方和部门却对企业干涉过多，影响企业专业化协作和改组；一方面企业生产技术水平低，经营管理落后，另一方面却对技术进步和改善经营管理不那么关心；一方面工人阶级当家做主，另一方面他们的积极性和创造性却没有充分发挥出来，劳动生产率很低；一方面国家资金短缺财政困难，另一方面企业浪费资财的现象十分严重，等等。党的十一届三中全会决定采取一系列重大措施，逐步解决这些问题。

但是，要全面解决这些问题，需要计划、价格、流通、劳动人事和财政分配体制以及企业领导体制等方面进行一系列的改革。而在这些复杂的改革中，既要求相互配合又要求某项改革先走一步，有一个突破口。我们从1978年以来进行的经济体制改革，首先是从利益分配即从财权分配上突破的。这也就是说，正确解决国家与企业的分配关系是解决国家与企业关系问题的突破口，而解决国家与企业的分配关系又是从重点抓税制改革（利改税）开始的。

大家知道，从1979年到1982年下半年，大多数省、市、自治区都进行了利改税的试点。试点的形式多种多样。其中有不少地方的试点是在党的十一届三中全会精神鼓舞下自发搞起来的。这说明当时实行的分配制度是不适应生产力发展的要求的。当时实行的是"统收统支"制度。所谓统收统支制度，就是企业无论盈利多少，都要统统上缴，无论支出多少，都要统统申请拨款，亏损由国家拨补的制度。在这种制度下，企业要想得到发展和好处，只有通过所谓"外向性"（向上要）解决。人们形容当时的情况是"年初争钱，年中到手，年底突击花"，结果国家钱没少花，但经济效益很差。所以，统收统支制度是一种典型的"吃大锅饭"的制度。第一批试点企业就是从统收统支基础上进行"利改税"试点的。试行"利改税"后，企业的纯收入在国家与企业之间如何分配都有明确的规定，这样企业要想得到发展和好处，就只有从搞好自己的生产经营战略和管好用好留用资金上找出路，即只有从"内向性"上想办法。企业由"外向性"开始转向"内向性"是"利改税"初期试点阶段的一个重要成果，也使人们在处理国家与企业的分配关系方面得到重要的启示。后来，又有大批企业从利润留成的基础上进行了试点。实行利润留成制度比实行统收统支制度，无疑是一个很大的进步。但是，实行利润留成有个如何确定留成的基数和比例的问题，在经济情况发生变化后，还有个如何调整基数和比例的问题。由于企业的情况千差万别，这些问题都很难得到合理的解决。因此，企业仍然把很大的精力花在"外向性"方面，不过形式有所改变，过去是争投资、争项目，现在是炒基数、争比例。可见，利润留成的办法也不能使国家与企业之间的分配关系稳定下来。这批试点企业试点的内容比第一批要广泛得多，因此，它们不仅取得了比第一批试点企业更好的效果，而且发展了第一批试点企业的经验，提出了实行"独立核算，国家征税，自负盈亏"的问题，在解决国家与企业分配关系方面，前进了一大步。与此同时，财政经济学界对"利改税"问题也从理论上进行了广泛热烈的讨论。目前，应该对我们税务队伍进行"秉公执法、廉洁奉公"和职业道德的教育。

1982年11月底，第五届全国人民代表大会第五次会议对"利改税"来说是一个重要的转折点：如果说在此之前的三年多时间是"利改税"的酝酿、讨论和试点阶段，那么从这次会议以后即进入全面实施的阶段。这次会议肯定了"利改税"的方向，并决定这项改革，对国营大中型企业，要分两步走。根据这次会议精神，从1983年开始，对国营企业实行了"利改税"的第一步改革。这步改革的主要内容是：凡有盈利的国营大中型企业，均根据实现的利润，按55%的税率缴纳所得税。企业缴纳所得税后的利润，一部分上缴国家，另一部分按国家核定的留利水平留给企业。上缴国家的部分，根据企业不同情况，分别采取递增包干上缴、固定比例上缴、缴纳调节税、定额包干上缴等办法上缴国家。对有盈利的国营小型企业，根据实现的利润，按8级超额累进税率缴纳所得税。交税以后，由企业自负盈亏，国家不再拨款，但对税后利润较多的企业，国家可以收取一定的承包费。

这步改革，是新中国成立后第一次向国营企全面开征所得税，也是国营企业由上缴利润制度改为缴纳所得税制度的开始。这步改革取得了很好的效果：正确处理了国家、企业和职工的利益关系，保证了国家财政收入的稳定增长，调动了企业和职工的积极性，经济得到了较快的发展。但是，"利改税"第一步改革还是很不彻底的。主要是税种比较单一，税收的调节作用发挥不够，税后利润的分配办法仍然比较纷繁，税利并存，国家同企业的分配关系还没有定型。

因此，国务院决定从1984年第四季度开始进行了利改税的第二步改革。

"利改税"第二步改革，无论在广度上还是在深度上都比第一步改革前进了一大步。但其目的同第一步改革一样，都是为了克服两个"大锅饭"的弊端，正确解决国家与企业的分配关系，并把这种关系用法律的形式和税收的手段固定下来，尽快给企业创造"自主经营，自负盈亏"的条件，调动企业和职工的积极性。

"利改税"第二步改革的基本内容是：将国营企业应当上缴国家的财政收入按11个税种向国家交税（但对城市维护建设税、房产税、土地使用税、车船使用税等四种地方税，保留税种，暂缓开征，个别地区已经试征的，继续试征），由"税利并存"逐步过渡到完全的"以税代利"，税后利润归企业自己安排使用。具体说来，这项改革的内容，可以概括为以下五点。

1. 将工商税按性质划分为产品税、增值税、营业税和盐税等四种税，使各个税种都能充分发挥自己调节经济和组织收入的作用。

产品税是当前税制结构中的一个重点税种，它的收入占整个财政收入的将近一半。对产品课税是中国始终坚持的一项课税制度。过去的货物税、商品流通税、工商统一税及工商税都具有产品税的性质。但是自1958年以后，几经简化合并，把原来按产品设置税目改为按行业设置税目，削弱了产品课税制度的经济杠杆作用。现在把它从工商税中分解出来，是对产品课税制度的一项改革。

增值税是适应生产结构的调整和促进专业化协作生产的发展，并吸收国外经验和我国试点经验而从工商税中分解出来的一个新税种。它与产品税不同，它不是按产品销售金额征税而是按产品销售额中的增值部分征税。这样就可以排除销售额中重叠征税的因素，使同一种产品，不管生产结构如何调整，是全能生产还是协作生产，其所含税负相同。增值税，从1980年开始，已先后在机器机械、农业机具两个行业和缝纫机、自行车、电风扇三项产品中试行，现准备在条件成熟的行业和产品中逐步推广。

调整产品税、增值税的税目和税率是"利改税"第二步改革的一项重要内容。通过这次改革，税目的设置进一步划细，税率也做了比较大的调整。

营业税是属于恢复性的税种。但在这次改革中也做了一些改进：一是适当扩大了征收范围，二是对批发环节的征税办法由历史上的按销售金额征税改为按进销差额征税。

盐税是一个古老的税种，但新中国成立30多年来，没有正式立法，这次改革把它从工商税中划出来单立条例，对健全法制是很必要的。

2. 开征资源税。这是在"利改税"第二步改革中新设置的一个税种。开征资源税的目的，主要是把资源开发企业由于自然条件优越而形成的级差收入，通过税收手段收归国家，以排除因资源因素而造成的利润分配的苦乐不均，同时，有利于企业加强经济核算，有效地管理和合理地利用国家的自然资源。目前，资源税的征收范围只限于原油、天然气、油母页岩、煤炭、黑色和有色金属矿产品。

3. 国营企业所得税。这是在"利改税"第一步改革中建立起来的税种。这次改革，又在内容上做了一些改进。

4. 调节税。这是在"利改税"第一步改革中建立起来的对大中型国营企业开征的一个税种。按其性质说是对国营企业所得税的补充。在这次改革中，把企业比上年增长部分利润的减征比例由60%提高为70%，把计算方法由环比改为定比，一定七年不变。

对调节税的税率如何确定，是一个有争论的问题。有些同志主张全国制定一个统一的税率，不要搞一个企业一个税率。但经过反复测算，由于矛盾很多，最后还是确定一个企业核定一个税率。

5. 对国营小型企业的划分标准适当放宽，国营小型企业按新设计的8级超额累进率缴纳所得税。

以上就是在"利改税"第二步改革中新开征、恢复和保留的11种税（产品税、增值税、营业税、盐税、资源税、国营企业所得税和调节税以及四种地方税）的情况。从这些改革内容看，"利改税"第二步改革已不仅是"利"改"税"，而且也是工商税制的改革。这11种税加上原来继续执行的10种税（工商所得税、外国企业所得税、中外合资企业所得税、个人所得税、烧油特别税、建筑税、奖金税、屠宰税、牲畜交易税、集市交易税），中国实际执行的工商税共有21种（不包括农业税和关税）。但这些税种的征收对象不同,具体到某个企业实际缴纳的税种并不多,一般只有三五种。

"利改税"已经实行了两年多的时间,从这段时间的实践情况看,两步"利改税"是成功的。它使国家与企业的分配关系用法律形式固定下来,从而可以保证国家财政收入在生产发展的基础上稳定增长,也可以使企业在生产发展、效益提高的基础上不断增加收入,通过改革,增强了企业的活力,使企业向自主经营、自负盈亏前进了一大步,同时改变了原来的单一税制同商品经济和多种经济形式的发展不相适应的矛盾。当然,这些改革也有不足的地方,有待今后进一步完善和改革。

在"利改税"第二步改革中,曾经提出在价格不大动的情况下,通过税收把企业由于价格不合理而形成的一些收入收归国家财政,缓解目前由于价格不合理而带来的矛盾。前面提到"调整产品税、增值税的税目和税率是'利改税'第二步改革的一项重要内容"。调整税目、税率,提高产品税、增值税在财政收入中的比重,并规定"任何企业或单位都不得以税收的增减为理由,自行变动物价",一个重要目的就是缓解由于价格不合理而带来的一些矛盾。现在有些同志问用税收代替价格的某些作用对不对?用税收代替价格的某些作用有利于价格改革还是不利于价格改革?我们认为这是一个值得探讨的重要问题。从理论上说,价格与税收是两个不同的经济范畴,二者是不能互相代替的。但是在现行的价格形成制度和税收制度情况下,用税收办法在一定限度内缓解价格不合理带来的矛盾不是不可以的。因为它虽然不能从根本上解决价格不合理而产生的各种矛盾,但它确实在一定程度上缓解了由于价格不合理而造成的有些企业生产经营并不出色却获得了较多的盈利,而有些企业虽然尽了很大的努力也得不到相应利润的矛盾,同时也有利于企业贯彻按劳分配的原则。这是在价格很不合理而又一时无法改变的情况下采取的措施,而采取这种措施之所以可能，是由于现行的价格形成制度和税收制度决定的。中国现行的价格形成制度是把价格同税收拴在一起的制度，这就为二者互相代替提供了可能。因此，我们觉得问题不在于二者能否在一定限度内互相代替，而在于这种价格形成制度与税收制度是否适应有计划的商品经济发展的要求。下面我们来探讨一下这种制度的形成过程及其产生的后果。

二　价格与税收拴在一起的制度的形成及其产生的后果

中国现行的价格制度是把税收同价格直接拴在一起的制度。我们认为，这是造成价格体系中许多商品的价格既不反映价值，也不反映供求关系的一个重要原因。这种制度在传统的经济体制条件下，已经暴露出许多缺陷，在逐步转入新的经济体制的过程中，它将既不利于有计划商品经济的发展，也不利于国家财政状况的稳定的制度。

中国的这种使价格与税收直接拴在一起的制度是20世纪50年代从苏联学来的。在苏联采用这一种制度是同苏联经济学界和实际工作部门对社会主义条件下应该如何利用价值规律的认识分不开的，也就是说是与苏联的价格形成理论分不开的。

长期以来，苏联经济学界和实际工作部门对如何利用价值规律和价格形成理论是有不同看法的。概括起来，有两种尖锐对立的意见。一种意见认为，社会主义的价格应该以基本符合价值为原则，因为只有这样才能对产品生产过程中费用和效用的关系作出正确的考核，只有这样才能正确地反映各类产品之间也就是各个经济部门之间的比例关系。另一种意见则认为，社会主义的价格应该背离价值，因为社会主义国家要有意识地运用价格与价值的背离来指导生产，指导消费。苏联经济学家斯特鲁米林就是后一种观点的代表。他认为："价格的完全符合价值的法则，对于现在生产的比例的改变是不能产生任何特别的刺激作用的，这等于放弃了一切价格政策。""价格不背离价值便无价格政策。"意味深长的是,两种观点虽然针锋相对,势不两立,但却都认为自己的观点是最符合价值规律的要求的。

在这两种对立的观点中,后一种观点始终占有统治地位。这种观点之所以能够占统治地位,主要是因为它是以这样的理论面貌出现的:价值规律在资本主义社会是自发地起作用的,在社会主义社会是被自觉地利用来为社会主义服务的,而由"自发"变为"自觉"的标志就是国家可以有意识地使价格背离价值。在特定的政治和经济条件下,以这种理论面貌出现的观点是很容易被大多数人们接受并成为制定价格政策的理论依据的。

那么,如何使二者背离呢?办法可以有多种。其中,经常使用的重要办法之一就是把价格作为分配的重要杠杆来使用,把价格同税收紧紧地拴在一起,用价格代替税收的部分职能,使一些产品的价格低于价值,使另一些产品的价格高于价值,从而达到使二者背离的目的。这一点在苏联高等院校的一些教科书中是讲得很清楚的。"国营企业的缴款由周转税和利润缴款这两个主要部分组成。按其经济内容来说,它们是一样的,因为都是纯收入的组成部分。区别在于,它们被征收到预算中去的方式不同。而征收方式则取决于价格形成制度。"[①] 又说:"周转税乃是社会主义经济的货币积累的一部分,它作为国家集中性收入包含在商品的计划价格中"。[②] 这里讲的是对国营企业。其实,采用价格背离价值、用价格代替税收部分职能的做法,不仅适用于国营企业,而且也适用于集体农庄,但是二者表现形式不同。对集体农庄是采用价格低于价值的不等价交换的形式,而对国营企业则是采用把税收包含进商品的计划价格中去的形式。那么,周转税是如何具

[①] [苏] M. K. 金尔麦涅夫主编:《苏联财政》,王蓉芳、陆南泉译,中国财政经济出版社 1980 年版,第 276、278 页。

[②] 同上。

体地被包含进商品的计划价格中去的呢？"周转税主要由生产人民消费品的工业部门来缴纳，这是由现行的价格形成制度决定的。这项缴款的计算和征收，与现行价格制度有着紧密的联系。目前，第一部类企业所生产的生产资料部分的价格，建立在低于社会生产费用的水平上。食品工业和轻工业部门，是第一部类企业所销售的较为便宜的机器燃料和原料的消费者。因此，在它们的销售进款总额中，除这些经济部门创造的纯收入外，实现了重工业部门所获得的一部分纯收入。此外，在轻工业和食品工业的销售进款中，还实现了由农业和其他国民经济部门的工作人员创造的一部分纯收入。结果，创造剩余产品的地方，同它实现的地方是不吻合的。因此，第二部类企业生产的商品中的纯收入数额，比它们实际创造的要多。这具体表现在生产人民消费品的企业的价格和周转税数额高于正常的水平"。[①]

从这些引证可以看出，苏联的价格与税收直接挂钩制度的形成过程和理论依据。苏联是把价格作为重要的分配杠杆来使用的。周转税制度是由苏联现行的价格形成制度决定的。价格背离价值是周转税存在的前提。这些理论观点对中国的价格形成理论和实践是有很大影响的，对中国的税收理论和实践也是有很大影响的。那么，这种观点到底是正确的还是不正确的呢？

我们认为把价格背离价值看作是自觉利用价值规律的观点以及把税收的部分职能同价格政策搅在一起的观点，无论在理论上还是在实践上产生的后果都是不好的。

从理论上说，价值规律是商品生产和商品交换的基本规律。价值是价格的基础，价格是价值的货币表现。在有商品生产和商品交换的地方，都须尊重价值规律和等价交换的原则，也就是要求价格和价值基本相符；而税收是国民收入分配和再分配的范畴，

---

① ［苏］M. K. 金尔麦涅夫主编：《苏联财政》，王蓉芳、陆南泉译，中国财政经济出版社 1980 年版，第 280 页。

如何分配，是根据某个时期社会的共同需要确定的，而不是根据商品生产和商品交换的原则确定的。这是两个完全不同的经济范畴。但是按照价格与税收直接挂钩的理论，硬把税收与价格拴在一起，使税收成为价格的一个组成部分，从而把价格背离价值作为自觉利用价值规律的标志，作为一种政策目标加以贯彻，这实际上是不尊重价值规律和分配规律的表现。

这种理论是建立在物价部门对全国数十万种商品的劳动生产率、供求情况以及它们的变化和全国财政情况都能够了如指掌的基础上的。实际上物价部门是不可能做到这一点的。国家计委管生产管了几十年，但是在几十万种商品中，真正能够通过精确计算具体安排生产的只有几十种。[1] 而计算商品的劳动生产率和市场供求情况要比计算生产量困难得多，计算和确定各种商品价格背离价值的幅度可能困难更大，因为其中有许多不确定的因素。因此，向物价部门提出这样的要求是不现实的，也是无法做到的。如果一定要勉强去做，那么只能产生官僚主义的价格政策，并且使价格这个"晴雨表"失灵。

对于把价格同价值的背离看作是周转税存在前提的观点，在苏联也是有不同的看法的。

20世纪60年代初期，苏联经济学者格·勒·拉比诺维奇提出，即使所有商品的价格都根据它们的价值规定，周转税作为社会纯收入和上缴预算的形式仍将是必要的。"许多商品的价格背离价值，并不是周转税存在的前提，而只会改变它的结构。"[2] 我们在前面引证过的《苏联财政》教科书也说："周转税不一定都是与价格背离价值的过程相联系的。甚至假定说，商品的全部价格与它们的价值相符合，那也不会使利用周转税作为征收一部分积

---

[1] 薛暮桥：《中国社会主义经济问题研究》，人民出版社1983年版，第147页。
[2] ［苏联］格·勒·拉比诺维奇：《周转税的经济本质及其实现途径》，莫斯科世界出版社1965年版，第19页。

累缴入国家预算的工具成为不必要。"① 我们认为这些观点是正确的，因为这些观点指出了价格背离价值不是周转税存在的前提，从而也说明税收与价格拴在一起并非是客观经济过程的要求。但是如果承认这些观点是正确的，那么就应该承认现行的价格形成制度硬把二者拴在一起的做法是不正确的。在同一本教科书中，前后出现这些自相矛盾的说法，不能不说这是理论上不成熟的表现。

从实践上看，这种把价格背离价值看作是自觉利用价值规律并把税收的部分职能同价格搅在一起的观点，在苏联和中国产生的后果也是不好的。

第一，它使一些经济工作人员和计划工作人员不尊重价值规律和等价交换的原则，随意定价。比如，在苏联有人竟然提出："一吨谷物的价格差不多和一吨棉花的价格一样，同时一吨谷物的价格和一吨面包的价格相等"这样令人惊异的建议，就是典型的例子。

第二，原以为把价格背离价值作为一种政策目标可以大大发挥价格对国民经济的调节作用，促进各个经济部门协调发展，但结果是事与愿违，由于价格长期背离价值恰恰削弱了价格的调节作用，或者说是起了"逆调节"作用，从而使苏联一些经济部门（如农业和原料、燃料等基础工业）长期落后，并且使另一些经济部门（如加工工业）畸形发展。

第三，把价格同税收拴在一起还会影响企业正常的生产经营和国家财政状况的稳定。因为要保持国家财政收入的稳定，就不能允许企业根据劳动生产率和市场供求情况以及这些情况的变化随时调整价格，然而不允许企业有一定的制定和调整价格的权力是不利于企业进行正常的生产经营活动的，也是不符合有计划的

---

① [苏] M. K. 金尔麦涅夫主编：《苏联财政》，王蓉芳、陆南泉译，中国财政经济出版社1980年版，第28页。

商品经济发展的要求的；但是如果允许企业有制定和调整价格的权力，那么，税收收入和财政补贴也将随着价格的变化而变化，财政状况就会是不稳定的。

价格与税收直接挂钩制度的产生不是偶然的，它是适应产品经济观念要求的产物。

苏联在某些时候虽然也强调过要发展商品生产和商品流通，但是总的来说它们是把商品经济作为计划经济的对立物来看待的。因此，即使在承认商品生产和商品流通还有存在的必要的时候，也总是小心翼翼、如履薄冰似地认为它只不过是向产品经济和产品交换过渡的需要。必须"用逐渐过渡的办法使产品交换制来代替商品流通，使中央政权或其他某个社会经济中心能掌握社会生产的全部产品来为社会谋福利，要一步一步地缩小商品流通的活动范围，而扩大产品交换的活动范围"。

产品交换不是以价值为尺度的交换。因此，要实行这种制度必须有同这种制度相适应的一整套制度来配合。长期以来，在苏联实行的计划体制上的统得过多过死、财政体制上的统收统支、商业体制上的统购包销、分配方面的平均主义，企业吃国家的"大锅饭"等都是同产品经济观念相联系的。价格与税收直接挂钩制度也是产品经济观念的产物。实践证明，这种产品经济产品交换的观念以及同这种观念相适应的各种制度都是不利于生产力的发展的。因此，应该用新的理论去更新它、代替它。

三　对今后税制改革和价格改革的一些看法

中国的税制改革已经走了两步，价格改革经过几年的准备，也已经起步。这些改革的共同指导思想是发展有计划的商品经济，进一步搞活企业，不仅调动企业和职工的积极性，还为国营企业逐步过渡到"自主经营，自负盈亏"创造条件。对今后税制改革与价格改革究竟该如何具体进行，现在有些措施已经明确，有些正在探索。

为了研究今后的税制改革与价格改革,我们认为,回顾一下 20 世纪 60 年代初期对这个问题的讨论情况也许是有益的。

20 世纪 60 年代初期的讨论范围还是很广泛的。主要包括:社会主义条件下存在不存在价值的转化形态——生产价格、怎样正确计算各类产品的价值、级差地租和价格政策、物价政策和税收政策等。不过,当时对这些问题的讨论主要是从如何加强企业经济核算和如何考核企业的经济效果等角度进行的,而不是从如何有利于商品生产和商品交换的角度进行的。因此,这个讨论虽然带有明显的历史特点,但也涉及价格形成理论和价格与税收的关系等重要问题。

当时讨论的一个重要问题是,怎样制定价格才能使各个企业有同等机会取得大体相同的利润。国营各生产单位由于客观条件不同(主要指自然资源丰瘠、技术装备高低和经营管理好坏不同所造成的差别),它们生产同一件产品所消耗的社会劳动往往不同。如果各类产品都按全社会的必要劳动制定价格,那么各生产单位所得到的盈利就会多少不同,甚至有的还要亏本。为了督促各生产单位注意经济核算,努力用最少的社会劳动消耗取得最多的使用价值,必须使它们有同等的机会来取得大体上相等的利润。那么在价格制定上究竟应当采取什么办法,才能做到这一点呢?当时提出的办法有下列四种。

第一,对客观条件不同的各生产单位所生产的同样产品,分别制定不同的价格。即根据各单位的不同的客观条件,核实生产成本,并加上合理的盈利,来为它们分别制定高低不同的出厂价格(对农产品是收购价格)。同时要根据同质同价的原则再对各类产品制定统一的供应价格(或销售价格)。也就是说,国家须采取两种价格制度:出厂价格按各生产单位的不同条件分别制定,供应价格则按同质同价的原则统一制定。

第二，对客观条件不同的各生产单位所生产的同样产品制定统一的价格，国家根据各生产单位的不同的客观条件，分别规定不同的盈利上缴任务。国家对同类产品征收同额的商品税，盈利扣除税金以后就是企业的利润。

第三，国家对客观条件不同的各生产单位规定高低不同的税率，使各生产单位在经营管理水平相等的条件下，可以大体上得到相等的利润。简单些说，第二种办法是税同利不同，第三种办法是利同税不同。

第四，采用征资金税的办法，代替第三种办法。

上述四种办法，除第二种办法是当时实际实行的办法外，其他办法都是设想，都未实现。

当时讨论的另一个重要问题是：根据哪一种盈利率规定各类产品的价格最符合产品的价值。大家都认为，为企业规定的产品价格不但应该保证企业能够收回生产成本，而且应该保证企业能够取得一定的盈利。计算企业的生产成本并不困难。计算各类产品价格中所包含的盈利数额则很困难。所谓困难，不仅是指计算技术上相当复杂，而且是指理论上有很多争论。当时设想的盈利率有三种：平均工资盈利率、平均成本盈利率、平均资金盈利率。但是究竟应该根据哪一种盈利率来规定各类产品的价格，看法很不统一。

20世纪60年代初期的那次讨论是有意义的。当时提出的制定价格要考虑企业的不同的客观条件，要使企业有同等机会取得大体相同的利润等原则，以及为实现这些原则而提出的"四种办法""三种盈利率"，至今仍给人以启迪。但是那次讨论也有缺点。其中一个重要缺点就是把价格形成与财政分配常常混淆在一起。而把二者混淆在一起，不仅无法正确制定价格，而且有时还会把事情搞得很复杂（比如上面说到的第一种办法，要求根据不同的客观条件分别定价，实际上是行不通的）。我们认为，从价格形成方面看只能是同样产品制定统一的价格,这种统一价格应该根据生产成本加平均资金盈利率(参考工资盈利率和成本盈利率)制定。至于企业由于自然条件不同而形成的级差收益、由于技术装备高低不同而形成的价格政策(如对烟酒)而形成的收入,那是属于财政分配方面的问题,应该由国家通过税收手段收归国有,是不应列为价格形成因素的。现在看来把价格形成与财政分配分开处理,有利于做到使企业有同等机会取得大体上相同的利润,也有利于今后税制改革和价格改革。

今后的税制改革与价格改革,我们设想,可能要分两步走。第一步是税收、价格各家搞各家的改革,当然也要互相配合;第二步可能是两家结合起来进行改革。下面我们着重从税制改革的角度,谈点初步看法。

第一步改革:在保持现行税制基本格局的基础上,实行进一步的完善和改革。其内容是,在现行的21种税的基础上,再进行以下一些调整和改革:(1)扩大资源税的征收范围。资源税不仅应对有级差收入的企业征收,而且应对所有占用国家资源的企业征收。(2)开征固定资金占用税。(3)扩大增值税的征收范围。(4)有计划地开征有利于宏观控制和调节收入的某些特别税。(5)逐步取消大中型国营企业调节税。(6)开征社会劳动保险税。

这里有三个问题需加以说明。

1. 关于开征固定资金占用税的问题

对开征这种税,历来有不同看法。由于认识不一致和实际工作中存在一定困难,过去几次开征都未能坚持下去。现在对开征这种税也有反对意见。反对意见主要有两条:一条是目前企业资金盈利率低,如果开征这种税,企业亏损面将会增加;另一条是企业占用固定资金多的原因是多方面的,而由于上级决策失误等客观因素造成的是多数,因此,不应苛求企业。

我们认为，这些看法有一定的道理。但是，从提高企业的素质考虑，我们还是主张开征。因为开征这种税，并使这种税的开征同企业的经济利益联系起来，这对企业合理调剂使用现有设备、改进生产经营决策，对促进技术进步，对提高资金使用效果以及加强对改建、扩建或新建项目进行可行性研究等方面都会有很大的好处。开征它固然会产生一些新的矛盾，但矛盾摆在明处不难解决，如不开征，那么企业占用资金多、资金盈利率低的问题很难解决，自负盈亏很难实现，企业素质很难提高。当然，在开征时也要从实际情况出发，充分考虑企业盈利水平不同等具体情况，在税率设计、征税范围、减免条件等方面都要考虑企业的承受能力。

2. 关于逐步取消大中型国营企业调节税的问题

有些同志反对取消这种税。他们认为这种税的存在，主要是由两个不平衡决定的。一个是企业盈利水平不平衡，一个是企业需要的留利量不平衡。通过价格改革和产品税、资源税、所得税的调整，虽然可以缩小企业盈利水平高低的差距，但是不可能通过统一的税率把企业的留利量调节到合理的限度，因此，一户一率的调节税是不能取消的。

我们认为，调节税在保证国家财政收入方面起了积极作用，同时它具有灵活性，确实能够较好地解决上述两个不平衡问题。但是它也有很大的缺点。一个缺点是不利于调动大中型骨干企业特别是生产经营比较先进的骨干企业的积极性。因为现行调节税的税率是用"倒轧账"的办法，按户设计的。一个企业一个税率。越是先进的企业，税率越高。另一个缺点是就税制本身来说不配套。现行的 21 种税应该是一个服从统一改革指导思想的体系。各个税种之间应当密切配合，不应发生矛盾。但是调节税恰恰不能满足这个要求。比如，在第二步"利改税"中，根据国家的奖限政策和价格不合理的情况，曾对产品税和增值税的税率进行了较大幅度的调整,这对于发挥税收的调节作用,缓解目前价格不合理带来的矛盾,无疑都具有重要的意义。但是又用"倒轧账"的办法,设计了一户一率的调节税,就会把产品税、增值税的作用抵消,即会把企业在产品税、增值税中得到的好处,在调节税中又被征走。因此,我们主张逐步取消调节税。但是在取消这种税时,要尽量注意设法解决前面提到的两个不平衡问题。

3. 关于开征社会劳动保险税问题

现在中国还没有建立社会劳动保险基金(目前主要是退休金,伤残职工抚恤金,以后还有破产企业的职工的生活救济费等)的正常提取和管理制度。在全民所有制企业,平时也不提取,在职工退休后,其退休金由企业"营业外支出"项目中列支。我们主张开征"社会劳动保险税"以形成国家劳动保险基金。国家利用这些基金,统一解决退休职工和破产企业职工的社会保障问题,从而改变目前退休金由各个企业自己解决的办法。"社会劳动保险税"在国营企事业单位和城镇集体所有制单位,按职工基本工资的一定比例强制征收,并同职工基本工资一样列入产品成本。

第二步改革:在传统的经济体制逐步转到有计划商品经济体制的基础上,税制改革与价格改革结合起来进行。总的要求是基本上不再把价格作为分配的杠杆来使用,降低产品税在财政收入中的比重,加强所得税的作用,逐步地使价格与产品税脱钩。二者脱钩以后,价格政策应主要考虑如何使价格正确地反映价值和供求关系,这样既可以使价值规律和等价交换的原则得到尊重,避免随意定价,又可以给生产者和消费者提供正确的信息。当然,这样说也不是要求所有的商品都机械地按价值定价,在某些情况下如果客观经济过程确实有需要,价格的制定也是可以考虑税收因素搞价内税的,但这只应是少数情况;属于税收和财政等分配方面的问题,应由国家根据社会的共同需要考虑确定。这样一来,现行的价格制定与税收制度都可能发生较大的变化。比如,从税收方面说，现行的按产品计征的税种的作用要削弱，而按所得和收入等计征的税的作用要加强，这是同现行的税收制度有较大不同的。

有些同志认为，削弱按产品计征的税种的作用，加强按所得计征的税种的作用，适应资产阶级国家的需要，不适应我们国家的需要。我们认为这种看法不对。加强所得税制度并把这个制度用活，是商品经济发展的要求。所得税制度在近半个世纪内已经发展成为经济发达国家的主要税种，绝不是偶然的。这种变化与其说是由于资产阶级国家的需要，不如说是由于商品经济发展的需要。马克思早就说过，由于商品经济的发展，"间接税制度就同社会消费发生了双重的冲突"。在国境上，它"破坏或阻碍同其他国家进行自由交换"。在国内，它"破坏各种商品的对比关系，损害自由竞争和交换"。因此，"消灭间接税制度就愈来愈有必要了。直接税制度应当恢复"。

也许有些同志会问：价格与产品税脱钩以后，税收是否仍在价格中实现。我们说，税收是剩余产品价值的一部分，而剩余产品价值是价格的组成部分，所以，税收当然仍在价格中实现。不过，对个别产品如烟酒，为了体现"寓禁于征"，国家实行高税政策。这种高税是国民收入再分配的问题，不是一般的价格形成问题，所以也可以不在价格内实现，而采取"价外加税"的办法实现。

中国实行把产品税直接作为价格组成部分的制度已经多年，改变它是不容易的，改变它可能会引起价格与税收制度许多方面的变化，因此，实行这种改革应经过充分准备，不能操之过急。

（原载《价格改革与价格管理》，中国展望出版社1985年版）

广东省开展加工装配补偿贸易的情况和问题

广东省毗邻港澳，侨胞多，开展加工装配业务和补偿贸易，有极为有利的地理条件和社会条件。但是，在"四人帮"横行时期，由于他们推行闭关自守的政策，这些有利的条件，不能得到利用和发挥。粉碎"四人帮"以后，特别是自1978年下半年以来，广东省的对外加工装配业务和补偿贸易得到了迅速的发展。据广东省有关部门统计，从1978年9月至1979年9月底，同外商（主要是港澳商人，也有外国商人，我们在这里统称外商）签订来料加工装配合同1130项，引进多种技术设备价值5000万美元；补偿贸易合同19宗，引进设备金额2330万美元；合作和合资经营项目17宗，外商投资25000万美元。目前，不少项目已经竣工投产，全部加工装配合同实现后，可以收取加工费4亿美元。开展加工装配和补偿贸易，取得了很好的效果。

第一，引进了一批技术设备，促进了生产的发展。目前加工装配和补偿贸易多集中在轻工、纺织和电子等行业。这里以电子工业为例说明开展这些业务对技术改造和生产发展的影响。广东省电子工业是新兴的工业部门，基础比较薄弱，原来只能生产一些初级低档产品。某些高档产品，如电冰箱、洗衣机、空调机、彩色电视机、收录音机、电子手表、电子计算机、录音带等还不能生产，或已能生产但技术不过关。根据这种情况，省有关部门近一年来有针对性地组织引进了生产装配电视机和彩色讯号发生器、自动流水生产线、大型外壳压塑机；生产收录音机的中央讯号发生系统、自动波峰焊接机、立体声调试仪器；生产电子手表的自动、半自动金铝丝超声波焊接机、颗粒输送冷热风封胶机；还有生产装配电子计算机、录音带等的设备和技术。引进的设备和技术总值共为500万美元。这些设备和技术全部投产后，每年将生产彩色电视机8万台，黑白电视机12万台，电子手表300万只，收录音机200万台，电子计算机300万台，半导体收音机60万台，录音带860万盘，截至1979年10月底已向外商交货：电视机2.5万台，收录音机80万台，电子手表150万只，电子计算机40万台，录音带25万盘，半导体收音机25万台。共收取加工费240万美元。通过加工装配、补偿贸易还促进了老企业的技术改造。比如，广州市产的窗式空调机，过去由于有几个关键性的元器件不过关，产品不能进入国际市场，现在通过加工装配，解决了这些元器件，产品质量大大提高。通过以上事例，可看出，开展加工装配补偿贸易确实是提高生产技术，改进出口产品质量，增加出口产品品种的有效途径。

第二，扩大劳动就业，增加职工社员收入和国家外汇收入。全省到1979年年底可安排6万人就业。到1979年9月底，广州市已安排1万人，佛山市安排2500人，深圳市安排4000人，花县（现花都区）安排2000人。深圳市的沙头角镇除办各种加工厂安排就业外，还搞厂外加工，一年来平均每户收入加工费1530元港币。不少承接来料加工的工厂的工人工资月平均收入超过100元。东莞县（现东莞市）承接来料加工的大队的工人工资一般为70—80元。开展加工装配和补偿贸易还为国家增加了外汇收入，全省截至1979年9月底已结汇的加工费收入为708万美元，据估计到1979年年底可收入至4000万美元（扣除偿还进口设备款）。

第三，培养了技术人才，提高了企业经营管理水平。搞加工装配和补偿贸易的企业，一般都由外商负责培训技术干部和工人，有的还负责培训管理人员。这就使一批工人和干部学到了新技术和管理企业的经验。

一年来，广东省开展加工装配和补偿贸易有以下特点：谈的项目多、定的项目少；小的项目多、大的项目少；加工装配项目多、补偿贸易项目少。出现这种情况的原因是多方面的，但在目前是不可避免的。因为外商和我们都有一个互相了解情况、总结经验的过程。尽管如此，从上述情况看，开展这些业务的效果还是很显著的，我们应该总结经验，继续大搞。为了促使这些业务更好地开展，我们认为有以下五个问题需要研究。

一是制定补偿贸易规划。补偿贸易既是灵活的贸易方式，又是吸引外资的重要形式。这种形式运用得好，对我们是有利的。它的好处是可以把利用外资同引进技术设备结合起来；把进口与出口结合起来；可以少付现汇，减轻直接偿付本息的负担。目前由于中国对外商投资的具体政策和有关的经济立法未对外公布，同时由于中国发展国民经济的长期规划还有待制定，因此，政府级的大型的补偿贸易项目还不能签订，制定开展补偿贸易的长期规划是有困难的。但是，就目前已签订的中小型补偿贸易项目情况看，我们也需要有一个规划。因为我们搞补偿贸易的主要目的是利用外资，引进先进技术设备，为四化建设服务。究竟哪些项目为四化建设和当前调整国民经济所必需，而又需要用补偿贸易形式解决，我们应该心中有数。不然就无法改变"跟着外商走"的被动局面。当前开展补偿贸易的重点应放在有利于为发展对外贸易打基础的"拳头"——出口产品和加工品方面；应放在调整国民经济中已暴露出来的薄弱环节和技术空白项目方面；应放在那些投资少、见效快、利润大、创汇多的项目，如轻工、电子等行业方面。

二是国内能够生产的设备不要引进，引进的设备应该是先进的。现在已经投产的有些补偿贸易项目，不仅全套生产设备（包括国内能生产的部分）是引进的，甚至连桌、椅、电风扇等辅助设备也是引进的。这就不仅拖长了补偿期限，而且也不利于国内工业的发展。还有些企业引进的设备很落后，补偿期满将会变成废铁，工人的劳动等于白白被外商占有。一位加拿大籍的中山县（现中山市）人，看了一家用补偿贸易形式办的毛织厂后说："手摇毛织机每部800—1000元港币，三年扣还，那时也用废了，留一堆废铁有何益？实在令人痛心！"在加工装配中也有此问题。因为有些承接来料加工装配的企业，也往往要连带引进一些技术和设备。引进的技术设备价款，要从加工费中分期扣还。如果引进的技术设备不先进，扣还期满也同样有变成废铁的危险。

三是要利用外资，不要被外资利用。现在在补偿贸易和加工装配中，已经出现不是我们利用外资，而是我们被外资利用的问题。广州市汽车公司与香港新威汽车公司肖碧莲签订的经营出租小轿车合同就是一例。肖碧莲由驻香港的南洋商业银行借款购买小轿车100辆，交广州市汽车公司使用，合同规定，除由广州市汽车公司承担借款利息外，还给肖碧莲30%的纯利。这就是说，肖碧莲没有出一分钱的资本，却白白拿走30%的纯利。据了解，港商曹光彪以补偿贸易形式在珠海市兴建的香州毛纺厂，其资本750万元港币，也是从驻澳门的银行机构借来的，同样是利用我们的资金赚我们的钱。这是一条重要的教训。外贸、海关、银行和有关部门应该研究避免发生类似问题的办法。

四是关于加工费标准问题。加工费标准问题是开展加工装配的中心问题，也是外商同我们经常争执的问题。在这个问题上，承接来料加工装配的企业，必须十分清醒。现在，有些承接加工装配的企业，对加工费包括哪些项目是不明确的，实际上他们所说的加工费仅仅指的是工资和水电费，没有包括地租、房租、仓租、折旧费、管理费等项目，这就必然使加工收费标准过低。深圳二轻系统的服装厂接受香港仁泰公司汇辉厂来料加工纯棉上衣，男装每打（12件）加工费20元港币，每件1.66元港币，折人民币只有0.5元，童装每打16元港币，每件1.33元港币，折人民币0.4元，结果全厂职工每天工作10小时，星期天也不放假，每月所得加工费仅够支付工资和水电费；至于地租、房租、仓租、折旧费、管理费等都白送了。深圳皮具厂接受香港义合有限公司来料加工皮箱。每个只收加工费7元港币，比香港每个皮箱的计件工资还要低得多，更不要说其他费用了。现在，接受来料加工装配业务的，不仅有城镇的国营、集体企业，而且有大量的农村社队企业。农村社队的加工费标准，一般比城镇的还要低。特别是在劳动力有剩余的社队，不仅不收地租、房租、仓租、折旧费、管理费，甚至工资也是只照工分值制定的，显得更加不合理。因此，有关部门应该尽快研究制定合理的加工费标准。

五是加强调查研究，学会同外商做生意。开展加工装配和补偿贸易，必须掌握国外和港澳的商情。因为加工装配的收费标准，补偿贸易的补偿产品的价格，都同当时的行情密切相关。只有加强调查研究，及时掌握行情，才能不做或少做吃亏生意。应该有专门班子研究加工装配和补偿贸易的动态和问题。应该简化出境人员的审批手续。同时应该及时总结交流工作中的经验教训，真正学会同外商做生意。

（原载《财政研究资料》1980年第33期）

第三篇

一些国家（地区）财税体制改革经验

关于美国税制改革对中国
税制影响的研究

美国的税制改革方案经过两年的讨论和讨价还价，已于1986年10月23日经里根签署后正式生效。这是自1913年以来的70多年间在美国进行的最重大的一次税制改革，里根称之为"美国第二次革命"。这次改革，对美国的经济和政治可能产生的后果，现在虽然还难以预料，但是，人们都肯定它不仅将对美国经济而且将对世界不少国家和地区的经济产生重要的影响。因此，不能不引起人们的关注。

一　美国税制改革的理论依据

美国进行这次税制改革，不是偶然的。这里有税收制度方面的原因，也有政治和经济方面的原因，还有经济理论方面的原因。总括起来说，这次税制改革是近20年来，美国经济"滞胀"，凯恩斯主义者又拿不出解决的药方，因而供应学派和货币学派（现代货币主义）应运而生并得到广泛流行的产物。因此，这里有必要首先谈谈美国税制改革的理论依据问题。美国进行这次税制改革主要是依据供应学派的理论，同时也吸收了货币学派的一些观点。这标志着在美国凯恩斯主义虽然仍有一定的影响，但它的统治地位已暂时被供应学派所代替。凯恩斯主义统治资本主义世界的思想理论界近半个世纪之久，现在，在美国这样一个经济大国里被供应学派所代替，应该说是理论上的一个重要转折，不能不使人们对凯恩斯主义衰落和供应学派兴起的原因进行认真的分析。我们知道，凯恩斯主义是作为亚当·斯密学说的对立物出现的，它是垄断资产阶级的意识形态。亚当·斯密认为，所有的个人都是以利己心为动机的、从事经济活动的"经济人"；而"经济人"利己心的发挥是经由一只"看不见的手"来引导的。通过这种引导可以使社会走向私利与公益的和谐一致。也就是说，他认为通过市场机制和价格机制这只"看不见的手"的调节，而不是国家干预（包括税收干预），可以把千百万人追求个人利益（个人主义）的行为，纳入对全社会有利的轨道。但是，凯恩斯把资本主义社会存在的经济危机和"非自愿失业"归咎于"有效需求"不足，即归咎于消费和投资不足。因此，解决失业和经济危机的出路是扩大"有效需求"。但扩大"有效需求"不能仅靠市场经济的自发调节作用，而必须依靠国家对经济实行广泛的干预和调节。国家干预和调节经济，可以用立法和行政手段，也可用"国有化"的手段，但凯恩斯很注重使用预算税收的手段。他认为，不应把收支平衡作为理财的原则，只要能够增加国民所得，国家可以用发行公债、增加税收、扩大预算支出的办法刺激需求，对经济起"加速率"的作用，促进就业和消灭经济危机。应当承认，在生产相对过剩的历史条件下，凯恩斯的这些理论对于缓和资本主义社会生产与需求的矛盾，减轻经济危机的破坏程度，以及对战后资本主义经济的发展是起了一定作用的。但是，凯恩斯主义没有也不可能解决资本主义社会的基本矛盾，因此，也不可能消除产生经济危机和失业的根源。相反，由于长期推行赤字预算和国家干预政策以及军备竞赛的结果，使税收负担越来越重（目前发达资本主义国家税收占国民收入的比重一般都在40%—50%左右，公司所得税最高税率在50%—60%上下，个人所得税最高税率则为

70%—80%），而税收负担加重，必然影响资本家生产经营和进行投资的积极性和职工的工作积极性，因而，许多资本主义国家，包括美国在内，从20世纪60年代末以来，普遍出现了经济"滞胀"局面，所以，西方经济学界对凯恩斯主义发生了怀疑，甚至要兴师问罪。于是，供应学派应运而生。供应学派产生于20世纪70年代初，至今只有不到20年的历史。它的主要代表人物有美国哥伦比亚大学教授孟德尔、南加利福尼亚大学教授拉弗、哈佛大学教授和马萨诸塞州国家经济研究局局长费尔德斯坦、乔治城大学教授罗伯茨、国际经济政策研究中心研究项目主任吉尔德等人。由于这个学派产生的时间比较短，所以它还没有形成为一个有严密体系的经济学派。他们内部的观点也不完全一致。但是他们对孟德尔提出的用增加供给、减少政府干预、提高生产率来促进经济增长的主张；对反对凯恩斯通过国家干预经济、实行赤字预算、刺激需求的政策主张，却是一致的。一个主张"增加供给"，一个主张"刺激需求"，所以孟德尔和凯恩斯观点，刚好相反。供应学派（又叫供给学派）的名称，就是由"增加供给"而来的。

供应学派既然反对国家干预经济，反对实行赤字预算、刺激需求的政策，那么，合乎逻辑发展的结果必然是主张实行减税政策。事实也正是如此。减税是供应学派经济理论的基石。供应学派的理论家和政治代表拉弗认为在税率与税收收入之间存在一种函数关系，高税率不一定能够获得高收入。1974年，美国前总统福特的一位高级助手，在华盛顿饭店请拉弗详细解释一下自己的观点时，拉弗就在餐巾上把这种关系画在直角坐标图上，这就是有名的"拉弗曲线"（"曲线图"见本书《供应学派的税收理论研究》一文）。对于拉弗曲线的一般道理，经济学家们是能够接受的。问题在于如何从历史事实方面证明它是正确的，同时还要回答美国当时的税率究竟处在曲线的什么地方？只有回答了这个问题，拉弗的理论才能不仅在理论上，而且在实践上被人们所接受。

供应学派的头头们认为，从历史上看，降低税率而不减少税收收入，甚至还会刺激经济增长、增加收入的例子是很多的。第二次世界大战以后，美国的经济之所以能够顺利地转入和平时期，并得到较快发展，是同把战时的高税率很快转为低税率分不开的。他们还对 20 世纪 60 年代初期肯尼迪政府减税前后的税收资料和人均实际产出额资料进行了验证。结论是：肯尼迪减税的结果，使经济活动有巨大的扩张，而使税收收入无多大缩减。1949 年西德经济之所以能够开始复苏，是与西德财政部部长路德维希·艾哈德实行降低个人所得税的政策分不开的。日本经济开始复苏比西德晚些。原因是战后初期美国占领当局仍然采取很糟糕的高税政策。后来，日本接受了卡尔·夏普的建议，将个人所得税的最高税率从 85% 降至 55%，并且提高免税额；对企业废除超额利润税，并把税率降至 35%，对折旧费用根据物价指数进行调整，使日本的经济从 1950 年起开始复苏。那么，在 70 年代初美国的税率处在曲线的哪一端，是处在"禁区"，还是处在"非禁区"呢？这个问题，对当时美国的经济学家来说，是争论的焦点。拉弗认为，"我们正在沿着右面斜坡下降"，也就是说税率已经达到了"惩罚性"的程度，进入了"禁区"。所以，生产上不去。因此，只要政府持续降低税率，就能刺激人们工作、储蓄和投资的积极性，从而扩大生产与就业，促进经济的发展，而经济发展了，又会扩大税源，增加收入。拉弗的这些观点，在政治上产生了反响。1977 年美国众议员肯普和参议员罗斯联名向国会提出了《肯普—罗斯减税法案》，这个法案是由供应学派的重要人物罗伯茨起草的，当然反映了供应学派的观点。这项法案后来虽然未被通过，但却获得了不少议员的支持，大大扩大了供应学派政治影响。供应学派的主张，特别是减税的主张，还得到了货币学派的支持。货币学派的代表人物弗里德曼说："在任何时候，以任何借口或理由，采用几乎任何方式来减税，我都是赞成的。我们真能约束政府，压低政府开支的唯一方法，就是减少政府得自纳税人的金额"。

里根是供应学派的最大的支持者。里根在当选总统之前，多次说过，他是信奉供应学派的理论的。因此，对拉弗的思想，对《肯普—罗斯减税法案》，他都是支持的。里根两次竞选总统能够取胜，在很大程度上是得益于供应学派的，特别是得益于供应学派的减税理论。因为减税主张，既符合美国垄断资产阶级的利益，也迎合了深受通货膨胀、失业和繁重捐税之苦的广大人民的心理，使里根赢得了不少选票。里根就任总统后，对供应学派的代表人物都倍加重用。罗伯茨被任命为负责拟定经济政策的财政部助理部长，斯托克曼被任命为预算局长，拉弗和费尔德斯坦被拉入总统经济顾问委员会，1982年费尔德斯坦还担任了该委员会的主席。供应学派的理论已经成为美国现政府制定经济财政政策的理论基础，美国是供应学派理论的最大试验场。西方一些经济学家说："里根政府任何时候都引证'拉弗曲线'是很有道理的"，美国这次税制改革所依据的理论就是供应学派的理论。

二 美国税制改革的酝酿过程及其改革的主要内容

美国酝酿这次税制改革由来已久，至少在尼克松就任总统不久就开始了。当时尼克松说："就我们的经济和政府制度来说，美国今天正处在十字路口。联邦、州和地方税占有国民生产净值的40%，如果这个比例继续增长，我们不久就会遇到这样一种情况，即人们将越来越多地为了政府而不是为了自己从事工作。如果这样一天来到，我们将不再拥有使美国成为世界上最自由、最繁荣国家的私人企业制度了。我们只能希望两党的政治家认识到这种情况的危险性，不能让它发生"。因此，尼克松曾经设想要改革美国的税收制度和预算制度，并且为了实现自己的设想，曾经同国会多次发生激烈的争吵。

里根的经济思想和改革税制的思想，从某种意义上来说是尼克松思想的继续和发展。不过，里根不仅是这样想的，而且把他的主张作为政府的政策目标加以贯彻实施，所以比尼克松思想的影响要大得多了。1980年年底和1981年年初，里根在入主白宫前后，即同他的经济顾问班子研究确定了贯彻自己经济主张的"经济复兴计划"和一系列的财政税收政策。1981年2月，里根在参、众两院联席会议的演说中把他的这些计划和政策的主要内容，概括为四个基本要点（四点计划）。它们是：（1）减少联邦总开支的增长，办法是取消联邦政府的适当责任范围之外的活动和限制其他活动的开支增长。（2）把税收负担限制在只为必不可少的政府服务提供经费所需的最低水平，从而加强对储蓄、投资、工作、生产率和经济增长的刺激。（3）在联邦政府不必要地干预我们的私生活、私人企业的有效经营或者州和地方政府的工作等方面，减少联邦的管理负担。（4）支持稳妥和可靠的货币政策，以鼓励经济增长和控制通货膨胀。

这四个方面的核心内容是通过减税、减少政府支出促进经济的发展。为了执行上述四点计划，从1981年起里根就开始实行减税的政策。从1981年到1984年的四年中，个人所得税的边际税率大致降低了25%，从原来的最低税率14%和最高税率70%，分别降为11%和50%。实行上述四点计划的结果，使美国的经济有了较快的回升。比如：1984年的经济增长率为6.4%，这是自1951年以来没有过的增长速度；1982年以来对新工厂和设备的实际投资每年增长15.4%，这是二次大战结束后没有过的速度。另外，失业率从1982年的10.7%降为7.4%；通货膨胀率从1980年的13%下降为1984年的4%。里根对他在第一任期的四年里取得的成果是满意的（虽然有些目标，如消灭预算赤字的目标，没有实现）。他说："四年来我们联邦政府的工作也开始发生了悄悄的深刻的革命，我们遏制了当时看来是一股不可抗拒的趋势：政府干预越来越多,规章制度越来越多,税收越来越高,开支越来越大,通货膨胀越来越严重,防务力量越来越弱"。研究美国历届总统政绩的一些专家也认为,里根在第一任期的成绩在迄今为止的美国40名总统的平均分数以上。里根连任总统后,决心在其第二任期内继续沿着他的四点计划的路子走下去。因为一方面里根尝到了税制改革的甜头,同时,也积累了税制改革的一些经验教训;另一方面里根认为,尽管过去四年对税制进行了一些改革,但税收制度仍然是复杂的、不公平的,税率仍然偏高,以致使经济不能按它本来可能的速度发展。于是又提出了新的税制改革方案,这就是后来他在1986年10月签署的税制改革方案。

美国1986年税制改革方案,按照里根的说法,"只是一个比较公平地分摊赋税和简化整个税收计划的方案。通过扩大税收基础,我们可以降低税率"。所以,这次税制改革的内容可以概括为"简化""公平"和"刺激经济的增长"。

(一)"简化"——从累进税制向比例税制过渡

多年来,美国的经济学家和税务律师都感到美国的所得税制度过于复杂和烦琐,需要加以改革和简化。所谓复杂和烦琐主要表现在两个方面:一是税率复杂,二是各种扣除、减免税和特殊规定复杂。他们认为,美国自1913年颁布所得税法以来,对所得税的发展缺乏有意识的设计和全面的计划。不过,当时由于税率很低,纳税人很少,缺乏全面设计是可以理解的。但是,在第二次世界大战期间及其以后,税率不断提高,纳税人不断增加,使税法的缺点变得更加明显,于是在1954年和1969年进行了多次修改。1969年以后,美国经济和社会又发生了显著变化,"典型的美国家庭的财务比前代人变得更加复杂,金融和非金融的资产变得更加广泛和多样,家庭有更大量的多种收入,商业交易变得更加复杂,纳税人也更加复杂和消息灵通"。这样,一方面必须使税法适应复杂的经济状况;另一方面复杂的经济状况又受到税法的很大影响,因为美国人的很多财政经济决定是考虑税收影响的结果。复杂的税制,使申报纳税,变成了美国人的一项负担:许多人申报纳税要求助于税务律师或其他专业人员;更多的人变成了业余记账员;还迫使他们必须研究税法,否则,就有可能失去他们本来可以享受的税收优惠。这种复杂的税制也引起一些政治家的不满。美国前总统卡特称这种税制是"人类的耻辱"。美国这次税制改革,在个人所得税方面进行了很大的"简化"。他们将以前的最高税率为50%、最低税率为11%的15级累进税制改为15%和28%的两级税制。另对高收入者征5%的附加税。但是,为了避免税制的变动引起社会和经济的激烈震动,所以他们把1987年定为过渡期,税率为11%、15%、28%、35%和38.5%五个等级。在公司所得税方面,这次改革在"简化"方面主要是把原来的15%到46%的五级税率,改为15%、25%、34%三档税率,并对特定的数额范围加征5%的附加税。

所谓"简化",主要是指个人所得税和公司所得税的税率,由多级累进制,基本上过渡成为不太彻底的比例税制。

(二)"公平"——由作为政府政策工具的税制向中立性的税制过渡

美国从20世纪30年代开始就把税收作为实现政府经济和社会政策目标的重要手段来使用。战后使用这个手段的范围更加广泛。比如,为了鼓励企业投资和进行设备更新,采用投资税额抵减和快速折旧的政策,为了鼓励个人购买住房采用纳税时扣除住房抵押贷款利息的政策,等等。对由于税收的减免与优惠而减少的收入,美国叫"税式支出"。在美国这种"税式支出"越来越大,据统计,1954年相当于个人收入的18%,1982年上升为34%。从绝对额看,1985年已经达到3464亿美元。

据美国康涅狄克大学教授理查德·庞普分析税收减免和优惠越来越大会"腐蚀税收基础",产生三个潜在的问题:(1)税收减免和优惠越多，税收基础越小；税收基础越小，要取得既定的收入，就必须使税率提高；税率越高，越影响人们投资和工作的积极性。(2) 广泛运用税收手段去照顾某些经营活动，使税法比市场更加成为决定使用经济资源的主要力量。税收引诱的结果歪曲了劳动以及消费的选择，阻碍市场按最优的生产用途去分配经济资源。(3) 多种多样的补助和特殊规定，增加了纳税人对税收不公平的担心。这种担心，由于近年来一些大公司合法地不纳税被揭露而变得更加严重。税收不公平，还会损害"纳税人道德"而导致偷、漏税。美国这次税制改革，对公司所得税和个人所得税的减免税和优惠进行了严格的整顿。比如，在企业所得税方面取消了对资本利润按28%的优惠税率计征的规定；取消投资税额抵减10%的规定；改变折旧办法，延长固定资产折旧期限；业务用餐和交际费用只许扣除80%。在个人所得税的扣除方面，也采取了严格的限制条件。在国际税收方面，也做了一些技术性的修改。修改的目的有二：一是限制使用外国税收抵免，以防止合法避税；二是消除国外子公司延期纳税的现象。美国这次税制改革，要求税收总额不增不减。据测算，由于降低税率，在今后五年内收入大约将减少1200亿美元；由于取消和严格限制各种减免税和堵塞漏洞，在今后增加1200亿美元；两项相抵，不增不减（但从边际税率看又是一个减税方案，而且减税的幅度还不小），美国人把采用低税率排除或减少多种减免税和特殊规定，看作是这次税制改革的"关键战略"。他们认为，实行"低税率，少减免"的战略，既可以减少税收对储蓄、投资和工作等方面经济选择的干预，使税制更加"公平"，又可以减少税收方面的漏洞，减少偷税、漏税。

(三)"刺激经济增长"

如果说，前面采取的"简化"和"公平"措施是改革税制的手段的话，那么，"刺激经济增长"则是税制改革的目的。

"简化"，即由累进税制基本过渡到比例税制，怎么能够刺激经济增长呢？原来，供应学派吉尔德等人认为，"只有富人才有足够的资金去刺激经济迅速增长，而且只有合理的税率才能诱使富人去投资"。他们还认为，美国的税率过高，按照"拉弗曲线"，早已进入"禁区"，会阻碍富人投资，货币学派的弗里德曼更具体地提出，累进税率有很多弊端，应该用一种固定税率的所得税代替。这些人的理论是一种"劫贫济富"的理论。而改革后的美国税制，却处处反映出这些人的观点。比如，公司所得税的最高税率降低了12%，当然对盈利多的大公司有利；个人所得税对应税所得额为1.76万美元和100万美元的单身汉统按28%的税率纳税，虽然对高收入者要征附加税，但又规定了最高限，显然是对富人有利。所以通过变累进税制为比例税制来刺激经济的增长，实际等于放弃按负担能力纳税的原则，对垄断资产阶级倍加照顾，刺激他们去"增长经济"。

那么"公平"，如何刺激经济增长呢？这里所说的"公平"不是一般意义上的公平。因为在资本主义社会里放弃按负担能力纳税的原则，就等于放弃了一般意义上的公平原则。这里所说的"公平"实际上是指美国各个利益集团之间的利益调整，这种调整将对美国的产业结构产生一定的影响。这次税制改革受损失较大的是钢铁、航空、铁路、建筑业、房地产业、公用事业、银行和某些军事工业。因为这些企业在过去是享受投资税额抵减的企业，或者是享受低税率或其他特殊优惠规定的企业。在这次税改中的受益者，是那些不大量投资于工厂和设备，而按高税率纳税的企业，包括零售商业、批发商业、各种服务性行业、高技术行业、广告业等。过去它们都是或接近按46%的税率纳税的，现在将从改按34%的税率纳税而得到很大的好处。

美国这次税制改革，涉及的面比较广，而且新税法的生效还有个过渡期，因此，目前对它可能产生的后果，很难作出准确的估价。一般认为，公司所得税最高税率降低了12%，将会鼓励企业，特别是那些从降低税率中得到较大利益企业的经营积极性，同时也有利于吸引外国的资金，这对经济的发展有利；个人所得税最高税率降低将近一半，这将会刺激人们"积极工作"和吸引外国的人才流入，同时，也将会使储蓄增加，而储蓄增加又会促使利率下降，利率下降又有利于投资。这也对经济的发展有利。但也有一部分人认为，新税法取消了投资税额抵减和改变加速折旧办法将会沉重打击重工业，将对经济发展不利。更为重要的是不少美国人对新税法是否有助于解决巨大的财政赤字问题表示怀疑。对于这一点，里根也是忧心忡忡的。他说："地平线上正出现一个严重威胁：联邦赤字。如果这个赤字控制不住，我们的所有成就有付诸东流的危险，而且还会受到更大的损失"。

三 美国税制改革对中国税制的影响

当今的世界是一个开放的世界，国际的经济技术交流和人员往来极为频繁。美国的税制改革虽然主要着眼于其国内，但美国是一个经济大国，它的改革不能不对其他国家的税制产生影响。

在税改方案提出来不久，美国财政部副部长麦克纳马拉在阿姆斯特丹的一次座谈会上谈到里根的经济政策和税制改革对其他国家可能产生的影响时说过，对于主要的工业化国家和整个欧洲来说，国内经济政策和国际经济政策之间的历史性区别简直已不复存在。两种政策已合为一体。而世界上的工业化国家和发展中国家也正加速同化，这预示着未来更加紧密的相互依存。"作为一个朋友，我冒着引起争论的风险向欧洲的政策制定者们进一言，提高美国经济的灵活性和适应性已给我们带来可观的好处，对你们也会产生实质性的、长期的影响。"他敦促欧洲各国政府重新审查自己的政策。说如果欧洲打算在世界范围的市场上进行竞争，"也许目前正应该重新审查欧洲共同体和每个国家的政策，看看是否对欧洲的主动性、适应性以及经济的增长有妨碍"。现在，许多西方国家针对美国税改产生的压力，正在制定相应的对策。比如，加拿大公司所得税最高税率将由46%降到与美国相同或更低的水平；法国已由50%降为45%，还准备降为42%；荷兰已由48%降为42%。日本和中国台湾也在美国新税法生效的同时，提出了自己的税改方案。当然，这些国家和地区的税改内容同美国税改的内容是不完全相同的。比如，日本的税改目标是"双重"的。一方面降低所得税税率，减轻个人和公司的所得税负担，以便缓和政府和纳税人的直接矛盾，并且同其他国家的所得税负担水平相衔接，以防止人才、资金外流；另一方面提高消费税（增值税）的税率，增加财政收入，以防财政赤字的扩大。

美国的税改对中国的经济也有一定的影响。这种影响在前一段时间主要表现在吸引外资方面。1986年7月12日美国《亚洲华尔街日报》发自广州的一篇报道说，中国的"投资环境并没有多大改善，影响投资的问题并未减少"。有些外商说，弄不清"在中国投资可以享受什么减税或其他优惠待遇，而这对他们来说又是至关重要的"。6月6日，该报刊登了发自北京的一篇文章说，在北京的外国经济分析家们现在感到，经营成本高和生产效率低使中国在吸引外资方面缺乏竞争力量，"许多美国公司开始重新估价他们在中国投资的计划，有些公司甚至打算撤出中国"。外商之所以打算撤出中国固然同中国从1985年开始对经济和财政信贷实行紧缩政策，从而使外资项目的国内资金筹措发生困难有关。但是，另一方面也不能低估美国实行税制改革，特别是实行低税率政策的影响，因为美国的税改方案还在酝酿的过程中，美国的海外投资已有"倒流"回美国，而日本等国的资金大量流入美国的现象出现。因此，国务院于1986年10月及时地做出了《关于鼓励外商投资的规定》，规定除了对外商投资企业的生产经营自主权给予充分保障以外，还在税收和费用方面实行更加优惠的政策。我们实行减费、减税，正是针对美国的低税政策而采取的重要对策。

这对于稳定外国投资者是很重要的。当然,我们的对策不应只限于"让税、让利、让费"方面,而且在这些方面的余地也不多了。因此,看来今后应该在健全法制、提高政府部门的工作效率和改善中国的干部及工人的素质等"软件"方面下功夫。另外,由于对外资企业在税、费等方面采取了许多优惠措施,这样可能会在内、外资企业关系方面产生两个问题。一个是在商品经济条件下所得额相同而所得税负担不同,势必会使适用税率高的内资企业在竞争中处于不利的地位,这一点在经济特区表现得很突出。另一个是从中国的生产力发展水平,尤其是劳动生产率的水平来看,或者同美国的税负比较来看,中国内资企业的总税负水平显得偏高,值得重新研究。

上面我们叙述了美国税制改革的一些主要情况。美国税改的有些做法,比如税制由作为政府政策的工具向中立性的税制过渡,对于我们是不能借鉴的,至少在目前是如此。因为目前中国处于新旧体制转换时期,税收是配合实现国家社会经济发展计划的重要手段,它不可能是"中立性"的。但是美国税改的有些做法,是值得借鉴的,下面就谈谈这些方面。

第一,美国税改的基本思路,可以概括为"低税率、多简化、少减免、严征管",扩大税源,促进经济的增长。这个思路是可以结合我国的实际情况加以灵活运用的。比如说在简化方面,我国也存在类似问题。这一点在企业所得税方面就比较突出。因为我国现行的企业所得税制度是按照经济性质和投资方式建立的,税法税率不统一,多种所得税并存。这种状况,不仅同"公平税负,促进竞争"的原则相矛盾,不利于商品经济的发展和对外开放,而且十分繁杂,使得"外行看不懂,内行记不住",迫切需要简化,逐步走向统一。

美国税改的核心,是摆脱或减缓经济"滞胀"局面,促进经济的增长。这一点,从我们在前面引证的尼克松的话和"拉弗曲线"，可以看得很清楚。他们在不断地探讨税收收入与经济增长之间的关系，不断地寻找税收收入与经济增长之间存在的那个能为征、纳双方所接受的最佳的结合点。税收理论的探讨和税收政策的制定，都着眼于生产力的发展。当然，这倒不是由于资产阶级及其政府有什么超人的聪明，而是由于资本主义社会的基本矛盾和征纳双方利害关系的矛盾驱使他们必须这样做。

第二，现在中国财政收入的95%左右是靠税收组织的。当前，由于中国劳动生产率水平比较低，所以税收占国民收入的比重并不太大，但是它占企业纯收入的比重却是相当大的。因此，税收政策正确与否，对中国经济的兴衰和政权的巩固关系很大。中国不存在资本主义社会的基本矛盾，只要我们认真研究税收（财政）与经济的关系，我们就一定会找到两者的最佳结合点的。但是，过去我们在这方面是做得不够好的。当然，这不能怪税务部门。因为，一方面整个国家处于一种激烈的阶级斗争环境，另一方面受苏联批判雅罗申柯的生产力观点和中国批判所谓"唯生产力论"的影响，从而使人们很少在研究生产力发展方面下功夫。这一点对我们的教训是很深刻的。党的十三大总结了这方面的教训，指出"社会主义优越性的充分发挥和吸引力的不断增强，归根到底都取决于生产力的发展"。当今的世界是讲究经济实力地位的世界，谁有经济实力，谁就有地位。我们税务部门的同志一定要很好地研究税收与经济的关系，并正确处理两者之间的关系，努力促进生产力的发展，为消灭贫困，为把我国建设成为繁荣富强的社会主义国家而努力。

第三，税收理论需要根据我国经济政治发展的客观要求不断更新。前面我们粗略地谈到资本主义制度确立后的200多年来，它们在经济理论和税收理论方面大体上经历了三个（亚当·斯密，凯恩斯和供给学派）时期，这些不同的理论总是力求同各个时期的经济政治发展的客观要求相适应。这一点对我们也是有启示的。

中国的税收受旧的传统税收理论影响很深。传统的税收理论集中到一点就是"足国用"。这种理财思想沿袭数千年，它是同封建社会的经济发展情况相适应的。新中国成立后，由于中国财政比较紧张，所以很容易接受这种思想的影响。而在社会主义改造基本完成以后，又由于"左"的思想影响，理论上总是认为"财政税收从来是专政的工具"。这样，财政税收对如何促进经济的发展，如何处理同经济的关系，就被排除在理论研究的范围之外。党的十一届三中全会以后上述状况开始转变。1984年中国税务学会成立以后，税收理论研究开始活跃起来。我们一定要突破旧的理论框框，把具有中国特色的社会主义税收理论体系、税制体系建立起来，使税收管理工作进一步科学化，使我们税收干部队伍的素质大大提高。今天五省七市税务协作区会议的召开，不仅要在税收实务方面交流经验，取长补短，而且将在税收理论研究方面前进一步，一定会把我们的税收工作做得更好。

（原载《财贸经济资料》1987年第10期）

20 世纪 80 年代美国税制改革情况

1980 年年底，里根当选美国第 40 届总统后，制定了"美国经济复兴计划"。其主要内容包括：减少联邦政府总开支的增长；把税负降低到最低水平，加强对储蓄、投资、工作和生产率的刺激；取消联邦政府对个人、企业、州和地方政府事务的不必要干预；支持稳妥可靠的货币政策。

为了实现上述计划（通称"四点计划"），美国政府在 20 世纪 80 年代进行了一场大规模的税制改革。1981 年里根总统签署了名为"经济复兴税法"的税制改革。1986 年又签署了被称为"公平、简化和促进经济成长"的税制改革。两次改革（尤其是被称为"美国第二次革命"的 1986 年改革），对美国经济发展的影响不仅深刻，而且深远。近年来，美国一些经济学家要求重新"确定里根在美国经济发展中的地位"，并说美国"今天的和平与繁荣时代的建筑师是罗纳德·里根"。

因此，研究和回顾美国 80 年代税制存在的问题、税制改革的内容及税制改革的成果是很有意义的。

一 原税制存在的问题

在 20 世纪 70 年代，大多数美国人对当时的税制很不满意，认为它存在以下严重问题。

（一）税负过重。当时个人所得税的最高税率为 70%，也就是说这部分人70%的时间是为政府工作的，这自然会影响他们的工作热情。

（二）税制不公平。有些高所得的公司和个人，由于享受的减免税项目过多，所以不纳税或少纳税，引起一般纳税人的困惑和愤怒。

（三）税制过于复杂。约有半数以上的纳税人不会正确填报纳税申报表，申报纳税时需要聘请税务顾问，使纳税人的"奉行成本"负担很重。

（四）严重阻碍经济成长。为特定目的设立过多的税收减免与鼓励投资的措施，妨碍了市场机制配置资源的效率性；同时，劳动所得适用的税率过高，影响了人们工作和创新的积极性。

由于税负过重、税制不公平，促使不纳税的"地下经济"迅速发展，也促使"租税缺口"（欠税）规模不断扩大。这些现象的出现和发展，又使自动诚实申报纳税的传统道德和精神受到威胁。

美国是在社会大众对不公平的税制由愤怒进而发动革命（独立战争）而诞生的国家。两个世纪后，另一股革命热潮，也同样由于社会大众对于税制不公平的愤怒正在悄悄地进行——他们要求和平地改革税制。

二　税制改革的主要内容

（一）1981年税制改革的内容

1. 1981—1984年，个人所得税的边际税率降低了25%，由原来的最低税率14%和最高税率70%，分别降为11%和50%。同时由于当时通货膨胀严重，所以实行个人所得税指数化，即随通货膨胀情况调整纳税等级和免税额。

2. 科研费用允许抵免。具体规定是：当年科研费用超过前三年平均数（美国叫"合格的科研费用"）部分的25%，允许抵免当年的应纳税额。这项规定执行到 1985 年。

3. 实行快速折旧。将所有固定资产分为四类，折旧期限分别为 3 年、5 年、10 年、15 年。厂房建筑物折旧期限为 15 年，汽车仅为 3 年。

4. 资本利得税的税率由 28% 降为 20%。

5. 降低遗产税和赠予税的税率，并提高起征点。

6. 扩大"个人退休账户"的适用范围。

（二）1986 年税制改革的内容

1. 进一步降低和简化个人所得税。把最低税率为 11% 和最高税率为 50% 的 14 级超额累进税率，改变为 15%、25%、34% 的三档税率。个人宽免额由 1040 美元提高为 2000 美元。改革后可使 600 万穷人免税。"个人退休账户"的免税额从 2000 美元，提高为 4000 美元。原有 65 项以上的税收优惠被取消或被限制。

2. 降低和简化公司所得税。由最高税率为 46% 和最低税率为 15% 的 5 级超额累进税率，逐步改为 15%、18%、25%、33% 的 4 级超额累进税率。

3. 资本利得税的税率由 20% 降为 17.5%。

4. 扩大科研费用的抵免范围，延长科研费用的抵免时间。为了促进高新技术发展，将 1985 年到期的"合格的科研费用"的抵免规定，延长到 1988 年，同时扩大适用范围。

5. 过去纳税人向州和地方政府缴纳的所得税、销售税、房地产税等，允许在计征联邦所得税时从应税所得额中扣除。这次取消这项规定。当时估计这项改革将使州和地方政府每年减少 400 亿美元的收入，同时也减少了州和地方政府对经济事务和居民生活的过多干预。

6. 限制房屋抵押贷款利息及其他消费信贷利息的税收扣除。

7. 严格限制福利金收入及某些个人费用开支的税收扣除。如取消工伤补助金、矿工矽肺补助金、死亡职工家属抚恤金等的税收扣除；教师、科研人员利用假期到国外进行学术活动的费用，不允许从应税所得额中扣除。

8. 限制地方政府发行的公债利息免缴联邦所得税的范围。

9. 征收20%的最低公司所得税。过去由于税收优惠过多过滥，有些公司不纳税或少纳税，现在规定公司所得税不能低于20%。

10. 减轻对股息的"重复征税"，允许股东收到股息的第一个200美元从应税所得中扣除，允许公司付出股息的10%，从公司应纳税所得额中扣除。

11. 限制公司费用的开支范围。

12. 取消投资税收抵免规定。

13. 改变固定资产折旧方式，适当延长固定资产折旧年限。

14. 逐步取消对采掘工业的资源折耗宽让。

如果说，1981年的改革是大幅度减税的改革，那么1986年的改革除了继续减税外，还有两个特点：一是强调减少政府干预（税收优惠也是政府干预），强调充分发挥市场机制的作用；二是期望通过扩大税基抵充减税暂时减少的收入，使总收入规模不增不减，避免扩大联邦政府赤字。

对于上述改革，当时有不少经济学家持反对态度。里根说，1981年当我们削减税收和政府开支、取消管制等计划出台时，有一位博学的权威说，"这个计划会导致灾难性后果，会造成高通货膨胀和经济崩溃"。但是，他和其他一些权威都错了……被他们称为"危险"的东西，正是急需的东西。

里根说，1983年在一次各国首脑参加的经济会议上，"我突然发现大家都瞧着我，默不作声，后来有一位首脑打破沉默对我说，请您告诉我们美国奇迹的秘密"。

三 税制改革的成果

（一）国民生产总值增长率1984年和1985年平均为6.4%，

1985年上半年为8.5%，这是朝鲜战争结束后没有过的高速度。

（二）1982年以来对新工厂和设备的投资，每年增长15.4%，这是二战后没有过的高速度。

（三）失业率从1982年底的10.7%，降为1985年的7.4%。1982年到1984年就业人数增加650万人，工作年龄人口的就业率达到空前的水平。

（四）通货膨胀率从1980年的13%，降为1985年的4%。

1988年1月20日布什就任美国第41届总统典礼时，面对全国电视观众说的第一句话是："大法官先生、里根总统……这里有一位先生，在我们的心底以及美国历史上留下了不朽的地位，那就是里根总统。我谨代表美国人民对您为这个国家所作出的丰功伟绩致以谢意"。里根接着说："有人问我离开华盛顿有何感慨？我说，最值得我引为自豪的是，我们取得了两个伟大的胜利，其一是经济复兴，美国人民得到1900万个新的就业机会；其二是美国精神的复兴"。里根还说，人们把我们的计划称为"里根革命"，我接受这个名词。但在我看来，它似乎更像一次伟大的发现我们的价值和信念的新发现。"常识告诉我们，政府征收重税，人们减少生产。于是，我们削减税率，人们生产得更多。减税使经济犹如整枝后的植物生长得更快更壮，枝叶繁茂。我们的经济计划带来了历史上最长的和平发展时期；家庭实际收入上升了，贫困减少了；企业家精神生气勃勃，新技术研究成果层出不穷；我们的出口额超过以往，美国产品更富有竞争力"。

（原载中国税务学会《税负问题研究资料之四》2001年6月）

成也税收，败也税收

——英国撒切尔政府税制改革回顾

20年前，英国前首相撒切尔夫人进行了大规模的税制改革，成绩斐然，但在她第三次连任首相后不久，由于推行将地方税改为"人头税"的改革而被赶下了台，不仅使她饮恨终身，也使英国人对她的政绩毁多誉少。

1979年年初撒切尔夫人上台时面临的经济形势是：通货膨胀加速、公共部门的开支失控、年度税收少，再加上油价上涨形成的世界性不景气，使英国经济更加恶化。在这种形势下采取守势还是采取攻势，意见不一。采取守势，符合一般人的心理，并具有诱惑力：税收已减少，所以不要再降税；通货膨胀已恶化，所以不能放弃物价管制；在不景气关头更不能裁减补助；在私人经济弱得不能振兴经济时，更不能关闭公共企业。但撒切尔夫人没有采纳这些意见。她说："在工会、人力、训练、住屋、企业管制等领域，我们都设法加强经济的'供给面'。但最重要、影响最深远的变革还是税务改革和民营化两方面。无论在经济或销售层面，减税都提供了更大的诱因。民营化则将效率低落的国营企业改头换面。这二者正是其他经济政策的基石"。

从1979年起，撒切尔政府陆续采取了以下政策：严格管制货币供应量，减少公共支出和借贷，降低所得税，加速民营化。这一年将个人所得税的最高税率，由83%降为60%，最低税率由33%降为30%，后来又降为25%。遗产税税率由75%降为60%，起征点大大提高。公司所得税税率由52%降为35%，同时采取多种措施扶持中小企业的发展。股市交易的印花税税率由2%降为15%，同时取消投资收益附加税。将增值税税率由8%和12.5%统一为15%。总之，在其执政的前十年内所得税不断降低，尤其是边际税率不断降低，使富人和收入高的职工可以直接看到加大投资和努力工作能够得到的好处，从而不仅避免了高级人才外流，使职工自愿接受培训提高技艺，也使企业家敢于进行风险投资。另外，在国营企业"民营化"方面也取得了一定进展和成果。实行这些政策使英国1988—1989年年度的预算盈余高达140亿英镑，使"80年代英国的经济有了一股再生的气势。大体而言，这10年内经济非常繁荣，英国的表现可以说让世界刮目相看。60年代和70年代英国在欧洲共同体其他国家之后，但到了80年代我们的经济在欧洲仅次于西班牙。恢复了英国往日在世界上是一股不可忽视的力量的声名"。

正当撒切尔夫人连续三次获得大选胜利，雄心勃勃地要"干到2000年"时，一场"社区税"（人头税）的风暴把她卷下了台。

撒切尔夫人在1989年竞选中，曾承诺要以"社区税取代地方税"。1990年4月1日，撒切尔政府决定开征"社区税"。由于税率过高，同时，又没有过渡措施，骤然实行，遂激起广大纳税人的强烈不满。1990年3月31日在"社区税"开征前夕，苏格兰等地的群众由示威变成暴动。与此同时，"选民须负担高额社区税令保守党籍的国会议员人人自危，担心议席不保因而也纷纷倒戈，要求撒切尔夫人下台"。撒切尔政府的威信急剧下降。保守党为了避免更大的失败，遂逼使这位在英国历史上任期最长的首相和自己的党魁，在1990年11月底引退。1991年3月，英国环境大臣赫斯汀宣布政府决定恢复财产税，停止实行"社区税"。

综观撒切尔夫人执政11年半的前10年，在处理税收与经济关系方面的政策是成功的，医治了"英国病"，经济很有起色。但在其执政的最后一年多的时间里，犯了一个不可挽回的错误，这就是推行"人头税"。其错误在于：损害了大多数人的利益；过低估计了反对党的力量；过高估计了自己前10年成功产生的威望和力量。撒切尔夫人真是"成也税收，败也税收"的典型。她在处理税收与经济政治关系上的经验和教训对后人很有警诫意义。

（原载中国税务学会《税负问题研究资料之三》2001年6月）

瑞典税收制的演变与启示

根据中瑞双方的协议，由中国社会科学院为主组成的代表团和由瑞典斯德哥尔摩大学为主组成的代表团于1984年12月10日至14日，在斯德哥尔摩市举行了中瑞第一次公共管理学术讨论会。双方参加这次会议的，既有学术界的代表，也有官方的代表。现将瑞典税收制度的发展，税收在稳定和发展经济中的作用以及当前瑞典税收存在的问题等加以整理，供研究瑞典税收情况的同志参考。

一　瑞典税收制度的发展

瑞典建国的历史虽然比较短，但其税收制度的发展过程，却同许多历史悠久国家情况相似。

瑞典税收制度的发展，大体经历了四个阶段。第一个阶段，社会比较贫穷，税收是从不同阶层采取非常原始的方法征收的。这个阶段的历史比较长，它的主要收入是土地税。土地税是根据不动产的可纳税价值而不是根据年收益征收的。同时，国王也从王室的房地产和皇家领地取得收入，还可征集国民的服务，如要求国民为国王及其随员提供食宿、喂马及战时的军事服务等。不过，无论土地税还是征集服务，负担都主要落在农民的身上。第二个阶段，商品经济和社会有了进一步的发展，这时除土地税外，更为强调的是对商业贸易征收的间接税，如关税、消费税、风车税、领港税、航标税、城市手工业税等，同时还对比较富裕者征收"富户税"，并对怀表、丝织服装和室内丝织装饰壁毯以及对室内双层玻璃也征税，因为在那时安装双层玻璃不是为了节约能源，而是为了炫耀富有。后来随着货币的发展，也开始征收个人所得税。第三个阶段，采取累进所得税制。1866年瑞典议会改革后，农民成了国家的主导阶层。1873年议会通过了取消土地税的决议案，瑞典开始进入国家财政收入主要来源于累进所得税的阶段。不过，累进所得税并不是一开始就成为国家主要收入来源的。因为当时所得税的累进程度是微弱的。20世纪初，关税还占瑞典财政总收入的半数以上，另一个重要收入来源是白兰地酒税。尽管如此，累进所得税制毕竟是一个新的因素，它对20世纪税制的进步起了重要的作用。因为这个方法比对不动产课税或对按商品流转额课税更适合于收入不同的人们的负担能力。后来它终于成为财政收入的主要来源。第四个阶段，也就是从1960年以后到现在。这个阶段的特点是直接税收入的比重不断增长，间接税收入增长也很快，有时间接税的收入超过了直接税的，有时直接税的收入超过了间接税的，这一点似乎与其他发达的西方国家的情况有所不同，因为那些国家大都是以直接税为主要的收入来源。

一般瑞典人认为，目前的税收制度是很复杂和麻烦的。但是，瑞典的一些经济学者却认为，同一二百年以前的税收制度相比，现在的税制就是一个简单而方便的模式了。因为在过去的社会里，不仅征收税款的形式很多，一种税套着另一种，而且还有各种随当时情况而自由确定的特别机动税以及各种特权和免税等。那是一种松散的制度。在这种制度下人们觉得他们的待遇是不平等的。瑞典国家档案局至今还保存有多达80卷的"平民抱怨"书。整整两个世纪（18—19世纪），热心的人们都在试图简化税制，但都未得到实际的效果。

目前瑞典税收负担重不重？这是当前瑞典社会中一个比较敏

感的问题。瑞典朋友对此看法很不一致。一种看法认为，当前税收负担是很重的。他们说，20世纪初，瑞典开始实行所得税制度时，每人收入的1%交给国家，平均5%交给公社；1902年实行累进所得税时，可纳税收入的4%是最高税率。对如此低下的税收负担，当时人们还感到十分可怕，曾经引起劳动力的流动。而1976年，每收入一个克朗，就要平均付出50欧尔（100欧尔等于一个克朗——作者注）的税款，1976年以后的年份总在50—52欧尔之间上下浮动，而个人所得税额和财产税额合计，最高的负担率竟达到征税所得额的80%以上，比20世纪初的负担增加10—20倍，怎么能说负担不重呢？他们认为，现在的税收负担已经达到了"顶峰"。

另一种看法认为，税收负担重与不重不能做简单的历史类比。因为在那80多年中，特别是在第二次世界大战后近40年来，产生了许多不可比的因素。在这许多不可比的因素中，政府的成长壮大可能是最重要因素，瑞典政府在这80年中，无论从"数量"上说，还是从"质量"上说都变成了"大政府"。随着现代国家的改进，其组成要素已经彻底改变了，当代政府在其结构的多样性和功能的集中性上，都进入了一个高级水平，国家在很大程度上能够掌握社会的真实情况，因此，私人领域与公共领域之间的联系也就变得更加错综复杂了。随着政府的成长发展，它也就更多地卷入经济生活之中。政府的成长过程在复杂性和多面性上并不亚于人类的进化过程。政府部门的发展，应该看作是20世纪的社会经济革命，它在规模和影响上可以同18—19世纪的工业革命相比，当然这次革命都有其深刻的历史渊源。在不到一个世纪的时间里，国家的"功能"发生了质的变化。国家的第一个功能是"规定"，它包括与国家权力相联系的所有因素，如国内外防务、立法制度、税赋的征收等；第二个功能是"使物质资源流动"，它包括促进国家经济增长的方法，如基础设施方面的投资、对农业、贸易和工业的资助等；第三个功能是"社会服务"，它包括教育和社会福利等。这三项功能，虽然有时很难划出十分明确的界限，但是每项功能的阶段性还是很清晰的：在国家建立的初级阶段及其以后的一个很长时期，"规定"这一功能占主导地位；从20世纪初到现在，后两个功能显然占主导地位。20世纪最大的改革就是社会保健网的发展以及社会中不同收入和不同年龄组之间再分配制度的发展，与此相适应，国家预算支出中向家庭转移的部分如退休金、儿童补助费、医药费、失业津贴等，过去只占很少的一部分，而现在则增长为很大的一部分了。因此，把税收负担问题不作具体分析，只作简单的历史对比，显然是不科学的。

这后面一种看法，概括起来无非是想说明两个问题：一个是现在政府要干预经济，稳定经济，不能不掌握一定的物质力量，因此，增加一些收入是合理的；另一个是政府征收的税款，有很大一部分又通过预算支出转移回居民的家庭，因此，对这部分税款不能看作是负担。这些看法，到底对不对，我们可以研究。不过，现实情况是瑞典政府通过税收政策已将其国民收入的绝大部分掌握在自己的手中并加以运用，这对瑞典的经济社会发展，不能不产生很大的影响。

二 税收在稳定经济等方面的作用

瑞典的税收理论来源于瑞典的经济学理论，因此，在说到税收在稳定经济等方面的作用时，不能不简略地提一下瑞典学派的经济学理论。

瑞典学派早在20世纪30年代初就已崭露头角，并主张运用宏观财政货币政策干预经济，平缓商业周期波动，但是，实际上当时政府干预经济的规模很小。第二次世界大战以后，特别是在70年代以后，政府干预经济的规模有了很大的发展。1983年，瑞典的各项税收占国民生产总值的51%，政府部门的开支（包括公共福利事业）占国民生产总值的68%，私人企业仅占32%（应该说明的是瑞典是以生产资料私有制为基础的国家，在工业部门中，私人企业占85%，国营企业只占15%）。瑞典政府的雇员已由1965年的70万人，发展到1980年的140万人（占总人口的17%，占就业人数的32%）。政府的收支和政府的机构达到如此大的规模，这在西方经济发达的国家中是罕见的。这种情况的形成，固然同社会民主党长期执政和工会组织比较强大有关系，但是，多年来瑞典政府实践了瑞典学派的经济理论恐怕是具有决定意义的因素。

现在瑞典学派第三代经济学家的代表人物是林德白克（现任斯德哥尔摩大学国际经济研究所所长）。他的经济理论不仅在瑞典经济学界占有统治地位，而且对瑞典政府经济政策的制定具有极大的影响。他认为，瑞典的经济制度既不是资本主义经济制度也不是社会主义经济制度，而是社会民主主义经济制度，这个制度的特点是强调建立"福利国家"，强调"收入均等化"，瑞典的经济既不是市场经济，也不是中央计划经济，而是混合经济。混合的特点是强调计划机制和市场机制的适当结合。林德白克对什么是经济制度，有独特的看法。他认为"某种经济制度是在一定地域内对生产、收入和消费进行决策和实施这种决策的一系列机制和机构的总和。"他还认为，任何经济制度都是集权和分权的某种程度的结合。问题在于怎样结合才是合理的。集权和分权首先是在决策权方面的集权和分权。企业和个人都应有某些方面的决策权，而在诸如环境保护、公共商品和服务的供应、经济稳定、收入和财富的分配等方面，则应由政府来决策。财政税收和金融政策则是实现政府这些决策的一系列机制中的主要机制，或者说是基本手段。

长期以来，瑞典的税收政策，基本上就是根据上述经济理论制定的，瑞典政府始终把税收作为稳定经济、平缓工商业周期性波动和实现"收入均等化"的基本手段，而不是仅仅作为组织财政收入的手段。

这些政策思想主要体现在所得税制度的以下一些方面。

(一) 鼓励企业改善经营管理和技术更新的措施

1. 对法人所得税实行比例税制。瑞典公司的所得税税率为40%，加上地方所得税税率共为54%。实行比例税制比实行累进税制更有利于鼓励企业改善经营管理。

2. "工资一致"。自20世纪50年代以来，瑞典就执行由工会提出的称为"团结一致的工资政策"。这种政策的主要内容是根据工作的性质和需求由劳资双方谈判规定全国统一的工资标准，而不是根据各公司盈利的情况不同，而使工资有所差别。各公司自己制定的工资标准，税务部门不予承认。这样就使经营管理不善、盈利少的企业或过去实行低工资的企业承受很大的压力，而对经营管理搞得好、盈利多的企业则很有利。

3. 为了鼓励企业技术更新，所得税税法规定的折旧制度很有弹性。各种机器设备的使用年限和各年的折旧额，在国家规定的高限以内，由各企业自由决定。

另外，税收对企业在投资和生产出口产品方面还有一些优惠规定。

关于国营企业的纳税问题。国营企业在瑞典不占主要地位。社会民主虽然执政40多年，但从未把企业国有化作为政策的目标。瑞典的国营企业由两部分组成：一部分是非盈利性企业，如铁路、邮政、电讯联网、能源和其他基础设施；另一部分是盈利性的企业，如钢铁、纺织、造船、林产品、化学制品、烟草、采矿等部门的一些企业，这些企业的大多数是由于经济上陷于困境，工人有失业危险，才经过控股公司由政府接管的。对前一部分国营企业，国家在财政上实行"统收统支"政策；对后一部分国营企业，国家在财政税收政策和审计方面，完全视同私人企业对待。

（二）反周期的税收和投资政策

瑞典的私人投资（不包括住房建筑）占全国基本建设投资总额的一半。私人投资中，工业方面的投资，约占40%。私人投资对工商业的周期性波动十分敏感，在多次经济衰退中，它的投资都有所停滞，以致使经济起伏很大。为了抗衡经济周期性的波动，税收对私人投资采取了一种特殊政策——投资准备金制度。即所得税法规定在"繁荣"时期，法人可以将其纯所得的40%抽出作为投资准备金"储存"，对投资准备金可以免纳所得税（承认列入损失），但投资准备金的46%必须存入中央银行的专用账户，平时不准动用，也不支付利息。在萧条时期，这笔投资准备金必须按照政府的规定，进行投资，否则，不仅要补税而且要罚款。

（三）"税收均等权"

瑞典在1952年到1974年期间，进行了大规模的行政区划调整。全国农村市镇行政区划由2500个归并为280个。归并的主要目的是为了"都市化"和"扩大社会服务"以促进经济和社会的发展。因为大的工商业中心是不可能在农村或半农村的孤立区域中建立起来的，同时，小的地方政府也常常因财政力量太弱不能办好教育，培养更多的人才。这种归并是通过自愿联合和政府的政策实现的。在政府的政策中，"税收均等权"起了很大的作用。所谓"税收均等权"，首先是对归并后的贫穷偏僻地区在税收方面给予各种优待，如果这些优待还不能使这些地区在保健医疗和教育等各种社会服务方面基本达到富裕地区的水平，那么这个差额则由政府通过"税收平等化补贴"给予补足。这样就从物质资源方面保证了归并计划的按期完成。而后来的事实证明，这项归并计划是正确的，它保证了瑞典国民经济在整个60年代的迅速发展。

（四）"收入均等化"政策

瑞典政府采取各种社会改革和政治措施"致力于缩小各类人的收入水平的差距，也致力于缩小每个人生活不同阶段收入的差距"，人们把这种政策叫作"收入均等化"政策。

瑞典的税收是把"减少收入分配的不平等现象"作为政治目标加以贯彻的。为了实现这个目标，在个人所得税方面采取高额累进制度。在瑞典，一个典型的中等收入的雇员（年收入6万克朗），除了缴纳间接税外，还要缴纳38%的个人所得税。年收入为15万克朗的，个人所得税税率为56%，年收入超过20万克朗的，则20万克朗以下的部分按80%的税率、20万克朗以上的部分按85%的税率计算应纳税额。这就是说，个人所得税率最高的可达到80%以上。这样一来，虽然在每一种职业类别中，在收入上存在较大的差距，但是经过纳税以后这种差距大大缩小。

在瑞典，对个人所得税采取高额累进制度是基于"人力资本"的理论。林德白克认为，资本有两种：一种是物质金融资本，一种是通过教育和训练而获得的"人力资本"。他认为，近一二十年来人力资本获得收入对收入不平等的影响比物质金融资本的影响还要大。因此，对个人的收入实行高额累进税，把人力资本的部分收入归国有，是实现"收入均等化"的一个重要措施。

在瑞典执行税法是一件很严肃的事情。瑞典有两个平行的法院：一个是普通法院，一个是行政法院。两个法院由具有同样资格的法官组成，其组织方式也大体相同。行政法院的主要任务是审理涉及税务的案件。

第二次世界大战以来，瑞典在经济和社会发展方面取得了相当可观的成效。在经济上实现了稳定增长，国民生产总值在60年代平均每年增长5%，70年代平均年增长2.5%，按人口平均计算的国民收入一直是居于世界最前列的几个国家之一；实现了充分就业，40年代以来，瑞典的失业率从来没有超过3%，这在西方经济发达国家中是少有的；从人民物质生活和福利条件看，瑞典确实是世界上最富有的国家之一了。瑞典能够建立起这样的物质基础，有多方面的原因，比如避免了两次世界大战的破坏，就是一个极为有利的因素。除此之外，瑞典政府运用财政税收政策，把稳定经济、"收入均等化"作为政策目标，应该说也是一个重要的因素。但是，在瑞典这样一个以生产资料私有制为基础的国家中，既想用经济刺激的手段鼓励经济的发展，又想用"收入均等化"实现收入均等，这里存在许多难以解决的尖锐矛盾。

三 "收入均等化"矛盾重重

瑞典社会民主党虽然长期以来致力于"收入均等化"，但实际上收入并没有"均等"，也不可能实现真正的"均等"。瑞典政府也不同意"全瑞典人都处于中产阶级"的观点，而认为"瑞典和其他国家一样，人们的财富、收益和社会地位实际上是有差别的，但与其他国家相比，这种差别显得小一些罢了"。这就是说，"收入均等化"只不过使收入"差别显得小一些"而已。尽管如此，目前"收入均等化"政策也陷于重重矛盾之中。

"收入均等化"同生产资料私有制的矛盾。资本家经营企业是为了牟取利润。利润越多，生产经营积极性越大，反之亦相反。同时，如果资本家取得了巨大利润，但由于"收入均等化"的税收政策而使税后利润所剩无几，他们也不会积极从事生产经营。所以"收入均等化"的分配政策同调动资本家生产经营积极性之间存在很难解决的矛盾。

多年来，瑞典历届政府都试图解决这方面的矛盾，但收效甚微。1976年瑞典自由党和中央党接替社会民主党组成联合政府以后，即执行广泛削减公共服务和补贴来限制公共部分开支增长和减少预算赤字的"中期紧缩"政策，并计划从1983年开始大幅度降低边际所得税税率，目的是使公司利润达到"正常水平"，并给"可能盈利的公司和经济部门鼓励和援助"。这些措施，如果能够实现固然对调动资本家积极性有利，但是却同"收入均等化""福利国家"的目标相矛盾，会引起许多政治和社会问题，所以，实际上未能执行。1982年，社会民主党重新执政后，又计划实行所谓"雇员基金"。即通过实行"新列工资费用"和对"超过正常股本收益的收入实行新的利润分享协议筹集一笔资金——雇员基金"，以便用这笔资金来购买各公司的股份，从而获得对各主要公司的控制股权。但是，这项计划遭到在野党和资本家的强烈反对。他们认为，这样做是追求工会和政治利益，而不是为获得最大的资本收益而进行投资，会大大降低资本市场的作用。现在对这个计划还在进行辩论。

"收入均等化"政策同技术创新的目标也存在矛盾。瑞典公私部门每年花在科学研究和技术革新方面的费用，约占国民生产总值的1.5%，应当说这笔开支是不少的。但是，仍有瑞典处于"创新危机"的说法。瑞典学术界的朋友认为，产生这种情况的一个重要原因是个人所得税负担太重（也有人反对这种看法）。个人所得税负担过重，不仅影响一般人从事业余活动取得收入的积极性，而且更重要的是影响智力开发和学术交流。因为有些大学讲师的工资同一些名教授交税后的实际收入相差无几，这不仅影响这些教授的积极性，而且影响讲师上进的积极性。甚至有些瑞典籍的名教授和学者外流他国，而他国的教授、学者又因税后实际收入低而不愿到瑞典来讲学。瑞典学术界认为在"知识爆炸"的时代，这是一个比较严重的问题，曾向政府建议改变这种状况。后来政府采取了一项缓冲措施，即从国外请来的教授、学者如果是真正的"名家"、确有真才实学的，税务部门可以对其所得实行减税或免税照顾。这样做，从理论上说，解决了对外国学者因税后收入低而妨碍学术交流的问题，但实际上又产生了两个矛盾：一是什么叫"名家"和有真才实学，税务部门同学术界的看法往往不一致，因此，常常出现该照顾的没有照顾，不该照顾的却给了照顾；二是照顾了国外学者不照顾国内学者，又产生了国内学者待遇不一致的矛盾，结果国内学者的积极性不仅调动不起来，而且外流的现象日益加剧。

  由于"收入均等化"同生产资料私有制和智力开发等矛盾很难解决，再加上其他方面的原因，瑞典的经济发展速度在20世纪70年代后期大大放慢，且进入80年代以来还出现了下降的局面。如国民生产总值，按1975年不变价格计算，1980年比1979年仅增长1.8%，1981年比1980年不仅没有增长反而下降了0.7%，而1982年又比1981年下降了0.7%。总投资额也从70年代的22%下降到1981年的18.5%，不少资金流入国外。这些情况表明：瑞典的资本家对国内现有企业的生产经营积极性不高，对在国内扩大再生产积极性更低；工人不愿积极工作和钻研技术，知识界的智力没有得到充分开发。这对瑞典经济的今后发展，不能不说是一个严重的问题。

（原载《税务研究》1985年第2期）

研究各国运用税收政策促进科技进步和经济发展的经验

一 税收在世界性经济改革调整和科技进步中的地位

近10多年来，国际社会的政治、经济和军事形势发生了很大的变化。这种变化在军事方面尤为突出。由于世界维护和平的力量的发展，苏美"中导条约"已经签订，几个军事冲突点已经大都实现停火。在战争理论方面出现了新的观点。戈尔巴乔夫在他的《改革与新思维》一书中，明确地否定了"战争是政治以另一种方式的继续"的理论。他说："过去曾经作为一种经典公式的克劳塞维茨公式——战争是政治以另一种方式的继续——已经过时了。"由于克劳塞维茨公式的否定，从而"战争是不可避免的"观点也被否定。"对话"代替了"对抗"，美苏军备竞赛和军事对峙的局面大大缓和。看来，军事方面的世界大战有可能避免，而以信息革命和高科技为主的经济方面的"世界大战"则是不可避免的，会愈演愈烈。各个国家在这场经济科技大战中的胜败，将决定其在下个世纪国际社会中的地位和命运。因为在现代社会的经济发展中，科技因素在各个生产要素中占的地位越来越重要。近20多年来，发达国家的人均国民生产总值的增长，一半以上归功于科技进步，其中美国和日本占的比重更大，分别为71%和65%，劳动力和资金等生产要素的作用，则相应地降低。这种趋势今后还会继续加强。适应这种形势的发展和要求，世界各国都出现了经济改革和经济调整的浪潮，都想使自己在这场未来的经济科技竞争中处于有利地位。在这场浪潮中，税收占有极为重要的地位，各国都很重视发挥它的作用。1979年，撒切尔夫人当选英国首相之后即依据货币学派和供应学派的经济理论，把税制改革作为医治"英国病"的一项重要措施加以有效地运用。前不久，英国政府在1988年度预算中，又提出了被《金融时报》称为"历史性的税制改革"的大幅度削减个人所得税法案。美国总统里根在1981年即开始实行减税，而在1986年又进行了被称为是美国"第二次革命"的大规模的税制改革。苏联在过去一直把计划价格作为分配和再分配国民收入的重要杠杆，而把税收则作为价格的附庸。现在这种做法也开始改变。苏联财政部副部长谢恩恰戈夫在苏联《经济问题》杂志1988年第2期著文说"财政机制的主要变化使企业同国家预算的关系过渡到统一的定额和税收的基础上"。

中国的税收制度在1983年和1984年也进行了两次重要改革。通过改革调动了企业和职工的积极性，使经济持续稳定地发展，取得了很大的成绩。不过应当指出，中国这两次改革主要着眼于使国家与企业的分配关系固定下来，把企业搞活，而不是着眼于科技进步，这是由当时经济改革的总要求决定的。但是，在中国加速科技发展的任务比经济发达国家更为迫切，因为据统计，30多年来中国工业生产的增长，主要靠增加资金和劳动力的投入（分别占51%和30%），科技因素只占19%，所以，认真研究各国特别是资本主义国家运用税收政策促进科技进步和经济发展的经验，并结合中国的实际情况加以运用，对于中国的科技进步和经济发展具有很大的实践意义。

二　资本主义国家运用税收政策促进科技和经济发展的经验

综括起来说，资本主义国家运用税收政策促进科技进步和经济发展的经验，主要有两个方面，一是属于治税思想（即制定税收政策的指导思想）方面的，二是属于具体工作经验方面的。

（一）治税思想的转变：降低边际税率，改变税率设计，鼓励资本和财富的进一步集中。近10年来，美英两国的执政者在税收政策上采取了供应学派的主张，按照供应学派的经济理论对税收制度进行了重大改革，这些改革集中表现在不断降低边际税率，改变税率设计（由累进税率过渡到比例税率），鼓励资本和财富的进一步集中，从而促进科技和经济的发展。这是资本主义国家在近半个世纪以来治税思想的一个重要转折。这种转折是同资本主义国家工人运动处于低潮的政治背景分不开的，也是同凯恩斯学说的衰落和供应学派经济理论的兴起分不开的。

供应学派的经济理论同凯恩斯的经济理论不同。凯恩斯把资本主义社会存在的经济危机和"非自愿失业"归咎于"有效需求不足"，即归咎于消费和投资不足。因此，解决经济危机和失业的出路是扩大"有效需求"。而供应学派则认为资本主义国家发生经济"滞胀"的原因是供给不足，政府干预过多，生产率下降，因此，解决"滞胀"的主要出路是"增加供给"。而增加供给的关键是富人投资的质量和数量，只有富人把更多的资金投入生产和高技术、新技术领域，才能更多地增加供给。那么是什么原因阻碍富人把更多的资金投入这些领域呢？"供应学派"认为主要原因是边际税率过高和实行累进税制。

美英两国的执政者相继接受了供应学派的理论和政策主张，在近几年来的税制改革中一方面大幅度降低边际税率，另一方面把累进税率基本上过渡到比例税率。比如，美国在1986年的税制改革中，在个人所得税方面把以前最高税率50%和最低税率11%的15级累进税制改为28%和15%的两档税率。在公司所得税方面把以前的15%到46%的5级累进税制改为15%、25%和34%的三档税率。英国的个人所得税，在撒切尔夫人上台前实行最高税率为83%、最低税率为33%的11级累进税制，撒切尔夫人上台后不久就把最高税率降为60%，把11级累进税制改为6级累进税制，后来又把最高税率降为40%，最低税率降为25%，把6级累进税制改为两档税率。

美英两国在对税制实行上述重大改革的同时，还采取了减少政府干预、控制货币供应量（在英国还采取措施，使国有企业私有化，削弱工会权力）等措施。这些措施再加上有利的国际环境，就使两国的经济增长率和对生产的投资率都有较大幅度的上升，失业率和通货膨胀率都有较大幅度的下降。里根对他两届任期内取得的成绩的喜悦自不待言，研究美国历届总统政绩的一位专家认为，里根的政绩在迄今为止的美国40名总统的平均分数以上。在英国，尽管有不少人为撒切尔夫人"过于冷酷"和"弱者缺乏同情"，但对她能够治好"英国病"的政绩都是肯定的，她不仅将成为20世纪在位时间最长的英国首相，而且80年代将作为"撒切尔时代"记载在英国的历史上。

在日本也早采取了类似美英两国鼓励资本集中的税收措施——"租税特别措置"。所谓"租税特别措置"是指根据各个不同时期经济政策的需要有选择、有区别地减免法人税。例如，对以加强资本积累为目的的各种准备金和专款实行免税；对某些行业实行特别折旧制度；对为振兴出口和引进新技术的企业采取税收特别优惠措施，等等。所有这些特别措置都是有利于大企业，从而是有利于资本财富的集中的。

（二）资本主义国家运用税收政策鼓励科技和经济发展的具体经验。资本主义国家在运用税收政策鼓励科技和经济发展的过程中，一般都遵循下述两条原则：一是注意防止企业把减免税等优惠措施视为特权，从而产生过分依赖政府鼓励和保护的思想；二是税收鼓励的范围不宜过宽，范围过宽不仅会影响财政收入，而且会失去鼓励的意义。资本主义国家在不同的历史时期，还确定不同的鼓励重点。在 20 世纪五六十年代，把鼓励的重点放在一般生产事业、增加投资和出口外销方面，近些年来又把鼓励的重点逐步转移到科技特别是高技术以及出口外销和引进技术方面。他们的具体做法是：（1）对某些新开办的需要鼓励的生产企业实行免税和减税规定所得税及其他附加税不得超过年所得额的最高限额；如果这些企业减免税期满以后增加投资、扩充新设备，对新增的所得仍然实行减免税。同时为了保证企业能够确实享受到一定时期减免税的实惠，还规定减免税的时期由企业自由选择。（2）为了鼓励技术发展和吸引投资扩大再生产，对某些企业发行股票的收益或个人对这些企业投资的收益或个人对这些企业投资的收益实行减免税。对储蓄存款的收益也实行减免税。（3）对某些需要鼓励的生产企业为本身需要进口的机器设备免交或分期缴纳进口税。企业生产的产品，外销数量达到一定比例以后实行减免。（4）为了使某些新创办的技术较高的企业能够得到实际优惠，对它们不采用减免税办法，而采用加速折旧办法，折旧期限一般可缩短 50%。这些企业如果进行设备更新，其更新的设备也可适当缩短折旧期限。（5）鼓励企业合并。对因合并而出售闲置的机器、设备、厂房、土地的所得用于添置或更新机器、设备、厂房及土地者免征印花税、契税及土地增值税。（6）鼓励进行研究和开发。对研究、开发和进行科学实验的开支，准以费用列支；对由国外进口专供研究、开发、实验用的仪器、设备免征进口税；对本国人出售发明专利取得的所得免所得税。（7）企业用于培训职工掌握新技术的教育经费，可以从应缴所得税中全部扣除。（8）加拿大政府为了鼓励加拿大对提供高额收益和正在发展的新技术企业进行投资，规定，凡在上述领域进行投资，其资本利得额达到 50 万加元以上的个人，可以终身得到减税免税的待遇。西班牙政府为了解决本国工人失业等问题，规定凡雇佣西班牙工人达到一定比例的外国公司都可享受相应的减税优惠。（9）投资税额扣抵。美国曾广泛实行过投资扣抵奖励办法。按照这种办法，企业可以从某种合乎奖励规定的投资支出中，提出一定比例从应付税款中扣除。税额扣抵比加速折旧应用的范围广泛，因为加速折旧只限于固定资本支出，而税额扣抵可应用于科学研究、开发和实验等方面的支出。

（三）资本主义国家运用税收政策促进科技和经济发展的局限性。（1）改变税率设计，鼓励资本和财富的进一步集中，虽然促进了科技和经济的一定发展，但也加深了大资本家和中小资本家之间、资本家和工人阶级之间的矛盾和对立。这不仅带来许多社会问题，而且也会阻碍科技和经济的发展。现在西方国家都在议论1990年会不会发生经济大萧条的问题。美国著名的印裔经济学家莱维·巴特拉在《1990年大萧条》一书中说，如果不采取补救措施，1990年将会发生大萧条。他认为，财富的集中对经济有两个有害的影响：一是它增加了有不可靠贷款的银行数目；二是助长最终连银行也被卷入的投机狂热。因为财富分配不平均是"狂热或幻觉"的前提条件。不平均程度越高，幻觉就越强，其最终的破灭就越痛苦。1929年的财富分配不平等程度是最高的，银行发放的投机性贷款也达到顶点，因此1929年的普通衰退转变为史无前例的经济灾难是不足为奇的。现在占美国人口10%的最富有者拥有的财富比90%的底层人民所拥有的还多。这是不祥的数字，它向我们发出了有关未来事件的警告。经济衰退发生在1989年至1990年之间。它同由于财富空前集中所产生的不稳定的银行体系相结合，将导致20世纪90年代的史无前例的大萧条。这是巴特拉所做的引人注目的预测。有些经济学家不同意巴特拉的悲观分析，认为1990年不会发生大萧条。但是即使在1990年不会发生类似1929年的大危机，那么由于税收政策激烈鼓励资本和财富进一步集中所产生的社会后果也是值得人们认真分析研究的。（2）税收鼓励同税负公平的矛盾。在资本主义国家虽然对"公平"的解释一直有分歧,但"公平"始终被标榜为税收立法的一条重要原则。既要讲"公平",又要对某些行业实行优惠,这就产生了矛盾。在日本,一些经济学家和企业家对"租税特别措置"异常反感。认为它是破坏租税公平原则的措置。在其他一些资本主义国家也有人认为优惠是出自政治家的"非经济价值判断",即认为税收优惠是由政治家的主观意志或由集团利益决定的,是同经济发展和租税公平的原则相悖的。

三 认真研究如何运用税收政策促进中国的科技进步和经济发展

中国的科技水平在世界科技领域的个别部门是不落后的,但总体来说还是比较落后的。即使从发展中国家来说,中国的科技水平也不是名列前茅的。作为一个大国,我们应该充分认识这种落后局面的危险性和发展科技的迫切性,不然我们将会在世界经济科技竞争中打败仗。把我国的科技特别是高科技搞上去是一项艰巨复杂的系统工程。需要各个部门的共同努力。当然,税务部门也有义不容辞的责任。税务部门如何促进科技发展,解决这个课题,既需要有经验的积累,也需要解决思想认识问题。而且首先要解决思想认识问题,因为,在谈到税收与科技进步的关系时,有些同志把它们看成是对立的,认为只有减少税收,才能促进科技进步。我们认为税收与科技进步不是对立的关系,而是一种互相促进的关系。因为从税收方面说,税款是社会剩余产品价值的一部分,要增加税收只有扩大社会剩余产品价值的生产,而扩大剩余产品价值的生产,只有提高生产经营的技术水平和管理水平。所以从长远的观点看,要想使税收源远流长、税源充足,必须实行"开源"政策,即实行全力支持科技进步的政策;从科技方面说,在科技发展的某个阶段,固然需要税收给予支持和照顾,但是从长远的观点看,科技的发展必定会带来经济的繁荣、社会财富的增加和更多的税收。所以，税收与科技进步是一种相互促进的关系，而且从根本上说，科技是第一生产力，只有科技进步才能解决财政和税收问题。但是在实际工作中二者确实存在一定的矛盾。因为发展科技需要钱，而财政紧张需要多收税。在中国，这种矛盾是可以通过调节税收政策和科技政策加以解决的。为了进一步发挥中国税收在促进科技进步和经济发展中的作用，当前有两个问题需要研究。

（一）应当首先把大中型企业的科技搞上去。中国大中型企业普遍存在技术开发水平低和周期短的问题。1987年，国家科委根据1985年科技普查提供的数据，对全国6493个大中型企业的7437个技术开发项目进行了分析排队。在所采集的7437个项目中，有63%的项目相当于国际同行业六七十年代的水平，只有37%的项目相当于国际同行业80年代的水平。在这些项目中，由列入计划进行开发到完成技术鉴定，周期在一年以内的占56.9%，1—2年的占21.2%，2—3年的占10.7%。这就是说开发周期在三年以内的占88.7%，这还是企业实行"承包"前的情况。有些企业实行承包后，短期行为明显加剧，技术开发水平低和周期短的问题更加突出。应当看到这种只重视开发"短平快"和低技术项目的做法具有很大的潜在危险。因为作为中国国民经济骨干的大中型企业不仅应是研究科学技术的一支重要力量，而且应是把科学技术转化为实际生产力的主要场所。因此，大中型企业在发展科技方面必须要有一个生产一代、储备一代、研制一代、规划一代的比较长远的战略目标，要为今后五年、十年甚至更长期的市场竞争做准备，没有这种技术储备，只步外国的后尘，就很难在国际经济科技市场的竞争中立足，也很难摆脱我国技术装备的落后状态。因此，如何把大中型骨干企业的科技搞上去是一个要迫切研究解决的重要问题。

（二）制定鼓励科技发展的税收条例。近几年来，中国在税收鼓励科技发展立法方面做了不少工作。比如，国务院先后发布了《关于鼓励外商投资的规定》《关于经济特区和沿海十四个港口城市减征免征企业所得税和工商统一税的暂行规定》《关于鼓励台湾同胞投资的规定》以及国务院批准的《北京市新技术开发试验区暂行条例》，在这些规定条例中，都有从税收方面鼓励科技发展的专门条款。另外，税务部门也制定了一些促进科技发展和新技术开发企业发展的单项规定。这些条例和规定对于发展科技和引进新技术都起了良好的作用，但是这些法规中的一些优惠规定多是按投资对象（外商、台胞）或按地域（经济特区、开发区）划分的。这种划分在某个特定时期和缺乏经验的情况下是必要的。但是这种划分也有副作用。原来的两个涉外税法和国内的税法都没有鼓励科技发展的专门条文，也对科技发展不利。因此，我们认为应该认真总结几年来税收在促进科技发展方面的经验，可以考虑在适当时机修改充实现行的税法和单独制订《税收鼓励科技发展条例》。前面说过，把中国的科技搞上去是一项艰巨复杂的系统工程，不光是税务部门的事，而且税务部门的作用也是有限度的，税务部门采取的政策措施只有在下述条件下才能充分发挥作用。第一，国家要有中长期的科技进步发展战略。这个战略应当包括确定科技进步的总目标、产业政策和技术政策，包括为科技进步创造良好的环境，改变总需求长期大于总供给这样一种对技术进步极为不利的局面，因为这种局面会使企业在商品竞争中失去压力，不会强烈地追求技术进步。第二，需要全面深化经济体制改革和完善科技管理体制。第三，需要财政、银行、物资、外贸和人事等部门的支持和配合。

（原载《财贸经济资料》1989年第5期）

台湾当局运用税收政策促进经济发展和科技进步的经验研究

台湾当局很重视运用税收政策促进经济的发展和科学技术的进步。他们在不同的历史时期，根据经济形势的发展变化不断地调整税收政策和改变做法。国内外一些经济学者认为，台湾当局采取的这些税收政策措施，对推动台湾经济的迅速发展和科学技术的进步，起到了重要的作用。

一　从《奖励投资条例》到《促进产业升级条例》

30多年来，台湾当局运用税收政策促进经济和科技发展的路程，可以分为两个阶段（两个阶段的内容有交叉，很难划分清楚。这里为了叙述方便，姑且加以粗略地划分）。第一个阶段是从20世纪60年代初到80年代末的30年。在这个阶段的前20年，由于台湾在经济发展中遇到的主要问题是资金短缺，所以这个时期的税收政策以鼓励投资和吸引外资为重点，发展的行业主要是劳动密集型的行业。在此期间，台湾当局先后公布《奖励投资条例》《华侨回国投资条例》和《外国人投资条例》。同时，为了加强对吸收和运用外资工作的组织领导，还公布了《经济部投资审议委员会组织规程》。在这些法规中，《奖励投资条例》的影响最大，成为台湾当局对岛内外投资人宣示投资政策的最重要的文件。该条例共分五章、143条。核心内容是第二章税捐减免，占44条。

第二个阶段是从70年代末到90年代初的十余年。这时台湾发展经济所需资金问题已经解决，外汇储备相当充裕，各项生产事业有了迅速发展。于是税收政策鼓励的重点就由鼓励投资和吸引外资，转变为鼓励产业升级和科学技术的发展，甚至还鼓励向海外投资，重点发展的行业也由劳动密集型转变为技术密集型和资本密集型行业。在此期间，台湾当局于1979年和1990年先后公布《科学工业园区设置管理条例》《工业新产品研究开发计划补助办法》和《促进产业升级条例》。其中，《促进产业升级条例》是作为《奖励投资条例》的替代物出现的。在酝酿这一替代的过程中，曾在台湾的学术界和有关业务部门引起强烈的反响。台湾的一家杂志发表社论说："眼看着30年来产业政策导向的奖励投资条例即将受人唾弃而成为过眼云烟，代之而起的是换汤不换药的促进产业升级条例，不禁令人感触良深。"这种观点具有一定的代表性。当时有很多人主张，《奖励投资条例》过去曾立下汗马功劳，"声名远播"，现在可以修改，但它的名称不可放弃。但是，台湾"行政院"于1990年2月1日还是通过了《促进产业升级条例（草案）》，并于同年12月29日完成"立法"程序，正式公布实施。

《促进产业升级条例》同《奖励投资条例》相比较有其共同点，也有其不同点。共同点在于都是运用减税免税、延缓课税、加速折旧等手段促进国民经济的发展和科学技术的进步。其主要不同点是二者鼓励的对象和范围不同。《奖励投资条例》鼓励整个生产事业的发展（对外国公司投资于生产事业，也同样鼓励），比如该条例第3条规定：凡依公司法组织之股份有限公司或依外国人投资条例核准相当于股份有限公司之外国公司，从事生产物品或提供劳务之下述事业，均按奖励类目及标准，给予奖励。这些事业包括：制造业、手工艺业、矿业、农业、林业、渔业、畜牧业、运输业、仓库业、公用事业、公共设施兴辟业（投资于兴辟都市计划范围内的市场、公园、地下街、儿童游乐场、停车场等公共设施）、国民住宅兴建业、技术服务业（提供专门技术或专利权之事业）、旅馆业、重机械营造业（重机械从事土木工程营造之事业）。该条例第6条规定："合于第3条奖励类目及标准新投资创立之事业"，"自其产品开始销售之日或开始提供劳务之日起，连续五年内免征营利事业所得税"。

由以上规定可以看出，尽管对各行业不同类目奖励的标准有所不同，但其奖励的范围相当广泛，既包括生产事业，也包括公共设施、技术服务业和旅游业。而《促进产业升级条例》的奖励范围相对较小，不仅取消了对上述行业实行五年免征营利事业所得税的规定，而且只鼓励投资于工业、商业、服务业等行业中的研究开发和自动化设备等项目。（详见本文第二部分）同时，这种鼓励不包括外国公司，只限于台湾的股份有限公司。台湾人把改变后的这种奖励办法叫作"功能性的奖励"。台湾学术界的一些人士认为《奖励投资条例》实行按行业减免税的办法，虽然在一定历史时期发挥了积极作用，但到20世纪80年代末这些规定已不利于科技进步，也不利于产业升级和企业自身的健康发展。所以，用《促进产业升级条例》代替它是必要的。

二 《促进产业升级条例》中的减免税规定

《促进产业升级条例》总的立法精神在于它试图通过鼓励措施把大中型企业引上资本、技术密集型企业和国际化、自由化的道路，而对中小型企业则鼓励它们积极向自动化生产技术和防治污染设备方面投资，促使它们走上产业升级的道路。当然，鼓励大中型企业向资本、技术密集型企业和国际化自由化的道路发展也是产业升级。

《促进产业升级条例》比之《奖励投资条例》有较大幅度的

简化，鼓励的重点也更加突出。整个条例共分六章、44 条。同《奖励投资条例》一样，租税减免是整个条例的核心，共占 16 条。以下是其有关税的主要规定。

（一）快速折旧。该条例第 5 条规定：公司之固定资产得按下列规定缩短耐用年数，但在缩短后的耐用年数内，如未折旧足额，得于所得税法规定之耐用年数内一年或分年继续折旧至折足为止。

1. 专供研究发展、实验品检验用的仪器设备及节省或替代能源的机器设备得按两年加速折旧。

2. 基于调整产业结构、改善经营规模及生产方法的需要，对特定产业应准其机器设备按所得税法固定资产耐用年数表所载年数，缩短 1/2 计算折旧，其缩短后的年数不满一年者，不予计算。

特定产业的适用范围及施行期间，由"行政院"另行规定，并每两年检讨一次。

（二）投资税额抵减该条例第 6 条规定，为促进产业升级需要，公司得在下列用途项下支出金额 5%—20% 的限度内，抵减当年度应纳营利事业所得税额。当年度不是抵减时，得在以后四年内抵减。

1. 投资于自动化生产设备或技术。

2. 在本条例实施之日起五年内购置防治污染设备或技术。

3. 投资于研究与发展、人才培训及建立国际品牌形象之支出。

前项投资抵减其每一年度的抵减总额和不超过该公司当年度应纳营利事业所得税额 50% 为限。但最后年度抵减金额不在此限。

各款投资抵减的适用范围、施行期限及抵减率，由"行政院"另行规定，并每两年检讨一次。

（三）鼓励向经济落后地区投资。该条例第 7 条规定：为促进产业区域均衡发展，公司投资于资源贫瘠或发展迟缓地区，达到一定资本额或增雇一定人数员工者，得按其投资总额 20% 范围内，抵减当年度应纳营利事业所得税；当年度不足抵减时，得在以后四年度内抵减。

前项地区、资本额与雇用员工人数,由"行政院"规定。

(四)鼓励重要科技事业的发展。该条例第8条规定:为鼓励重要科技事业、重要投资事业及创业投资事业之创立或扩充,依下列规定认股或应募记名股持有时间达两年以上者,得以其取得该股票的价款20%限度内,抵减当年度应纳营利事业所得税额或综合所得税额。当年度不足抵减时,得在以后四年度内抵减。

1. 个人或创业投资事业以外的营利事业,原始认股或应募政府指定的重要科技事业及重要计划,其因创立或扩充而发行之记名股票。

2. 个人或营利事业原始认股或应募创业投资事业因创立或扩充而发行之记名股票。

前项投资抵减,其每一年度的抵减总额,以不超过该个人或事业当年度应纳综合所得税额或营利事业所得税额50%为限,但最后年度抵减金额不在此限。

重要科技事业、重要投资事业及创业投资事业的适用范围,由"行政院"规定,并每两年检讨一次。

(五)专利等收入免税。该条例第9条规定:国民以自己之创作或发明,依法登记取得之专利权或电脑软件著作权提供或出售与台湾境内公司使用,经目的事业主管机关核准者,其提供该公司使用所得的权利金,或售与该公司使用所得之收入,免予计入综合所得额课税。

(六)鼓励向海外投资。该条例第10条规定:公司为配合政府政策,进行海外投资,并经目的事业主管机关核准者,得按海外投资总额20%范围内提拔海外投资损失准备,供实际发生投资损失时充抵。

适用前项海外投资损失准备的公司,以进行海外投资总股权占该海外投资事业20%以上者为限;但经"行政院"专案校准者，不在此限。

公司提拔之海外投资损失准备，在提拔三年内若无实际投资损失发生时，应将提拔的准备转作第三年度收益处理。

公司因解散、撤销、废止、合并或转让依所得税法规定计算清算所得时，海外投资损失准备有累积余额，应转作当年度收益处理。

三　台湾当局运用税收政策鼓励经济和科技发展的一些特点

（一）适应经济形势变化，不断调整和制定政策

台湾当局把税收和经济政策是作为促进经济和科技发展的重要手段来使用的。他们认为，"永远要有经济政策，但没有永远的经济政策"，因此，一定要根据经济形势的发展变化不断地调整或重新制定税收和经济政策。《奖励投资条例》从公布到废止，修订过数次，其中大改三次。《促进产业升级条例》的一些条文中，更规定有"每两年检讨一次"等语。这意味着对规定不合理或规定合理但由于形势变化已不适用的内容要及时修订。

应当提出，强调适应经济形势的变化而不断调整政策，绝不意味着调整或制定政策可以不慎重。相反，台湾当局和学术界一些人士认为，"错误的政策，比贪污更可怕"，因此，他们要求在制定政策时一定要慎重从事。比如，废弃《奖励投资条例》，实行《促进产业升级条例》，从酝酿讨论到完成"立法"程序，前后经历近三年的时间。

（二）重视制定政策，也重视实施政策

重视制定政策，也重视实施政策，这也是台湾当局施政方面的一个重要特点。这里举两个例子。一个例子是台湾当局公布《华侨回国投资条例》和《外国人投资条例》之后，为了从组织上保证这些条例的贯彻执行，随即发布《经济部投资审议委员会组织规程》。为了保证该委员会具有权威性，台湾当局规定该委员

会由"经济部""财政部""外交部""交通部""内政部""侨务委员会""中央银行""经济建设委员会""卫生署"等部门的副职组成，以"经济部"次长为主任委员，并规定委员会每两周召开一次会议，必要时召开临时会议，以便及时处理有关税务、外汇、进出口、工商行政、投资考核等方面的重大问题。另一个例子是台湾当局为了保证《奖励投资条例》的贯彻执行，在《奖励投资条例施行细则》的第一章总则中专门规定有"行政配合"一节。其中明确规定：主管机关"对于人民投资及外销案之处理，其未定有期限者，应即规定期限""主管机关延迟规定者，一律以30日为处理之期限"。还规定，有关机关对于应该处理的案件而不处理者，上级机关应"追究所属机关之延迟责任"。

（三）使被鼓励者得到真正实惠

台湾当局鼓励经济和科技的发展，一般都遵循两条原则：一是使从事经济和科技活动的单位能够得到真正的实惠，但又要避免使它们产生单纯依赖照顾的思想；二是要考虑财政的承受能力。一般来说，从事这些活动而又享受减免税奖励的面不会太大，对财政收入不会产生很大的影响，而且一旦科技成果转化为生产力又会带来巨大的财政收入。所以，如何使这些单位能够得到真正的实惠，把它扶上马、送一程，就是值得认真研究的问题。台湾当局在这个问题上是很费心思的。他们考虑到一种新技术产品或一种技术密集的新生产事业，从其问世到被社会普遍承认，需要一个过程。有时这个过程还相当长。所以，为了给它们实惠，在确定免税的起始日期时，应该考虑这个"时间差"。台湾当局在《奖励投资条例》第7条中规定，资本密集或技术密集之生产事业，依规定享受免税奖励者"得由该生产事业在其产品开始销售之日或劳务开始之日起，两年内自行选定延迟开始免税之期间；其延迟期间最长不得超过四年；延迟免税期间之始日，应为一会计年度之首日"。在其《科学工业园区置管理条例》第15条中规定:"科学工业得自其产品开始销售或劳务开始提供日起一年内,自行选定四年内之任何一会计年度之首日开始,连续免征营利事业所得税五年"。这种由纳税人"自行选定"免税起始日期的办法,应该说能够使纳税人得到真正的实惠,因为他们对其产品的销路何时最好、免税期限从何时起算有利,最为清楚。

(原载《河北税务》1992年第6期)

瑞典政府管理财政支出的经验

瑞典政府在管理公共财政支出中，引进了私人部门企业管理的核心思想，即成本与效益的"经营思想"，并通过建立制度化的程序来提高各级财政部门的工作质量和保证财政支出取得最大的经济和社会效果。

瑞典国家财政收支占国民生产总值的比重很大。近 20 年来，政府的各项税收占国民生产总值的 50% 左右，政府的各项支出（包括公共福利支出）占国民生产总值的比重还要更大。这种状况在经济发达的西方国家中也是少见的。

财政收支占国民生产总值的比重这么大，那么，如何加强财政收支的管理，就很自然地成为瑞典政府面临的一个十分重要的问题。

瑞典人认为，管好政策支出比管好财收入要困难得多。因为财政收入政策如果不当，比如，税负过重，纳税人就会通过各种渠道（包括议会）告状，但是如果支出政策不当，纳税人一般不易发现，或者一旦发现，不良后果已经造成。因此，议会和政府都十分注重研究和改进财政支出的管理制度。

前些年在中国社会科学院与斯德哥尔摩大学联合召开的两次公共管理[①]理论讨论会上，瑞典朋友介绍了瑞典政府管理财政支出

---

① 西方学者所应用的公共管理概念，一般是指对国家机关、军队、国有企业和国有服务机构等的管理。它是和私有管理的概念相对应的。所以，公共管理包括的范围很广。

的经验。我们认为，研究这些经验，对于我们改进这方面的工作很有帮助。

瑞典朋友说，从20世纪80年代起在瑞典公共行政管理（财政收支管理是公共行政管理的重要组成部分）中发生的变化被描述成一场"文化革命"。"文化革命"这个词或许会引起中国朋友各种混杂的感受。然而对瑞典来说，它只不过是指要对传统的行政管理实践进行基本变革的探索、努力和追求。从这种意义上理解，一个新的"行政管理文化"，正在瑞典崛起。

自从1976年以来瑞典政府对改革行政管理所作的努力，可以用四个目标来加以概括：第一个目标是控制由财政税收支持的公共服务部门的费用，并提高这些部门的工作效率；第二个目标是增强官僚机构对公民需要的反应能力；第三个目标是改进和提高这些机构组织的性能，促进其变革；第四个目标是克服公共管理领域中的所谓部门分割化问题。这种分割化，一方面造成各个管理机构之间合作的困难，另一方面各个机构都力图提高它自身的地位。这四项改革的基本思想大都来源于私有领域中的工业和商业。在致力于实现这四个目标的过程中，总的主题是政治和行政管理的分权化。①

瑞典政府把加强财政支出的管理作为改革行政管理的首要目标是有道理的。因为财政支出的规模已经达到了如此巨大的程度，以致它的使用效果如何，不仅会影响经济的荣枯，而且会影响政局的安危。但是，通过财政支持的政府管理成果，一般不能在市场出售；政府管理成果的"价值"也很难通过市场来衡量。因此，必须找出既能提高政府管理效果，又能正确评估政府管理效果的措施和方法。20多年来，瑞典政府试验和应用"项目预算"和

---

① 政治分权化指权力从由选举产生的高层次政治机构向较低层次机构的转移。行政管理分权化指一个官僚机构组织内的决策权由中央机构向同一组织的地方和地区的分支机构的转移。

"框架预算"制度和方法，在解决这些问题方面取得了积极的成果。也就是说，在财政支出方面保证经济原则的实际应用是通过建立制度化的程序而不是通过市场程序来解决的。

瑞典原来对政府部门财政支出的管理是以支出的类型来划分的。也就是说，政府机构是通过投票来决定对雇员的工资、调查研究、办公费等开支种类进行拨款，这些拨款并不与某一机构的工作性质或工作目标相联系。与此相适应，政府部门的会计机构只报告拨款的利用情况，并说明这些开支没有超出预先规定的限额，但是它们不能说明政府所进行的每项经济活动的成本是多少，这些活动的最终效用如何。这是瑞典传统的预算体制。这种体制的弊病是用钱的部门千方百计多要钱。正如一般认为利润最大化是企业追求的目标一样，拨款最大化则是靠财政支持管理机构的内在目标，而这些机构对用钱的效果却不负太多责任。

为了改变这种体制，1963年瑞典政府任命组成了一个委员会，专门负责就会计、成本计算和项目预算在国家政府部门的应用提供可行的现代方法。该委员会认为，通过改善管理控制，分析部门活动和这些活动效用以及供每一活动的成本与效益等方法来加强对政府部门的管理至关重要。为了达到这个目的，应对每个政府部门（不包括政法系统）在某个时期的活动规定出明确的目标，即必须完成的"项目"，财政则根据这些项目来进行拨款。这样就把传统的预算方法改为"项目预算"的方法。"项目预算"的指导思想是，一方面政府和议会应通过对多个项目的选择和决定每一项目的总成本而集中考虑优先项目问题；另一方面行政管理机构在使用这些预算拨款中被赋予更大的自主权。

该委员会的基本观点，可以归纳为以下五点。

1. 规划和评估。政府各部门都应发动其工作人员根据本部门的任务和目标作出规划项目，而不应仅仅为了支出而作规划。实现规划项目的状况，应作为评估各部门工作成果的主要标准。

2. 以五年计划作为政府部门制定年度预算的基础。

3. 将成本支出与多种工作和效用相联系。

4. 预算确定后，具体支出种类的决策权和责任均属于各部门。

5. 议会和内阁的决策作用，主要限于对各部门的目标、工作程序和各个项目之间的拨款比重（而不是支出的种类）的制定方面，而对为达到这些目标所应采取的方法，完全由各部门决定。

项目预算的基本概念是生产率和效益。生产率是投入与产出的规模和价值之间的关系；效益，不仅考虑生产的规模或价值，而且要评价投入的资源与产出结果的效用，即对完成预定的规划目标的影响关系。因此，效益是一个中心概念。从这里可以看出，项目预算的概念，受到私人部门企业管理经济学的强烈影响。

项目预算模式开始在瑞典民用项目（不包括盈利的国营企业）中应用，以后在一系列中央政府机构应用，最后计划在内阁各部应用。[①] 但由于存在各种困难，在内阁各部没有推开，在有些中央政府机构应用的情况也不是很理想。所谓存在困难，主要是：（1）项目预算模式低估了评价政府部门活动成果的困难性。很显然，一个政府部门活动所产生的社会效用是由多方面因素和影响形成的，企图从预算一个方面进行准确评价是困难的；（2）新旧体制之间的矛盾。实行项目预算的政府部门希望以他们的各种项目划分进行工作，而内阁各部却仍然以旧的预算体制考虑问题；（3）有时很难制订各部门的长期计划，或者制订的这些计划不准确，不能作为各部门未来经济活动的依据。

为了克服上述困难，瑞典政府决定从1985年7月起推行"框架预算"。框架预算是项目预算的发展。它的使用范围比项目预算

---

① 瑞典的行政权由首相领导的内阁行使。内阁由12个部组成，这与其他国家相比是相当小的，原因是在瑞典还有一系列中央政府机构，负责不同范围的政府工作。这些机构直接从属于内阁，而不从属于哪一位大臣。像这样的中央政府机构共有80个，如国家农业委员会、国家卫生和福利委员会、国家教育委员会、国家劳动力市场委员会、国家审计局等。

更广，它把内阁各部也作为实行框架预算的单位，财政部核定内阁各部的预算拨款总额（不是按支出种类核定拨款额，而是根据各部的"目标"，只核定总额）。内阁各部本身及其下属机构的拨款数额由内阁各部核定，这样既扩大了内阁各部的财权，又加重了他们的责任，据说内阁各部对实行这种办法是拥护的。框架预算法早在20世纪70年代初期就由某些地方政府从有些项目（比如清除垃圾）用招标方式更节约开支中得到启发而开始试用。

瑞典国家审计局负责项目预算与框架预算的试验与推广。审计局认为，这些方法的应用使政府各部门有了新的"经济思想"和"经营思想"；成本会计在政府部门得到了应用；新的规划程序能使大批工作人员发挥其聪明才智。总之，项目预算与框架预算的试验与应用，使政府部门认识到现代经济管理的职能是什么，并为提高政府部门工作的质量奠定了很好的基础。

我们认为，瑞典政府管理财政支出的经验很值得借鉴。长期以来，我们对政府部门的财政支出如何进行管理，如何提高支出的效益，如何考核支出的效果等问题，虽然进行过多方面的改进，但是总的来看这些问题还没有很好地解决。成本和效益的概念还没有引入政府各个部门当中去。我们认为，提高经济效益也应该考虑提高各级政府部门财政支出的经济效益。因此，尽管瑞典的社会经济制度同中国不同，但是认真研究瑞典政府管理财政支出的经验，对于我们还是有很大的现实意义的。

（原载《财政研究》2001年第2期）

美国遗产税的存废之争

遗产税在美国政府收入中占的比重不大，大约为1.5%。征税对象包括死者遗留的独有财产，如房地产、现金、股票、珠宝、人寿保险、退休金、抚恤金、应收账款，以及死亡人同其他人共有的财产中，属于死亡人的部分等。现行遗产税税率为18%—55%的17级超额累进税率。一般人认为，遗产税虽然在政府收入中占的比重不大，但它是一种公平、正义的税种，能在一定程度上调节贫富差距，特别是在高税率的条件下，这种调节作用更大，所以征收遗产税，得到低收入阶层广大居民的拥护，也是他们长期抗争的结果。

2001年2月8日，美国第43届总统乔治·布什向国会提出在10年内减税1.6万亿美元的庞大计划，该项计划在同年5月被国会批准（但减税额降为1.35万亿美元）。其中，遗产税10年累计减税额为2666亿美元，具体规定是：从2002年开始遗产税免税额由60万美元提高到100万美元，2009年再提高到350万美元，到2010年遗产税将被废弃。

小布什这项计划一提出，即曝出一条"轰动性的大新闻"，这就是美国最富有的300名大富豪，包括比尔·盖茨、沃伦·巴菲特和乔治·索罗斯等人在内，联名发表公开信，反对削减和废弃遗产税。这条新闻之所以"轰动"，是因为取消遗产税对富人，尤其是对大富豪们最为有利，他们是最大的受惠者，如果是穷人出来反对这项政策,人们完全可以理解,而大富豪们出来带头反对,人们不仅不理解,简直是觉得有些怪诞了。美国媒体大亨赫斯特有句名言,叫作"狗咬人不是新闻,人咬狗才是新闻"。富豪们反对削减和废弃遗产税,正像是"人咬狗"式的新闻,所以引起轰动。

那么,这300名大富豪到底为什么反对削减和废弃遗产税呢？他们在公开信中提出的理由是,这样做将会降低富人慈善捐款的积极性。还有些未参加发表公开信的富豪们,也反对削减和废弃遗产税,他们提出的理由是这项政策会使他们的子孙后代逐渐懒惰、坐享其成、不求进取,甚至腐化堕落。财政经济专家鲁宾却持另一种看法。鲁宾是纽约华尔街高盛证券公司执行长,在克林顿担任总统时期,他担任财政部长,是克林顿政府经济政策的主要策划者。他认为,小布什政府削减和废弃遗产税的计划"没有任何政策目的可言"。他还发表文章,公开批评布什政府大幅度的减税政策,认为这项政策将会导致国家预算收支失去平衡,从而对美国整体经济产生不利影响。他还追忆说,克林顿政府时期的美国经济之所以能够保持长期的繁荣,是因为消灭了老布什政府时期留下的2900亿美元的财政赤字,达到国家预算收支平衡,进而在卸任时留下2700亿美元财政盈余的结果,也就是说,保持国家预算收支平衡是经济政策成功和经济稳定发展的最关键的因素。不少经济学者赞同鲁宾的观点,认为政府的财政状况,对美国经济的影响是很大的,一定要保持来之不易的预算收支平衡的局面。他们甚至认为,前述那些富豪们在公开信中述说的反对削减和废弃遗产税的理由,是为了给刚上台的小布什政府留面子,也是为了产生轰动效应的表面文章,其实,他们反对削减和废弃遗产税的理由,要比他们在公开信中说的理由深刻得多。他们的真实意图是反对小布什政府的大规模减税计划,担心国家预算收支失去平衡，到头来对美国整体经济不利，从而也损害他们的长远利益。

（原载《税务与社会》2002 年第 5 期）

征税权的斗争与北美殖民地革命（上）

1776年北美洲殖民地的独立革命，是世界政治史上的重大事件，也是世界税收史上的重大事件。这个革命事件同其他地区发生的革命事件一样，既有经济方面的原因，也有政治方面的原因，而作为宗主国的英国在1763年至1776年间对北美洲殖民地实施征税权引起的斗争，则是爆发革命的直接原因。

一　《税收法令》与《印花税法》引起的风潮

1756—1763年的英法战争，英国获得了胜利，法国对北美洲殖民地的威胁消失，英国面临的迫切任务是管理和保卫新获得的领地。1760年英国乔治三世即国王位。1763年乔治·格伦维尔任英国首相。格伦维尔上台后即着手制定管理和保卫新领地的措施，并制定对北美洲殖民地的改革计划。

这些措施和计划的主要内容有以下三个方面。

1. 封闭西部土地。1763年10月以英国国王的名义诏谕北美洲各殖民地，将位于阿巴拉契亚山及东、西佛罗里达、密西西比河和魁北克之间的西部土地全部保留给印第安人，禁止移民。除非有英王的特许令，13个殖民地都无权要求拥有西部的土地。同时，在1764年又提出整顿印第安人事务的详细计划。

2. 防务计划。为了解决防务问题，格伦维尔政府提出把驻防的军队增加到 1 万人，为此每年需要增加经费 30 万英镑。

3. 颁布《税收法令》。1764 年年初，格伦维尔政府向英国下院提出了一系列从北美洲殖民地取得财政收入的议案，要求议会批准实施。其中重要的一项就是《税收法令》，即通常所说的《糖税法》。该法令规定把 1733 年旧糖税法规定的进口糖浆税率予以降低，由每加仑 6 便士降为 3 便士；对输入北美洲的外国食糖或从欧洲输入的奢侈品，如酒、丝、麻等课征多种附加税；对来自葡萄牙和西班牙的葡萄酒课以重税；对殖民地的某些免税待遇予以取消，如对马德拉群岛生产的烈性葡萄酒原是免税的，现在规定每一豪格海（相当于 52.5 加仑）需纳税 3.5 英镑，而从英国输入的葡萄酒每一豪格海却只征 5 先令，显然大大有利于英国国库；对皮革和皮革制品等许多初级产品只准向英国出口。

在上述措施中，《税收法令》与防务计划对北美洲殖民地的影响最大，而这两项措施又是同英国的财政直接有关，7 年战争结束时英国国债为 1.3 亿英镑。在北美洲维持各种民政和军事设施的开支，1764 年已达到 35 万英镑，相当于 1748 年 7 万英镑的 5 倍。如何偿还这些债务和如何应付这些日益增加的支出成为英国政府面临的一个重要问题。格伦维尔把目光转向北美洲殖民地。他提出的把驻防士兵扩充到 10000 人的议案，固然有防务方面的考虑，但也是出于对财政方面的考虑。据当时英国军事当局估计有 5000 名士兵就完全可以维护北美洲的安全和秩序，格伦维尔把这个数字增加一倍，其目的在于要把七年战争后原由英国负担的安置和抚恤退伍军人的开支转由殖民地负担。新糖税法与旧糖税法相比并无多少新内容。问题在于过去由于糖浆走私严重，旧糖税法实际上并未执行，而颁布新糖税法，降低税率的主要目的在于保证新糖税法的执行，制止走私，增加财政收入。走私问题对当时盛行重商主义的英国和北美洲殖民地来说都是至关重要的问题。据英国财政大臣（后为首相）威廉·皮特估计，殖民地商业每年给英国商人带来的利润不下 200 万英镑。与此同时英国收取的港口税和对殖民地贸易的垄断所取得的收入也是很可观的。因此，英国当然不会坐视走私不问。但是杜绝走私活动，对依靠走私发展起来的北美殖民地的糖浆贸易和甜酒制造工业是个重大打击。因此，在对待糖税法问题上英国和北美洲各殖民地之间存在尖锐的矛盾，更为重要的是，《税收法令》还涉及英国同各殖民地间的征税权力问题。按照殖民地与英国关系的传统习惯，涉外税收由英国议会立法。对内税收属于地方自治范围，由各殖民地立法。现在没有殖民地代表的英国议会，通过许多包括对内税的法令，被殖民地人民认为是侵权，因此，反对《税收法令》的情绪日益高涨，纽约议会于 1764 年 10 月 18 日向英国议会提出请愿书。"蠲免未经许可和并非自愿的纳税负担，必须成为每一个自由领地的重大原则"，没有这个原则"就不可能有自由、幸福和安全"。同时，有些地方还开展了抵制《税收法令》的群众运动。

在殖民地人民反对《税收法令》情绪和行动日益高涨的形势下，英国国会却火上加油。于 1765 年 3 月 22 日又通过了针对北美殖民地的《印花税法》。印花税法可以看作是格伦维尔改革计划的延续。该法规定一切报纸、大幅印刷品、小册子、证书、商业票据、期票、债券、广告、租约、法律文件等都要附贴印花税票。税率为半便士至 20 先令。违法应受不设陪审团的海军法院的审判。英国议会和政府估计，这项措施每年可以得到 6 万英镑的收入，而税收成本却是很低的。同时，由于税源和负担面广，不会引起什么反对。其实这只是英国议会和英国政府打的如意算盘。实际情况同这种估计完全相反。因为如果说《税收法令》还同外贸和关税存在某些关系从而还可牵强的说是对外税的话，那么印花税却是赤裸裸的课征于殖民地的对内税。而缴纳这种税的人又多是大小商人、律师、记者等，他们在殖民地是最有政治、经济地位和最敢于说话的人。因此,这一税法的颁布和执行,立即遭到 13 个殖民地的反抗和抵制。1765 年夏,一些有声望的人士组织"自由之子社"迫使代销印花税票的美利坚人辞职。同时发起声势浩大的抵制英货的群众运动,结果对英贸易减少 30 万英镑,使商业活动陷于瘫痪,也使英国本土的商人和制造业等受到重大打击,因此,他们也对巩固颁布印花税法不满,转而同情殖民地;1765 年 11 月 1 日是印花税法开始生效的第一天,纽约的群众冲进总督府,捣毁了总督的马车并强迫监管印花税票的官员焚烧税票。弗吉尼亚议会宣布,只有该议会能够行使"对本殖民地居民施……课加赋税的唯一排他性权力",对英国向他们征税的"任何法律不受屈从的约束"。马萨诸塞议会则邀请大陆所有殖民地的代表开会研究《印花税法》颁布后的政治形势和对策。1765 年 10 月有 9 个殖民地派代表参加了在纽约举行的这次反对《印花税法》的会议,这是美利坚人自己为了一个共同的政治目的而召开的有众多殖民地参加的重要会议。这次会议可以说是后来召开的"大陆会议"的先声。经过激烈辩论,会议通过一系列决议。这些决议强调"除由各地议会自行决定者以外,从来不曾有亦不可能有破坏殖民地居民的权力和自由的明显倾向"。这样,人们不仅把税收同政治联系起来,提出殖民地在英国议会"没有代表权就不能征"的问题,而且提出涉及宪法等更深层次的政治观念,如自然权利观、自然法和宪法的超脱性、政府权力有限论等。在殖民地人民强烈反对《印花税法》的高潮中,格伦维尔内阁于 1765 年 8 月倒台,《印花税法》于 1766 年 3 月 17 日被废除,这是美利坚人在征税权斗争中取得的一场重要的政治胜利。

二 《汤森德法案》

《印花税法》的废除,并不等于英国放弃了对殖民地的征税权。在废除《印花税法》的第二天,英国在发布的《公告令》中仍然重申英国议会是"在任何情况下……均对各殖民地具有约束力"的最高立法机构。美利坚人在欢庆反对印花税斗争胜利时没有注意到这一点,而英国人也没有从印花税风潮中汲取正确的经验和教训。

1767年英国的格拉夫顿内阁的财政大臣查尔斯·汤森实际掌握着内阁的大权。同年他颁布了一系列以他的名字命名的法案。他把英国的土地税从20%减至15%,预算由此产生的40万英镑的差额,则要从殖民地增税弥补一部分。因此,他决定对殖民地来自英国的玻璃、铅、油漆颜料、纸张和茶叶等产品征收进口税。预计每年可以收到4万英镑。他认为殖民地人民一直在缴纳关税,因而征收这些产品的关税不会像印花税那样遭到殖民地人民的反对。为了提高海关的效率,他重新设置了一个海关税务署,同时为了保证该税法的执行,规定由英国派驻北美洲各港口的委员负责征收,并建立了许多海军法院分院,负责对违法者的审判。筹集的税款主要用于安置一批文官的薪俸和行政经费,从而使那些英国皇家的总督和法官不受殖民地议会的牵制。

《汤森德法案》颁布后,殖民地人民认为这是"苛税"。但是如前所述,按照英国与殖民地关系的历史传统,涉外税收的立法权属于英国议会。而当时的殖民地关税被看作是保护关税而不是财政关税,因而属于涉外税收,其立法权应同对外贸易的立法权一样属于英国议会。这样就为殖民地人民反对《汤森德法案》带来了理论上的困难。不过,殖民地的一些领袖人物却突破了这个传统的理论框框,宾夕法尼亚的一位律师(自称是农民)约翰·迪金森在《宾夕法尼亚一个农民致英属各殖民地人民公开信》(共12封信)中提出:"议会(指英国议会)无可怀疑地拥有一种合法的职权来管理大不列颠及其全部殖民地的贸易。……我们只不过是一个整体的各个部分;因此必须在某个地方有一种力量来主持一切保持秩序井然的联系"。这里他实际上是提出了一个向联邦过渡和实行联邦分权的重要理论。正是这一理论为后来美国的宪政制度打下了基础。他从这一理论出发，提出英国议会只有制定管理贸易法律的权利，没有制定殖民地对内税和对外税的权利。波士顿的一位殖民地领袖人物塞缪尔·亚当斯的观点更为激进。他提出英国议会在任何问题上都无权为殖民地制定法律。1768年2月，亚党斯等人起草，并经马萨诸塞议会讨论，通过致北美大陆各殖民地下议院的《通告信》。信中说，马萨诸塞会议对《汤森德法案》已"向我们最仁慈的君主（指英王）提出谦卑、恭顺而又忠实的请求……以期得到纠正"。该信请求各殖民地对此法案加以注意，共同促使英王加以"纠正"。但各拉夫顿内阁不"纠正"反而命令马萨诸塞议会撤回《通告信》。不过，该议会经过辩论，以92票对17票的绝对优势拒绝这个命令，而弗吉尼亚议会也通过决议，支持马萨诸塞议会的行动。与此同时，各殖民地的群众像1765年反对印花税时一样，对《汤森德法案》采取了一系列的抵制活动，如不饮进口茶改饮代用茶；不买进口布改穿土布；印刷报纸不用进口纸改用土制纸；房屋家具不刷油漆，等等，从而使波士顿和费城的进口货物减少了50%，纽约则减少了83%，结果也使英国本土工商业受害。所以这些抵制活动也是很有成效的。但是总的来说殖民地人民反对《汤森德法案》的声浪不如反对印花税时高涨。不过从政治上看他们提出的一些理论观点却比反对印花税时更加有力，同时"自由之子社"等革命组织比过去更加严密和团结，其活动也更加巧妙而普遍。迫于这种形势，英国罗斯内阁于1770年3月5日作出决定，认为在北美洲殖民地对进口英国制造品征税是"荒谬反常"的，遂取消了汤森德税收法案，但是茶叶税例外，对进口茶叶每磅仍然征收3便士的税款。

（原载《涉外税务》1994年第3期）

征税权的斗争与北美殖民地革命（下）

一 "波士顿茶党案"

《汤森德法案》废除后英国在北美洲殖民地获得了从1770年到1773年两年多的相对稳定时间。但是到1773年上半年这种稳定局面又被新的革命怒潮所代替。1773年5月，罗斯内阁为了解决东印度公司的财政困难，提出了一个要求议会给予该公司在北美洲殖民地垄断茶叶贸易权力的法案。议会批准了这个法案。于是东印度公司在北美殖民地设立自己的代理商以代替当地经营茶叶的商人。本来殖民地人民对在反对《汤森德法案》中英国未废除茶叶进口税就心怀不满，而东印度公司垄断茶叶进口贸易又置殖民地茶叶进口商和走私者于死地。因此，这项法案一公布就激起殖民地各阶层人民尤其是商人的抵制和反抗。这种反抗比反对印花税时更加激烈。有些地方拒绝从船上卸货，把茶叶又运回英国；有的地方虽然允许从船上卸货，但却不准销售；而在波士顿则发生了所谓"茶党案"。1773年2月16日，波士顿的一些愤怒的"自由之子社"的成员化装成印第安人，强行登上东印度公司的三艘运茶船，把价值18000英镑的茶叶倾入海中，这就是历史上有名的"波士顿茶党案"。事件发生后，英王乔治三世给内阁首相罗斯写信说："局面现已无可转圜，殖民地不是投降，就是胜利"。1774年5—6月，罗斯通过议会颁布封锁波士顿，改变马萨诸塞政府体制；将茶党案的"罪犯"押送英国受审等一系列《强制法令》，并增派军队进行镇压。

北美洲各殖民地在此之前的150年间一直享有充分的自治权利。特别是在税收方面每个殖民地的议会都享有充分的征税权。对于英国的上述镇压措施，当然不能忍受。他们把《强制法令》称为"不可容忍的法令"。同时他们更进一步认识到英国议会具有的颁布《强制法令》的权力，比单纯的征税权更加危及殖民地的自由。因此斗争的目标不能仅限于获得征税权。一些激进的殖民地则要求脱离英国实行独立，并要求断绝同英国及其所属的东印度群岛的贸易往来，1774年5月27日，弗吉尼亚议会发出召开美洲大陆各殖民地全体大会的倡议。从此开始北美殖民地同英国之间由征税权引起的斗争，遂进入一个新的阶段。

二 《独立宣言》

1774年9月5日，在费城召开了美大陆殖民地全体大会，即通常所说的第一次"大陆会议"。参加这次会议的，有除佐治亚以外的12个殖民地的55名代表。

会议开始讨论宾夕法尼亚代表瑟夫·盖洛韦提出的设立一个北美议会，以便与英国议会共同管理一切北美事物的联合计划。但会议开始不久就收到由被围困的波士顿周围各镇代表大会通过的《萨福克决议案》。该议案宣布《强制法令》违反宪法；主张马萨诸塞作为一个自由州武装起义；建议会议对英国实行经济制裁。经过辩论，大会赞同《萨福克决议案》。会议通过了比1765年更加严峻的停止进出口贸易和抵制英货的新协议；会议通过致英国和各殖民地人民的《权利宣言和怨由陈情书》；会议还通过一项被称为"联合会"的协议，规定在每个镇或县建立检查委员会，负责监督执行停止进出口贸易和抵制英货的各项协议。会议于

1774年10月22日宣布休会。在第一次大陆会议通过各项决议和宣言的同时，各地各种政治和武装的行动组织陆续建立。1774年马萨诸塞民选的州议会取代了麻省政府，到1775年大部分北美殖民地都选举了自己的州议会以代替原来的州政府。有些地方还建立了自己的强大的民兵组织和各种突击队。在此背景下，威廉·皮特向英国议会提出一项主张撤销《强制法令》和撤军的动议，但被否决。1775年2月27日，罗斯内阁又建议议会通过一项同殖民地"和解"的决议。其主要内容是如果任何一个殖民地能够为它自己筹集足够的经费，并征集到由英国决定的防务费数额，英国议会就允许不再向该殖民地征税，并把在该殖民地征收的关税移交给殖民地金库。乔治三世和罗斯都认为这种"以退为攻"的策略，将会使"大陆会议永远消失"。但是，美利坚人没有上当。他们认为，这个"决议"在征税权方面没有作出实质性的让步，同时英国也没有放弃封锁波士顿的决定，更没有对改变马萨诸塞政府体制问题加以纠正。所以，对"罗斯和解决议"当然不能接受。1775年4月19日北美殖民地的民兵在列克星敦和康科德两地与英军第一次发生激烈的武装冲突，这次冲突标志着北美独立战争的开始。

1775年5月10日，即在英国与北殖民地的武装冲突发生后不久，第二次大陆会议在费城召开。参加会议的全是后来在《独立宣言》上签字的美利坚知名人士。这次会议开始时有些代表还只是要求撤销《强制法令》，恢复同英国在1763年以前的关系，避免战争和独立。因此，在会议全体代表得知邦克山战斗[①]的消息后，还曾通过《橄榄枝请愿书》，要求实现同英国的"愉快而恒久的和解"。当然，形势也迫使会议不能不考虑战争的威胁。一份由迪金森和托马司·杰斐逊执笔的《关于拿起武器的原因和必要

---

① 1775年6月17日，英军对殖民地民兵据守的邦克山发起进攻并占领了这座小山。战斗甚为惨烈。英军共出动部队2200人，而死伤却达1050人之多。

的公告》反映了这种情绪。公告说："我们将使用敌人迫使我们拿起的武器……来捍卫我们的自由"。会议还任命乔治·华盛顿为"联合殖民地"武装力量总司令。

英国国王认定，第二次大陆会议在组织武装叛乱。遂于1775年8月23日，宣布北美殖民地处于叛乱状态，并于1775年12月禁止对13个殖民地的一切贸易和往来，于是，形势急转直下迫使会议迅速向独立和战争方向转变。1775年11月会议决定组建海军，并派舰队进攻巴哈马群岛的拿骚，1776年4—5月会议决定向世界各国开放北美洲各港口；并派代表去法国求援；同时建议各殖民地成立完全独立的州政府。7月2日，会议通过了由理查德·亨利·李提出的"这些联合殖民地成为、而且名正言顺地应当成为自由独立的国家"的动议。同时会议指定由托马司·杰斐逊、亚当斯、本杰明·富兰克林等五人组成一个委员会起草会议正式宣言。这个宣言就是由杰斐逊执笔的历史上有名的《独立宣言》。宣言分为两部分。一为前言，主要阐述基本政治理论和基本政治观念，二为列举殖民地人民所受的痛苦，所列事实十分动情，催人泪下。这个宣言于1776年7月14日被会议通过。《独立宣言》的通过，宣告一个新的国家——美利坚合众共和国的诞生。7月4日被定为美国的国庆日。这个新生的国家虽然在后面还有许多艰难的道路要走，但由征税权直接引起的北美洲殖民地的独立革命，至此已经取得了胜利。

（原载《涉外税务》1994年第4期）

从国外经验看中国税收管理体制改革

税收管理体制的实质是各级国家机构之间税收权限的划分问题。各级国家机构在职权上应如何划分，它们在财政税收方面各应有多大的权限，这是关于政治、经济和社会运行的基础设施建设方面的重要问题。权限划分不清，会出现"政出多门"或无人管理的混乱现象。因此，这些基础设施建设得怎样，对于实现政治民主化，对于维护国家的权益，对于管理效率的提高，乃至对于政治、经济和社会的正常运行及健康发展的影响都是很大的。

西方一些经济发达国家，都很重视税权的划分。研究这些国家的成功经验，对于改革中国税收管理体制是很有理论和实践意义的。

一 税权的纵横划分

税权有纵横的区分，即有上下左右的分别。现在我们研究税收管理体制，比较重视税权的纵向划分，即比较重视中央与地方的税权和税种的划分，这是符合中国当前客观形势要求的。但是，从国外经验看，重视税权的横向划分也是很重要的。所谓横向划分是指税权在同级立法、司法、行政等国家机构之间的划分。比如，美国宪法明确规定国会有"规定并征收所得税、关税、货物税及其他课税"的权力；并且具体规定：一切征税法案皆应由众议院提出；但参议院得按其他法案相同程序提出其修正案或赞同其修正案。这就是说，税收的立法权在国会，其他部门不得侵犯。民主与法制问题不仅存在于国家机构与人民之间，而且存在于国家机构与国家机构之间。民主与法制越健全，税权的横向划分越细致；国家机构之间的权利制衡越有力，对于避免重大政策失误越有帮助。

在中国中央一级的横向税权划分是指税权在全国人大及其常委会、最高人民法院、国务院之间的划分。从理论上说，这些机构的权限划分是清楚的。全国人大及其常委会是立法机关，最高人民法院是司法机关，国务院是行政机关。但在实践上，侵权现象却不断发生。比如，1980年全国人大通过《个人所得税法》，而在1986年国务院又发布性质相同的《个人收入调节税暂行条例》，造成执行中的困难，这次全国人大修订《个人所得税法》，才使问题得以解决。过去，甚至还曾发生过国务院某个部门下文件开征某种税的严重侵权现象。在司法方面，也曾发生过混乱现象。比如，过去曾有过这样的规定：长期抗税不缴；偷税、漏税情节严重的，除按规定追缴税款或处以罚金外，要报请党委追究企业领导责任。在这里，党委成了司法机关。总之，研究税权的横向划分，有利于健全民主与法制，有利于建立现代税收制度，有利于发展各个国家机构的积极性和相互制约作用。

税权的纵向划分，是指中央同地方（包括省、县、乡等级次）之间税权的划分。在民国建立前的几千年，实行的是大一统的封建专制制度。中央与地方的政治制度，或称大一统的皇权政治制度。中央与地方的职权、中央与地方的税权没有也不可能有明确的划分。国民政府成立后，曾建立过中央、省、县三级财政制度，但因中央采取多种办法挤占地方的税收，结果中央之"专权"，又形成地方之"滥权"：地方任意截留划归中央的税收，使三级财政徒有虚名。现在我们在由财政包干改为分税制的过程中，应该以史为鉴，认真注意避免类似问题的发生。

二 实行分税制是税收管理体制的重大改革

实行分税制是正确处理中央与地方、地方与地方之间税权的重大改革。

实行完善的分税制管理体制是一项复杂的系统工程，不能期望一蹴而就。但是每个历史阶段，应该有必须解决的重点问题。当前的分税制，要重点解决两个问题。一是促进和适应全国统一市场的形成。社会主义市场经济是开放、竞争、有序、统一的现代市场经济。实行分税制是对财政包干制的否定。否定财政包干制的主要目的就是实行政企分离，打破地区封锁、市场分割的"诸侯经济"，促进全国统一市场的形成。从国外经验看，做到这一点是不容易的。因为在市场经济条件下，竞争机制不仅会在企业与企业之间发挥作用，而且也会在地方政府与地方政府之间发挥作用，从而会在地方政府之间形成"利益流出"与"利益流入"的问题，地方的自主权越大，这种竞争就越激烈。因此，不能设想实行分税制就会完全杜绝某些地方利用税权搞"关税壁垒"实行地方保护主义，或者搞"低税港"盲目吸引境外或外国资金的现象。二是解决中央与地方的税种、税源划分，调动两个积极性。原则是局部服从全局，全局照顾局部，大权要集中，小权要分散，中央集权与地方分权相结合。这些原则在当前的具体体现就是既照顾地方的既得利益，又要保证中央在增长的收入中多得，以便增强中央对经济的宏观调控能力。应当看到这是实现在国家宏观调控下使市场对资源配置起基础性作用的关键性措施。当然，在这样做的时候也要注意避免发生影响地方增产增收积极性的问题。

另外，对于具体税种在中央与地方之间的划分也可能会发生分歧。美国对所得税的征税权曾在联邦与州之间争论了50年,最后通过宪法第16条修正案才得以解决。这条修正案的全文是:"国会有权制定并征收任何来源之所得税,无需以税款分配于各州,亦无需根据调查或统计,以决定税率"。

分税制要解决的这两个重点问题,其重要性不是平列的。如果后者同前者发生了矛盾,那么后者应当服从前者,即应该服从有利于社会主义市场经济的健康发展。

三 分税制与财政体制的关系

美国是实行彻底分税制的国家。美国的分税制具有以下特征:(1)明确规定中央和地方税种、税源的划分原则。这些原则包括有利于经济发展、有利于提高工作效率、受益和权责对称、收支相当等。(2)根据税种、税源的划分原则,明确划分税种和税源的归属。(3)中央和地方都有对其归属的税种实行开征、停征或免征的立法权。(4)中央和地方都有其独立的税务管理系统,而且国家税务系统是垂直领导的。

这里虽然把"收支相当"规定为划分税种的一项原则,但是实际上美国一些州或地方的预算收支仍然是不平衡的。解决它们的预算不平衡问题,还必须靠财政体制。办法是明确划分各级财政的收、支系统,中央先把大部分税收收入集中到自己手中(美国的中央收入占60%,地方占40%;日本的中央收入占65%,地方占35%),然后再将相当大的部分收入返还或转付给地方。这种返还或转付一般有两种情况:一种是无条件的,即对返还或转付的税款不附加条件,完全由地方自主支配;另一种是有条件的,即返还或转付的税款要指定用途。经过返还或转付后,地方支出的比重反而大于中央(在美国中央占40%,地方占60%;在日本中央占30%,地方占70%)。分税制与财政体制相结合,一般可以使中央集中大量资金,实现"宏观调控",保证中央必不可少的开支和国家重点建设；又可以调剂各地财力不平衡，保证地方必不可少的开支和扶持地方经济的发展。这是比较成功的经验。不过，这里所说的"调剂各地财力不平衡"，不能理解为用削弱发达地区经济发展的办法，来扶持落后地区的经济发展。因为这样做，不仅可能会打击发达地区的积极性，使发达地区变为不发达地区，还可能会使不发达地区产生依赖性，变为更加不发达的地区。所以"调剂各地财力不平衡"，对落后地区来说，只是"调剂"到满足其"必不可少的开支"为止。至于消除经济发达地区与经济不发达地区的经济差距，则不能光靠分税制和财政体制解决，而需要国家制定相应战略逐步创造条件解决，像瑞典这样经济发达、高福利，国土面积只有45万平方公里的国家只是在20世纪70年代中期才提出解决"地区之间收入均等化"的任务，而实现这个任务，看来还需要一定的时间。由此看来，解决中国东部地区同中西部地区、南部地区同北部地区之间经济发展的差距，也不能操之过急。这个差距在近几年内还可能有某些扩大。同时，消除这个差距从根本上说要靠中西部和北部地区的改革、市场竞争和自己的努力，在此基础上辅之以中央财政的扶持和东部、南部地区的支援，才能一步一步地缩小以至消除差距，达到共同发展、共同富裕的目标。

(原载《山东税务纵横》1994年第2期)

第四篇

中国财税制度改革建议

关于"三线建设"中的问题和建议

1964年,毛泽东同志根据当时国际形势和苏联在第二次世界大战发生前准备不足的教训,作出了迅速建设大三线的战略决策,并提出"现在不为,后悔莫及"。十几年来,经过全国军民,特别是三线地区广大军民的努力,"三线建设"取得了很大成绩:加强了国防实力,积累了建设国防工业的经验。但同时"三线建设"中也存在一些问题需要认真研究改进。本文拟着重讨论存在的问题和解决办法。

20世纪60年代初期,我们提出的"三线建设"方针是:分散、靠山、隐蔽。接着,林彪又别有用心地提出"散、山、洞"的方针,对"三线建设"造成了极为严重的破坏和后患。后来,针对林彪的破坏和实际建设中暴露出来的问题,毛泽东同志又提出要依山傍水"扎大营"。根据当时国内外形势和科学技术发展情况,为了保密,强调进山隐蔽是正确的。现在,回顾我们10多年来走过的路程,并联系近年来科学技术发展情况,我们认为"三线建设"方针应当研究改变。理由是:

1.隐而不蔽。分散、靠山、隐蔽这个方针的核心是隐蔽。但当时对哪些武器的研制应当进山隐蔽,哪些不应当进山隐蔽,看来没有通盘研究。不少厂子是仓促上马,一拥而进。厂子进的多了,是不易隐蔽的。同时,许多三线厂又是根据大而全的原则设计的(越是现代化武器的研制,摊子摆得越大越全),一个厂子摆在一条山沟里，往往要绵延数十里甚至上百里。这种情况，不仅给生产和运输带来困难，而且在当时要做到隐蔽也是困难的；而现在，随着人造卫星和遥感技术的出现和发展，要做到隐蔽更是不大可能的，只能是隐而不蔽。隐蔽的目的达不到，分散、靠山也就失去了意义。

2. 平、战不结合。不少三线厂的建立，没有考虑和平时期怎么办，没有考虑还要生产民用品。因此，一旦不生产或少生产军用品时，工厂就要失业或半失业。现在这个问题已经出现。

3. 管理体制不适应。国务院管国防工业的有好几个部门，每个部门都强调要行业齐全，自成体系（其实许多仪器仪表是通用的，由一个部门研制就行了），各有各的科研机构、各有各的物资供应渠道。结果，科研、生产、物资力量分散，谁也上不去。

4. 浪费很大。据统计，三线军工企业自 1967 年至 1976 年共亏损 232 千万元。这些亏损，有的是由于企业经营管理不善，不讲核算、不计成本、不讲盈亏等主观原因造成的，但大部分是由于客观原因造成的。因为厂子建立在分散落后的山区，各种原材料全从外地调进，生产周期长，必然加大生产成本，这是企业本身无法解决的。至于建厂时耗费资金之大，拖延工期之长，投资效果之低更是惊人的。

5. 职工生活方面也存在不少问题。

还应指出的是不仅大三线厂存在这些问题，而且各省、区小三线厂也同样存在这些问题。有些省、区甚至把生产步枪、手榴弹等极为一般的常规武器弹药的工厂，也作为三线厂搬进了山区，实在是不应该的。

根据上述情况，我们认为"三线建设"工作应该改进。怎么改呢？我们设想可以分成两个问题来研究。

第一个问题是根据 10 多年的实践经验，今后"三线建设"的方针（实际也是国防工业的建设方针）应该如何确定。现在做法是隐而不蔽，因为隐蔽范围过宽，结果谁也隐蔽不住，而且平、战不结合，浪费很大。因此，我们主张尖端武器的研究过程要绝对保密，尖端武器的总装和关键部件的生产要绝对隐蔽。列入隐蔽保密范围的，一定要研究改进保密的办法，在保密期内真正做到保密，失去保密意义的要及时解除保密（美国研制第一批原子弹的计划，即所指曼哈顿计划，自1940年6月至1945年年底是绝对保密的，但到1946年美国政府即决定把所有原子工厂和实验室交由私人承包商经营，所以，真正保密时间，只有五年）；其他武器和尖端武器的非关键性的零部件的生产都可以不列入隐蔽保密范围，都可以与民用工业合并，实行平、战结合，生产军品与生产民品结合。与此同时，管理国防工业的机构，也可以做相应的精简和调整。这样做，不仅可以做到应该保密的一定保密，保证国家机密，保证国家机密的安全，而且可以实现毛泽东同志提出的降低军政费用的比重，多搞经济建设的战略方针，节约国防费用，加快四个现代化的进程。

第二个问题，即已经建成的三线军工企业如何办的问题，我们认为可以按照叶副主席最近一次讲话精神办。叶副主席在参加人大会议解放军代表团讨论会时说："我们国家要实行四个现代化，军队工作同经济工作一样，也要在三年内做好调整、改革、整顿、提高的工作，来消除林彪、'四人帮'的流毒和影响。我们要在调整、改革、整顿的基础上，把我们军队的战斗力提高到现代化的水平（见1979年6月29日《解放军报》）"。叶副主席的讲话是就整个军队工作讲的，也完全适用于国防工业。这就是说，我们已经建成的三线军工企业也要贯彻执行"调整、改革、整顿、提高"的方针。在调整中，对存在各种问题的企业也要根据具体情况，实行"关、停、并、转"。当然这是一项复杂而艰巨的工作，必须进行深入细致的调查研究，才能做好。只要第一个问题，即今后"三线建设"的方针能够定下来，那么解决第二个问题就有了方向，尽管具体工作量比较大，但还是比较好办的。

现在我们"三线建设"已经搞了15年，有经验，也有教训，认真研究这些经验教训，确定适合今后国内外形势需要的国防工业的建设方针，对于加速中国国防现代化和农业、工业、科学技术的现代化有着重要的意义。20多年前，毛泽东同志就反复强调要"把军政费用降到一个适当的比例，增加经济建设费用。只有经济建设发展得更快了，国防基建才能有更大的进步"，并说"这是战略方针的问题"。现在我们仍然面临着这个问题。因此，我们建议中央军委就这个战略方针问题，召集有关部门进行研究讨论。

（原载《中国社会科学院简报增刊》1979年10月18日第15期）

关于完善税制,适当减税,提高企业投资和竞争能力的建议

税制改革7年来,中国税收连续几年增收千亿元,去年增收2348亿元。1996年每百元GDP收税10.3元,去年增到14元。1997—2000年的税收年平均增长率为GDP增长率的2.68倍。税收收入的快速增长,对增强国家宏观调控能力、增加财政投资、促进改革开放和抵御亚洲金融危机的影响起了十分重要的作用。但是,在当前国内外形势下税收增长势头过快,企业负担加重,对刺激投资、扩大内需、提高企业国际竞争力不利。为此,我们建议审时度势,尽快完善税制,适当降低税负,调动企业发展经济的积极性,为企业增强投资能力和竞争能力创造条件。

一 国际上相继出现减税趋势

当前,在国际上已把税收广泛作为提高本国企业竞争力的手段使用,"税收竞争"成为经济技术竞争的孪生姐妹。世贸组织成立后,用关税、非关税壁垒和财政补贴等手段提高本国企业竞争力,都在被限制或被禁止之列,唯有国内税收游刃有余。加上近年来不少国家尤其是发达国家经济疲软,它们为了进一步提高经济竞争力和实力,刺激投资、鼓励技术进步和出口,不断调低国内税负,出现减税趋势。1999年1月,德国公布三年减税方案,

公司所得税税率由 30% 降为 25%，个人所得税最低税率由 22.9% 降为 19.9%，最高税率由 51% 降为 48.5%；10 月，加拿大公布了"历史上最大的减税计划"，五年减税近千亿加元；2000 年 1 月，法国宣布三年减税 1200 亿法郎的一揽子计划，罗马尼亚自今年起将企业所得税税率由 38% 降为 25%。意大利、澳大利亚等国也采取了减税措施。更引人瞩目的是美国。小布什把大规模减税作为其经济政策的核心，他就职不到 20 天，在 2001 年 2 月 8 日即向国会提出 10 年减税 1.6 万亿美元的计划；5 月，美国众、参两院把这一计划改为 11 年内减税 1.3 万亿美元。

在经济全球化的今天，这些动作，不能不对入世在即的中国经济和税收产生重要影响。近几年中国经济形势发生很大变化。市场经济体制已经初步建立，企业成为投资和市场的主体，经济软着陆后，扩大国内需求成为我国的长期经济方针，而且入世在即，企业将面临更激烈的竞争。面对国内外这种形势，要求我们进一步完善税制，减轻税负，使中国企业具有自主经营、自负盈亏的实力和动力，增强参与国外经济竞争的实力。

二 中国企业负担过重，不利于提高企业的竞争能力和发展后劲

1999 年全国各项税收收入 11516 亿元，可统计的政府各项收费 5792 亿元（包括预算内收费、纳入预算管理的收费和社会保险费），两项合计占 GDP 的 22.2%。如果再加上为数不少但又无法准确计算的制度外收费，要占到 GDP 的 26% 以上（2000 年又提高 1 个百分点），有人估计要占到 30%。可见企业负担是很重的。作为投资和市场主体的企业由于负担过重而缺乏进行扩大投资、技术改造和结构调整的实力和动力，而没有这些实力和动力就难以刺激民间投资，企业也难以发展和在国际竞争中取胜。因此，要在狠抓减费和费改税的同时，也要研究适当调整企业的税收负

担问题。

从表面上看，中国税收占 GDP 的比重同外国相比并不算高，但中国企业缴纳的主要税种的税收负担也不算轻。中国的增值税法定税率为 17%，如果换算为同国外可比的口径，即允许扣除固定资产所含税金，则中国现行增值税的实际税率达 23%，高于西方国家（大多在 20% 以下）的水平；中国企业所得税法定税率为 33%，而德国为 25%，日本为 30%，英国也为 30%；美国实行 15%、18%、25%、33% 的四级超额累进税率，前三档都比中国低，最高税率同中国相同。由于它们税前扣除项目多，实际税负要比中国低得多。再考虑到中国企业经济效益和剩余产品价值率都比西方国家低等因素，那么中国企业的税负显得更重，尤其是国有大中型企业。

从上述情况看，中国的税收负担应作适当调整，特别是在减费和费改税没有大的动作之前，应适当调低税负。但我们不主张搞全面减税，而主张结合税制的完善，对那些阻碍经济发展的制度性问题加以改进，把该减的税收减下来。这样做，有利于调动企业积极性，也有利于推行积极财政政策。

三 最紧迫需要完善的两大税种

（一）进一步改革和完善增值税制

1994 年税改时由于考虑财政承受能力以及当时控制投资规模膨胀的宏观政策需要，采取了对企业购进固定资产不予抵扣税金的办法，即生产型增值税。现在，实行这种类型增值税制度的国家已经很少。在新形势下，这种制度存在的弊端越来越明显：1. 由于购置机器设备等固定资产支付的增值税款不允许抵扣，加重了企业负担，影响企业投资的积极性，特别是影响企业向资本密集的产业和基础产业投资的积极性，从而影响企业技术进步和经济结构调整；2. 中国出口产品成本中，由于固定资产所含税款没有抵扣，必然会提高价格水平，降低这些产品在国外市场的竞争力；3.由于对外商投资企业进口的设备有免税规定，而内资企业购进固定资产所含税款得不到抵扣，这又使内资企业在国内市场的竞争中处于不利地位。

把增值税由生产型转变为允许扣除固定资产所含税金的消费型增值税，就能够克服这些弊端。这一改革从当前看，十分迫切。因为中国经济结构正处于战略性调整时期，企业有更新设备、技术进步、产品升级的强烈愿望，增值税转型无异于"雪中送炭"，宜于抓紧实施，早转型，早受益。

如何转型？从财政承受能力看，有两种方案可供选择：1.先限制在购进机器设备范围内实行消费型增值税；2.全面实行消费型增值税，即对企业新增固定资产所含增值税款允许全部扣除。转型后税率不变，税基减少，就账算账，这两种方案，都会使此税种暂时减收。据测算，第一方案要少收300亿元，第二方案要少收600亿元。其实，两个方案的改革成本是一样的，区别在于前者是分期支付，后者是一次支付。我们倾向实行第二方案，因为它可以早日克服生产型增值税的弊端，操作也相对方便。当然，如果财政实在难以承受，也可选择第一方案。不过，我们认为对于财政承受能力也要辩证地看，经济发展是税收之源，既要直观地看到暂时减收，更要看到其刺激经济发展的作用发挥后会使财政长期增收。在不断加强征收管理的情况下，即使在当年也不会减少这么多，而且很有可能当年并不减收。

（二）完善企业所得税制

中国现行的企业所得税制是内、外资分立的两套制度。因此，税前列支标准和税收优惠不一致，税负轻重差异很大。据测算，外资企业平均实际负担率为11%，内资企业平均实际负担率为22%，国有大中型企业平均实际负担率为30%。这种状况，不利于公平竞争。应尽快合并两套税法，这也是参加世贸组织，规范税制的迫切要求。合并后的企业所得税，应在税率和税基方面加以调整。具体意见为：（1）实行比例税制，税率定为25%，把国有企业的负担降下来；（2）合理规范税前扣除，取消计税工资规定，提高折旧率，放宽研究与开发费用列支标准；（3）扩大税基，整顿和减少税收优惠，实行国民待遇，但为使外商投资企业不过多增加负担，可采取某些过渡措施。

四 当前是中国减税的最好时机

增值税和企业所得税制的完善，将会使税制更加科学合理，使企业税负适当降低，这对调动企业的积极性和保持经济的可持续发展将发挥重要作用。当然，我们也清醒地看到采取这项措施，可能会对已相当拮据的财政暂时增加新的困难。不过，中国当前调低税负和完善税制面临的财政困难，并不比20世纪80年代初美、英两国改革税制时面临的财政困难大。当时它们经济衰退，通货膨胀，失业率上升，私人投资不断下降，支出失控，税收减少，财政赤字数额巨大。里根和撒切尔政府，决定通过实施以"宽税基、低税率、少减免、严征管"为主要内容的大规模减税计划扭转局势。结果两年后便见成效。"美国自1982年年底以来的经济增长是美国历史上和平时期最长的一次"，里根说美国"经济复兴"和"信心复兴"是他执政期间"最感自豪"的两大成功。税制改革还为美国90年代的发展打下基础。减税使英国1988年年度的"预算盈余高达140亿英镑"，并使整个80年代的英国经济"有了一股再生的气势""恢复了英国往日在世界上是一股不可忽视的力量的声名"。中国目前的经济形势要比当年美、英两国好得多，即使从财政承受能力看也有许多有利条件，是实施减税的最好时机：一是1994年税改时遗留的期初存货税款抵扣、外商投资企业超过原税负的返还税款和大部分过渡性减免税优惠陆续到期，这几项可使财政减少下来一笔可观的支出；二是近几年来税收增幅很大，财政有能力抽出一部分用来支持税制改革；三是调整财政支出结构，压缩财政支出是有不少潜力的；四是加强税收征管，控制减免，增加收入的空间还很大。所以，我们应当抓住当前不可多得的有利时机，适当减税，完善税制，促进经济结构调整，增强企业实力和竞争力，推动国民经济持续快速健康发展。

（原载中国税务学会《研究报告》2001年6月）

应着手制定国家预决算法

王丙乾同志代表国务院作的《关于一九七九年国家决算、一九八〇年国家预算草案和一九八一年国家概算的报告》，在全国五届人大三次会议和全国人民中引起很大震动，特别是对如何消除财政赤字的问题十分关切。这是一件大好事，是政府相信人民，人民信赖政府的生动体现。

财政问题不仅是一个重大的经济问题，而且也是一个重大的政治问题。马克思说："欧洲从十八世纪以来没有一次严重的革命事先没有商业危机及财政危机的"。[1] 又说："真正的伟大的拿破仑在圣海伦岛上曾经说过，恢复酒税是使他垮台的最大原因。因为这使法国南部的农民脱离了他"。[2] 可见财政问题处理得好坏，不仅关系着国家经济的荣枯，而且关系着国家政权能否巩固。财政的集中表现就是国家预算。毛泽东同志说："国家的预算是一个重大的问题，里面反映着整个国家的政策，因为它规定政府活动的范围和方向"。

新中国成立初期，党和政府对财政预算工作十分重视。中国人民政治协商会议共同纲领第四十条规定："关于财政：建立国家

---

[1] 中共中央马克思恩格斯列宁斯大林著作编译局编：《马克思恩格斯全集》（第24卷），人民出版社1972年版，第152页。

[2] 中共中央马克思恩格斯列宁斯大林著作编译局编：《马克思恩格斯选集》（第1卷），人民出版社1972年版，第530页。

预算决算制度，划分中央和地方的财政范围，厉行精简节约，逐步平衡财政收支，积累国家生产资金"。1949年12月初中央人民政府委员会通过了新中国成立后的第一个预算：《一九五〇年度的财政收支概算》。1950年3月，为了平衡财政收支，克服收支脱节现象，保证1950年概算的实现，政务院作出了统一国家财政经济工作的决定。同时，中共中央发出《关于保证统一国家财政经济工作的通知》。由于全党重视和全国人民的努力，统一财经工作不到两个月，中国财政经济形势就发生了根本性的变化："国家的财政经济工作已经统一，国家的财政收支已接近平衡，不久可能完全平衡，金融物价已趋向稳定"。① 为了巩固财政工作的统一管理与统一领导，充分发挥地方的积极性，逐步建立和健全国家预算制度，1951年8月政务院公布了《预算决算暂行条例》。这是新中国的第一个预算制度，也是现在仍在援用的国家预决算制度。

中国第一个《预算决算暂行条例》，已经"暂行"了近30年。30年来，它起了非常积极的作用，但是现在它已在许多方面同国家的政治、经济、财政情况不相适应。根据我国1954年第一部宪法的规定，审查和批准国家预算和决算，是全国人民代表大会的职权，但是我们现在还没有一部经过全国人民代表大会批准的国家预算决算法。这就使全国人民代表大会的代表和全国人民代表大会预算委员会审查和批准预决算产生一定的困难。现在在财政收支方面产生的一些问题，比如，在基本建设方面"长、散、乱、费"现象长期得不到解决，数以万计的投资被浪费，但当事者可以不受惩罚；一些地方、部门和单位任意截留财政收入、擅自减免税收、随意扩大成本开支范围和提高开支标准、滥发奖金和补贴等，却制止不住，也同法律不健全有关。因此，总结30年来的经验教训，着手制定比较健全的国家预算决算法的问题应该

---

① 中国国际贸易促进委员会编：《三年来新中国经济的成就》，人民出版社1952年版，第25页。

提到议事日程上来了。

国家预决算应该包括国家预决算的重大方针政策和组织国家预决算的基本方法。具体地说，它除了应该规定编制预算的一般原则、预算的编制及审定、预算的执行、决算的编制及审定之外，根据我国多年来的实践经验和今后的政治经济形势的发展，还应有专门的章节规定基本建设投资项目预决算编制审查程序，企业财务收支计划编制审查程序和预算执行的监督机构。如果预决算法写在一起不方便，也可以写成两个，即国家预算法和国家决算法。关于专门规定基建项目预决算编制审查程序的必要性大家是清楚的，不必多说。关于专门规定企业财务收支计划的编制审查程序，主要是考虑到随着企业自主权的扩大，国家预算外的资金项目和数额越来越多。据估计，过去预算外资金大约占预算金的10%左右，而1980年要达到50%以上。对于这样大的数字，不加管理是不行的，但由财政统统收走也是不行的。因此，在立法上应作些原则规定，以便引导企业正确使用这笔资金。设立执行预决算法的监督机构也是很有必要的（即使仍然暂时援用《预算决算暂行条例》也应有监督机构）。我们建议，全国人大代表大会预算委员会应该吸收自然科学家、经济学家、法学家、会计学家参加，并使其成为常设机构，严格履行宪法和人民代表大会赋予它的各项权力。同时，建议设立与国务院各部委平行的"会计审计部"（暂定名），作为全国人民代表大会预算委员会的"腿"和监督执行国家预决算法的工作机构。国务院各部委的财务司（局），改为受"会计审计部"和主管部的双重领导，以"会计审计部"领导为主。地方各级政府也应设相应的机构。这样，执行国家预决算法就有了组织保证。同时，全国广大财会人员也会更好地履行职责，同各种违反财经纪律的现象做斗争。1958年以后，特别是十年动乱期间，中国财会工作遭到很大破坏，各种规章制度被批判，会计人员青黄不接。在各级经济机构中不讲核算、不计成本、不计盈亏和违反财经纪律的现象相当普遍。但是，搞社会主义建设，组织社会化的大生产，不讲经济核算和经济效果是不行的，建设现代化的强国，是离不开会计（簿记）的。马克思说："过程越是按社会的规模进行，越是失去纯粹个人的性质，作为对过程的控制和观念总结的簿记就越是必要"。[1] 又说："在资本主义生产方式消灭以后，但社会生产依然存在的情况下，价值决定仍会在下述意义上起支配作用：劳动时间的调节和社会劳动在各类不同生产之间的分配，最后，与此有关的簿记，将比以前任何时候都更重要"。[2] 我们应当接受我国30年来的实践经验和教训，遵循马克思的教导在制定国家预决算法以后，把执行预决算法的监督机构也建立起来，以便更好地促进我国的四化建设。

（原载《财贸经济》1981年第2期）

---

[1] 中共中央马克思恩格斯列宁斯大林著作编译局编：《马克思恩格斯全集》（第24卷），人民出版社1972年版，第152页。

[2] 中共中央马克思恩格斯列宁斯大林著作编译局编：《马克思恩格斯全集》（第25卷），人民出版社1974年版，第963页。

关于企业所得税实行比例税率的探讨

一 中国现行的企业所得税制度应该进行改革

中国现行的企业所得税制度是按照经济性质和投资方式建立的，税法和税率不统一，多种所得税并存。这种状况的形成是有历史原因的，是同制定税法时的政治经济形势要求和人们的思想认识水平相适应的。但是，随着改革开放的深化，这种状况同有计划商品经济发展的要求越来越不适应。它不仅同"公平税负，促进竞争"的原则相矛盾，而且由于多种所得税并存，在横向经济联合中已经产生了许多混乱现象，给征管工作带来许多困难。因此，中国现行的企业所得税制度应该进行较大的改革。

那么，怎样进行改革呢？

根据有计划商品经济发展的要求和对外开放的需要，企业所得税制度应该逐步走向统一。即应该把现行的国营企业所得税、集体企业所得税和城乡个体工商业户所得税，以及合资企业所得税和外资企业所得税，合并成为一种企业所得税。但是从实际出发要"一步到位"可能有困难。因此，还需要采取过渡步骤，即应先把涉外企业的两个税法合并成为一个税法，再把国内企业的几个税法合并成为一个税法，最后再把内、外两个税法合并成为一个企业所得税法。对于上述设想，现在人们的看法，大体上是一致的。当然对个别问题的看法，也有分歧。比如，对城乡个体工商业户所得税，有的同志主张同个人收入调节税合并，有的同志则坚持同企业所得税合并。另外，对属于技术方面的一些具体问题的看法也不完全一致。

至于对企业所得税应该采用什么税率，是采用比例税率还是采用累进税率，人们的看法就更不一致了。大多数同志主张，在取消大中型国营企业调节税以后，应该对所有的国内、外企业都采取用超额累进税率；少数同志则主张对所有的国内、外企业都应该实行比例税率。

所得税是中国的一个主要税种。而所得税率又是所得税的核心。因此，对企业所得税采取什么税率，是一个很值得认真研究探讨的重要问题。

那么，对企业所得税到底是采用累进税率好，还是采用比例税率好呢？我想在回答这个问题之前，先谈谈资本主义国家有关这方面的情况。

二 资本主义国家所得税率的历史演变

现代所得税制度是随着资本主义和资本主义商品经济的产生和发展而产生和发展起来的。这一点，马克思在《哥达纲领批判》中讲得很清楚。他说："所得税是以不同社会阶级的不同收入来源为前提，就是说，以资本主义社会为前提"。[①] 马克思在另一篇著作中还说过，由于现代分工，由于大工业生产，由于国内贸易直接依赖于对外贸易和世界市场，"间接税制度就同社会消费发生了双重的冲突"，这种冲突在国境上体现为保护关税政策，它破坏或阻碍同其他国家进行自由交换。在国内，它破坏各种商品价值的对比关系，损害自由竞争和交换。"鉴于上述两种原因，消灭间接

[①] 中共中央马克思恩格斯列宁斯大林著作编译局编：《马克思恩格斯选集》（第3卷），人民出版社1972年版，第22页。

税制度就愈来愈有必要了。直接税制度应当恢复"。①

1798年所得税制度创始于英国。但英国的所得税自创立以后至1875年的70多年间，时征时停，而每次开征，在议会审议时都有以几月或几年之后停征为条件。因此，在此期间它属于"临时税"的性质。1876年才宣布所得税为"永久税"，继英国之后，瑞士于1840年实行所得税制度。19世纪中期至20世纪初期，各个主要资本主义国家又相继开征所得税，并且由次要税种逐渐发展成为主要税种。

所得税产生以后，有个税率选择的问题。资本主义国家所得税税率的演变，大体上经历了三个历史阶段。

第一个阶段是实行比例税率的时期。在自由资本主义时期，即在亚当·斯密思想占统治地位的时代，现代所得税制度虽然还未产生，但他的赋税思想已是一种朦胧的比例税思想。他在《国民财富的性质和原因的研究》一书中说："一国国民，都须在可能范围内，按照各自能力的比例，即按照各自在国家保护下享得的收入的比例，缴纳国赋，维持政府。""所谓赋税的平等或不平等，就看对于这种原则是尊重还是忽视。"这是亚当·斯密租税四原则中的第一个原则。有人把它概括为"普遍的原则"或"公平的原则"。这个原则的理论基础是"利益说"，即各人应按得自国家利益的比例纳税，不干涉社会财富的分配，所以这种公平是比例税的公平。

亚当·斯密的赋税思想，对资本主义国家税收政策的制定有很大的影响。所得税产生以后人们大都从"利益说"或"交换说"出发，认为比例税是合理的、公平的，而认为累进税是立法者任意规定的，漫无标准的，是不会合理和公平的。因此，在一个相当长的时期内，资本主义国家的所得税大都采用比例税率。

---

① 中共中央马克思恩格斯列宁斯大林著作编译局编：《马克思恩格斯全集》（第8卷），人民出版社1961年版，第576页。

但是，比例税从无产阶级的观点来看是一种貌似公平，实际上不公平的税率。因此，无产阶级反对实行比例税率而主张实行累进税率。恩格斯于1845年在爱北裴特的演说中说："为了改变到现在为止一切分担得不公平的赋税，在现在提出的改革计划中就应该建议采取普遍的资本累进税，其税率随资本额的增大而递增。"当时，在绝大多数资本主义国家连所得税都反对的情况下（1845年以前实行所得税的只有英国和瑞士两个国家），恩格斯的主张当然是不会被资本主义国家政府接受的。

第二个阶段是实行累进税率的时期。19世纪中叶以后，一些主要资本主义国家，一反过去的做法，不仅相继开征了所得税，并且逐渐向累进税制过渡，这种情况的出现，主要有两个原因：一是由于资本主义商品经济发展的结果，二是由于马克思主义在世界各地广泛传播，工人阶级日益觉醒、壮大并开始走上夺取政权（最重要的标志是1871年巴黎公社的成立）的道路的结果。正是在这种历史背景下，1872年在德国成立了"社会政策学会"。这个学会的宗旨是一方面批判亚当·斯密的自由主义经济学说，另一方面抵制马克思主义的传播，对抗社会主义。社会政策学派认为，经济学的中心课题是如何解决社会财富的公平分配问题。这个问题解决了，社会的阶级对抗就会消灭。因此，他们反对亚当·斯密不干涉社会财富再分配的思想，而主张通过国家立法和国家政策解决社会财富分配方面的种种弊端和不公正。具体到所得税政策方面，他们主张应对收入低的人规定免征点，对收入多的人应实行累进税制，多征税，以达到社会财富的"平等"分配。在19世纪末和20世纪初，这种思想成为大多数资本主义国家制定所得税政策的理论依据，从而使累进税制得到广泛的流行。

20世纪30年代初产生了凯恩斯主义。凯恩斯也是主张实行累进税制的。但是他主张实行累进税制的出发点同"社会政策学派"不同。凯恩斯主张实行累进税制是从国家干预经济，保持市场总供给与总需求的平衡，保持充分就业的理论出发的。他认为，从亚当·斯密到庇古所标榜的资本主义市场经济供求自动调节平衡的理论已不存在，现代资本主义不具有自动调节的能力，因而经常造成有效需求的不足，引发经济危机和失业。为了解决有效需求的不足，国家必须干预经济。干预的办法可以有多种，涉及财政税收政策方面的办法主要有两条：一是通过赋税政策，实行收入再分配。凯恩斯认为，收入分配不均，会降低消费倾向，因为富裕的人只把收入的一小部分用于消费，而把大部分储蓄起来；而贫困的人会把新增加的收入大部分用于消费，因此，他主张用累进税和遗产税来缩小收入分配不均的幅度，这样便能增加消费的支出，提高就业水平。[1] 二是国家实行赤字财政政策，即用发行公债的办法，增加政府支出，弥补私人投资的不足。

后来凯恩斯主义的信徒又提出所谓"边际效用递减规律"作为实行累进税制的理论依据。所谓"边际效用递减规律"是说"相对于其他不变入量而言，在一定的技术水平，增加某些入量将使总产量增加；但是，在某一点之后，由于增加相同的入量而增加的出量多半会变得越来越少。增加收益之所以减少系由于新增加的同一数量的可变资源只能和越来越少的不变资源在一起发生作用。"[2] 那么，采取什么办法才能把递减变为递增呢？办法之一就是通过税收的调节。"如果每增加一元钱给一个人带来的满足是依次递减的，而富人和穷人享受满足的能力又都一样，那么，当向百万富翁征收一元税款，把它给予中等收入的人时，增加的总效用应该比减去的多"。[3] 对一个人如此，对一个社会也是如此。通过税收的调节会使社会资源的配置运用得到优化。"边际效用递减规律"是当代资产阶级政府征收累进所得税的主要理论依据之

---

[1] 参见宋秉先、陈招顺《当代西方经济思潮》，湖南人民出版社1986年版。
[2] ［美］萨谬尔森：《经济学》（上册），商务印书馆1980年版，第41页。
[3] 同上书，第229页。

一。但对累进的幅度，他们对个人和企业采取区别对待的政策，一般对个人所得税采用激烈的累进税率（最高税率达到70%—80%），而对公司则采用较缓的累进税率（最高税率为40%—50%），以鼓励人们把更多的资金用于社会再生产。

第三个阶段是由累进税制向比例税制过渡的时期。近一二十年来，货币学派和供应学派的经济理论和政策主张得到英、美等国的执政者的青睐，成为这些国家有影响的官方的经济学。这两个学派都以萨伊"供给会创造它自身的需求"的所谓定律为理论基础，反对凯恩斯通过国家干预，保持社会总供给与总需求的平衡的理论和政策主张。因而他们都对累进税制进行猛烈的攻击。供应学派的代言人乔治·吉尔德在1980年发表的《财富与贫困》一书中说：对资本主义"这个制度的主要威胁是以累进税率征税（急剧上升的税率夺取较高收入中越来越大的部分）"，因为"在资产阶级国家中，关键问题是富人投资的质量和数量。增税对他们的消费并没有多大的影响，消费支出在上层阶级的财富中只占相当小而稳定的一部分"。增税，采用累进税率所产生的影响只会使税收减少，特别是从高收入等级中得到的税收会减少，因为他们会"从生产性用途中抽回财富，去储藏黄金或可收藏的东西，或躲入税金庇护所"。他还认为，美国经济中存在的各种问题，"都是被一种违反常情的和具有破坏性的税收制度造成的或者说是被它弄得更糟的"。货币学派的弗里德曼也指出累进税率有很多弊病，应该"用一种固定税率的所得税代替"。

里根对供应学派的理论十分赞赏。他说："我的确相信供应学派经济学……难道我们试用其他办法还不够久吗？"1981年，里根入主白宫以后即依据供应学派的理论，提出了他的"经济复兴"的四点计划，该计划的核心是减税。从1981年到1984年，个人所得税的边际税率大致降低了25%，从原来的最低税率14%和最高税率70%分别降为11%和50%。1986年10月他签署的税制改革方案，在个人所得税方面又把最高税率50%、最低税率11%的15级累进税制改为15%和28%的两级税制；在公司所得税方面把原来的15%—46%的5级税率，改为15%、25%、34%的三档，这样，不仅使边际税率进一步降低，而且使累进税制基本上过渡到比例税制。出现这种情况不是偶然的。这不仅是由于美国长期推行凯恩斯主义，使经济陷入"滞胀"的死胡同，引起人们的不满；而且由于美国劳工运动处于低潮，"新右派"得势，工人阶级无法抑制美国的税制向有利于资本的方向发展的结果。

上面，我们简要地叙述了资本主义国家累进税制与比例税制的历史演变情况。从这种演变可以得出两点结论。第一，一个时代的税收理论，总是和一个时代的经济理论相吻合的。而在现代，由于资本主义国家机构的规模和国家的活动范围空前膨胀，税收规模也在不断扩大，经济学的研究重点日益向税收方面倾斜。因此，研究某个时代的税收理论，必须适当地研究某个时代的经济理论，在当代尤其应该如此。第二，某个国家某个时期的税收政策，总是由某个国家某个时期的政治、经济形势所决定的，并要为实现当时提出的政治、经济任务服务的。因此，研究某个国家某个时期的税收政策，必须同研究该国该时期的政治和经济状况结合起来研究。

三 中国企业所得税应该实行比例税率

我们叙述资本主义国家所得税率历史演变过程的目的，主要是想从中找出某些对我们有用的东西。总的来看，从资本主义国家所得税率历史演变中得出的两点结论，对于我们是有借鉴意义的。就是说，中国企业所得税采用什么样的税率，应与反映中国生产力与生产关系要求的经济理论和中国政治经济形势发展的要求相适应。我们认为，中国企业所得税率采用比例税制可能更适应这些要求，因此，我们主张中国企业所得税应该采取用比例税制。下面说说这样做的理由。

（一）有利于贯彻执行党的十三大路线和我国的各项经济政策

党的十三大提出了社会主义初级阶段的理论，并提出了"一个中心，两个基本点"的路线。这些理论和路线集中到一点，都是为了加快我国经济建设事业，努力发展生产力，尽快消灭贫困状态。"社会主义优越性的充分发挥和吸引力的不断增强，归根到底都取决于生产力的发展"，"生产力标准就更加具有直接的决定意义"。

邓小平同志在1979年曾经提出："我国在经济政策上，允许一部分地区、一部分企业、一部分个人和农民，由于辛勤努力成绩大而收入先多一些，生活先好起来"，并说这是一个"大政策"。

我们认为，实行合理的比例税制可以鼓励先进企业的积极性，避免"鞭打快牛"，比实行累进税制可能更有利于实现党的十三大提出的路线和邓小平同志提出的"大政策"。所以，我们主张对国内的企业和涉外的企业都应基本上实行比例税制（所谓"基本上"是说不一定一刀切，搞一个税率，可以搞两档或三个档税率，以照顾小型企业）。

有的同志说，实行比例税制也不一定会把企业搞活和把生产搞上去，理由是对大中型国营企业实行比例税制已经好几年了，但它们的活力仍然不足就是证明。我们认为现在大中型国营企业所得税，虽然是实行的比例税制，但是它存在两个问题：一是对缴纳调节税的企业来说，实际上实行的不是比例税，而是比累进税制还要累进的累进税；二是税率偏高，企业负担较重。应当承认，这是影响企业积极性的发挥和企业搞不活的一个重要原因。当然还应看到，旧体制的种种弊端比较集中地体现在大中型国营企业身上，因此，即使把企业所得税率搞合理了，如果其他改革不配套，也是难以把企业彻底搞活的。

有的同志反对比例税，认为实行比例税会减少财政收入。我们认为，暂时可能存在这个问题，原因是目前大中型企业税率偏高，如果调低到合理水平，比如调到35%，财政收入可能会暂时减少；同时现在适用高累进等级税率的企业，改为比例税后，财政收入也可能受影响。所以，减收的可能性是存在的，看不到这一点是不现实的。但是同时也应看到，这种减少只是暂时的，是有利于鼓励企业发挥生产经营积极性的，因而有利于扩大税源，财政收入是会很快增加的。所以，实行比例税制的实质是通过合理调整税率，使辛勤努力成绩大的企业先富起来，调动大中型企业（它们是国民经济的骨干）的积极性，这是把经济搞上去的重要措施。

有些同志反对实行比例税，是认为目前采取违法手段（比如生产销售假药、假名烟、假名酒等）发了横财的人不少，应对他们实行累进税制，多征税。我们认为，这是另外一个问题，对他们不是实行什么税率的问题，而是使他们"家破"，甚至人亡的问题。同时，这也不是税务部门的事，而是执法部门和工商管理部门的事，当然税务部门应该积极配合查处。

（二）有利于同其他国家的税制相衔接，促进国际经济技术交流

当今的世界是一个开放的世界，国际的经济技术交流和人员往来极为频繁。只有各国的税制基本衔接，才有利于这种交往。

目前各国的所得税制出现了两种趋势：一是降低税率；二是由累进税制向比例税制过渡。前边讲到的美国1986年的税制改革就是一个例子。如果我国的税制不做相应的改革，就不利于国际经济技术交流，也不利于吸引外资。

（原载河南《税务论坛》1988年第3—4期）

运用税收政策进一步促进科技发展

——兼论税收在实现经济增长方式转变中的作用

一 现代科技在转变经济增长方式中的作用

按照马克思的观点，科学技术在知识形态上，是一种潜在的生产力，但它一旦介入生产过程，就会转化为现实的、直接的生产力，从而"大大提高劳动生产率"。马克思的这些观点是在一百多年前提出的。一百多年之后的今天，科学技术对生产力发展的影响大大增强了，科研成果转化为直接生产力的速度大大加快了。邓小平同志说："马克思讲过科学技术是生产力，这是非常正确的，现在看来这样说可能不够，恐怕是第一生产力。"这是对马克思主义科学观的重大发展，也是对当代科技现状和发展趋势的精辟概括。

过去，一般认为生产力由劳动力、劳动工具和劳动对象等三要素构成；后来，由于生产的社会化程度不断提高，"生产管理"对生产力发展的影响日益重要，因此，它也成为生产力要素；现在，由于科学技术的迅速发展及其对经济发展的重大影响，科技已成为生产力中最活跃最有决定意义的要素。它同劳动力、劳动工具、劳动对象和生产管理的关系，是一种横向渗透的关系。这种关系，自然科学界的专家们大都认为可用下述公式表示：生产力＝科学技术×（劳动力＋劳动工具＋劳动对象＋生产管理）。这个公式说明，科学技术对生产力的发展具有乘数效应，即生产力其他要素一旦被它渗透，生产力就会成倍地增加。

由于上述根本变化，科学技术已成为一只会生"金蛋"的鸡（它在军事、政治方面的意义，姑且不论）。在经济发达国家经济增长的诸要素中，科学技术所占的比重，在20世纪初仅为5.2%，到80年代已上升到70%左右。在有些行业还要高于这个比重。而且它同其他资源相比，是一种取之不尽、用之不竭的资源。正是由于科技的发展，才使经济增长方式由粗放型向集约型转变成为可能。因为所谓集约型经济，主要是指科研成果转化为生产力的速度快、科学技术在经济增长诸要素中的贡献大。因此，过去把科技领域看作是非生产性领域，把科技投入看作是非生产性投入的观点是不对的。现在科技同第一、第二、第三产业一样，也是一种产业，一种非常重要的产业。

还应指出，冷战时代结束后，经济发达国家，特别是过去热衷于搞军备竞赛的国家，把相当大的财力、人力和物力由研究尖端军事武器转为研究发展民用经济的科学技术。比如，克林顿1993年1月20日就任美国第42届总统后，于5月13日即宣布中止执行由里根政府制定的以军事目的为主的"星球大战"计划。可以预料，这种动向将会改变今后科技发展的方向，推动全球经济的更快发展。

目前中国科技发展总体水平，同经济发达国家相比，还存在较大差距。科技要素在经济增长中所占比重仅为20%左右。因此，在我国实现经济增长方式转变，必须大力解放和发展第一生产力，切实把经济建设转移到依靠科技进步和提劳动者素质的轨道上来。

实现经济增长方式的转变是实现经济总量平衡、经济结构优化和经济效益提高的保证，也是扩大税源、增加税收收入、做好税收工作的保证。因此，鼓励科技进步，实现经济增长方式的转变，也应是税收工作的重要指导方针。

二　税收与科技进步的关系

中国在 20 世纪 80 年代对税收制度和科技体制都进行了重大改革。在改革前，科研经费靠财政拨款，科研成果不是商品，不介入市场，科研部门没有自身创造的收入，所以税收与科技很少发生直接联系。在改革后，税收与科技成为紧密联系、互相促进、共同发展的新型关系。这种关系是由税收与科技的内在联系决定的。一方面，科技发展需要税收的支持和诱导，这是因为：1. 从事研究与开发或兴办科技事业风险较大；2. 科研成果的外部受益性大，即科研成果转化为生产力或投入使用后，它为经济和社会创造的利益，大大超过创造者个人或单位所获得的利益，即使在实行保护知识产权的条件下，这种情况也会存在；3. 我国有些企业，特别是中小型企业多追求近期利益，对研究与开发的要求不强烈，或财力不足。另一方面，科技的发展，会提供更多的税收收入。因为税收收入是社会剩余产品价值的一部分，只有扩大剩余产品价值的生产，才能增加税收。而扩大剩余产品价值的生产，有两种方式。

一种方式是主要依靠增加劳动力和资金的投入促使剩余产品价值的增长，即所谓数量型经济增长方式。这种方式只会导致剩余产品价值绝对量的增长，不会导致剩余产品价值相对量的增长。另一种方式是主要依靠提高劳动生产率促使剩余产品价值的增长，即所谓效益型经济增长方式。这种方式不仅会导致剩余产品价值绝对量的增长，而且会导致剩余产品价值相对量的增长。对个别企业来说，采用后一种方式还会获得超额剩余产品价值。所谓超额剩余产品价值是指因采用新技术和新管理方式，降低了产品成本而获得的超过其他企业一般剩余产品价值的多余的剩余产品价值。很显然，在中国采用后一种方式无论从国家或企业的角度来看，都是最佳的选择，而实现后一种方式的唯一途径是科技进步。

所以，科技进步需要税收的支持，税收支持科技进步又会促进经济增长方式的转变，带来经济繁荣、社会财富和税收的增加。

当然，税收支持科技发展，也要讲效益原则，特别是在国家财政困难时期更应如此。

一般来说，税收支持科技发展应遵循以下原则。

1. 服从国家科技发展计划的原则。税收是掌握在国家手中的一个重要工具，是从宏观方面促进科技进步的强有力的杠杆。因此，税收采取的鼓励科技进步的政策，必须同国家的科技发展计划相一致。还要同财政、信贷、价格等政策密切配合共同发挥作用。

2. 既要积极鼓励，又不使被鼓励者产生依赖性的原则。一般要掌握以下两点：一是鼓励要适度。鼓励不是济贫，也不是"锦上添花"，而是"雪中送炭"。因此，应该鼓励的，必须充分鼓励。但同时鼓励的时间不能过长，鼓励的幅度不能过大，否则会使被鼓励者产生某种特权思想或不求进取的依赖性，形成保护落后，甚至还会割断他们同市场的联系，限制市场机制的作用，影响资源的合理配置。二是不能只讲鼓励，不讲处罚，所谓处罚是指对违反鼓励条件者，应撤销其享受的鼓励待遇或追回已享受的实惠。

3. 同等鼓励的原则。鼓励科技进步的标准，应是科研成果或科技行为（技术服务、技术咨询等）对经济、社会的贡献程度。就是说，只要科研成果或科技行为对经济、社会的贡献达到某种程度，就应不分经济成分，不分是否处在技术开发区或是否列入国家计划，都应享受同等鼓励。

4. 财政承受能力的原则。政府对科技进步的投入和鼓励程度，要同国家的经济财政实力和各项事业的发展，保持合理的比例，协调发展，不能超越财政承受能力。

三 税收进一步促进科技发展应采取的政策

当今世界各国综合国力的竞争说到底是科技实力的竞争。因此，各国都把扶持科技发展作为重要国策。在 20 世纪 80 年代，西方有些经济学家要求税收实行"中性"原则，取消对科技的优惠。但是西方国家的政府并未接受这个建议，虽然对鼓励的范围有所缩小，但对应当鼓励发展的科技，却采取更加有效的税收政策加以鼓励。

改革开放以来，中国税制进行了几次重大改革，改革的重点是理顺国家与企业的分配关系，同时由于税收与科技进步之间存在的问题尚未充分暴露，所以税收对科技进步虽然采取了一些有效的政策，但总的来说也存在某些不足。主要是鼓励形式比较单一，有些规定基本上是沿用对工商企业征税的办法，照顾教学、科研机构的特点不够。现根据中国的情况并借鉴国外某些适用经验，对税收鼓励科技进步应采取的政策和措施提出以下建议。

1. 制定财税部门鼓励科技进步条例。根据国家《科学技术进步法》和《促进科技成果转化法》以及中共中央、国务院《关于加速科学技术进步的决定》精神，制定财税部门鼓励科技进步条例，使财税部门支持科技进步的工作，逐步走上法制化和规范化的道路。

2. 税负设计要适当。一是总体税负设计要适当。总体税负水平过高，会使研究与开发机构或企业失去进行科研的动力、能力和积极性，对发展科技不利。这一点可从美国 20 世纪 80 年代的税制改革得到验证。美国之所以进行那次改革，税负过高是主要原因。美国供应学派理论家乔治·吉尔德认为："美国经济的根本问题不是通货膨胀，而是由于革新和研究的减少而引起的生产率下降"。而引起革新和研究的减少的原因是"被一种违反常情的和具有破坏性的税收制度造成的或者说是被它弄得更糟的"。因为

"税率的提高在现代大多数民主国家有一个限度,一旦超过某一点(这一点早已达到),提高高收入的税率,就会导致富人们的生活更加奢侈浪费,而不是节约"。美国前总统里根也认为,美国的高税制度不仅打击人们的生产经营和工作的积极性,而且打击人们扩大投资和改进技术的积极性。由此看来,美国那次税制改革是成功的。由于改革,使其经济持续增长了好几年。当然也不能由此得出税负越低越能鼓励科技进步的结论。税负如果低到国家机器不能正常运转,从而破坏了社会再生产的外部条件,或者低到毫不费力就会使企业获得大量利润,从而使其感受不到发展科技的压力时,同样对发展科技不利。二是边际税率的设计要适当,因为按照最高边际税率纳税的,常常是敢冒风险、获得超额利润的高新技术企业,如果边际税率过高,必然会打击它们的积极性,对发展科技不利。美国1986年税制改革的一个重要特点是降低最高边际税率,正是出于加快科技进步的考虑。当然,边际税率也不能过低,如果过低又会引起税负不公和社会的不稳定。

3. 鼓励科技进步的具体政策。一是推行投资税收抵扣政策。经费困难、设备陈旧是我国科研机构目前存在的一个普遍而又亟待解决的问题。为了配合这个问题的解决,建议推行投资税收抵扣制度。所谓投资税收抵扣制度,就是对投资于政府鼓励的科技项目者,国家允许按投资额的一定比例抵缴所得税。

具体做法有二:一是按本年投资金额的一定比例抵扣;二是按超过基数(一般以前三年平均投资额为基数)部分的一定比例抵扣。这个制度对于鼓励研究与开发方面投资具有显著的刺激作用。

二是推行快速折旧政策。仪器、设备是进行研究开发的主要手段,要求不断更新。因此,应对科研机构使用的仪器、设备等固定资产实行快速折旧制度。同时,在物价波动时对固定资产原值,应按物价指数及时调整。

三是放宽费用列支标准。对企业用于研究开发和培训职工掌握新技术的费用，在计征所得税时，允许作为扣除项目列支。

四是对中间试验产品应予免税。一项技术创新，通常要经过如下三个阶段：（1）课题立项进行试验室研究阶段；（2）开发研究，即所谓中间试验阶段；（3）产业化或商品化阶段。中间试验阶段是科研成果转化为产业或商品的桥梁，在三个阶段中占有极为重要的地位。中国的科研成果转化为生产力的比例较低，中试阶段投资不足是一个重要原因。我们建议中试产品应予免税。理由：1）从严格的意义上说中试产品不是"产品"，而是研究探索过程的延续，不易按一般产品征税；2）中试阶段投资比例（三个阶段投资比例大体为1：10：100）和风险大（成功率为25%—50%）。

五是建立准备金制度，对经济实力比较薄弱、生产规模不是很大，但又有发展科技愿望的企业，可建立准备金制度，即允许这些企业按销售收入的一定比例提取发展科技准备金。该项资金必须在规定的期限内（比如三年）用于研究开发、技术革新和技术培训等方面，逾期不用的，应补税并加收利息。

六是亏损结转与缓征。对研究与开发机构或企业因采用新技术或研究开发未达到预定成果而发生暂时亏损的，允许向以后年度结转；对因采用新技术等原因而使利润下降形成缴税困难的，可允许缓征。

七是对少数需要保护的高新技术企业，可规定最高缴税限额或比例。

八是鼓励捐赠。西方国家经验表明，鼓励社会各界向教学、科研机构捐赠也是解决科研经费困难的一条途径。在中国，随着经济的发展和人民收入的增多，一些有识之士也会向教学、科研机构捐赠。税收政策应鼓励这种捐赠。

九是完善高新技术开发区的税收政策。1991年，国务院颁布《国家高新技术产业开发区税收政策的规定》，对推动高新技术产业开发区的健康发展起了积极作用,但也存在一些不完善的地方。比如其中的第四条:"开发区企业从被认定之日起,减按15%税率征收所得税"。这里只规定减税开始日期,不规定减税停止日期,似乎不妥,因为如果长期实行减税政策,可能会产生保护落后、限制市场机制的后果。

(原载《税务研究》1997年第3期)

增值税制应由生产型适时
转变为消费型

　　增值税是中国税收收入最多的一种税，在1994—1999年，其收入占全国税收总额的50%左右。偷、骗税大案多发生在这里，截至目前，因偷、骗增值税被判死刑的已有60余人。搞好增值税的设计，不仅关系财政收入的多少，而且关系经济的兴衰和社会的稳定。

　　世界各国增值税制的设计，有三种类型：生产型、收入型和消费型。三种类型的划分标准，从税收角度看，主要是对购进的固定资产（机器设备等）所含税款是否允许扣除以及用什么方法扣除。具体来说，对固定资产所含税款不允许扣除的，称为生产型增值税；允许分期扣除的，称为收入型增值税；允许一次全扣除的，称为消费型增值税。发达国家都采用消费型增值税制。

　　中国在1994年税改时，主要考虑财政承受能力和企业税负变化可能会影响分税制的推行，所以仍采用原有的生产型增值税制。它同消费型增值税相比，存在以下明显缺陷。一是重复课税因素未完全消除。二是基础产业和高新技术产业由于资本有机构成高，投资资本品支付的增值税款得不到扣除，不利于产业政策的实现和技术进步。三是在中国出口产品的成本中，由于固定资产所含税款得不到退还，不利于提高这些产品的国际竞争力，而在进口产品成本中，由于国外产品固定资产所含税款得到彻底退还，又比国内同类产品的成本低，竞争力强。中国入世后，进口商品可能会大幅度增加，这将使本国产品受到更大冲击。四是内陆地区采掘业等基础产业比重大，资本有机构成高，税负高于沿海地区加工工业，不利于西部开发大战略的实施，也不利于缩小地区经济差距。因此，中国的增值税制应该由生产型转为消费型，即由固定资产价值中所含税款不准扣除，转变为允许一次扣除。这样，既有利于经济结构进一步调整、加快资产重组和技术进步，也有利于鼓励投资、扩大内需和出口。

增值税制转型的方法有两种：一种是适当调整税率，一步到位。比如，把现行税率由17%提高为23%，这样可使财政收入不减少，但将使不少企业的税负大大增加。另一种是税率不做调整，结合产业政策分期分批执行，可先在基础产业和高新技术产业推行。相对来说，这是一种渐进方法，风险较小。

关于财政承受能力问题，要用辩证的观点，不能算死账。因为转型后，即使税率不做调整，直观地看会减少增值税收入，但也要看到会有一部分增值税转化为所得税，所以不会减少那么多，同时更要看到转型后将会刺激投资、设备更新、技术进步和出口，其带动经济增长的作用很大，财政收入也将会大大增加。

目前实行转型有许多有利条件，一是中国经济结构正处于全面调整时期，企业有更新设备、技术进步的强烈愿望，增值税转型无异于"雪中送炭"；二是1994年税改时遗留的期初存货税款、外商投资企业超原税负返还税款和大部分减免税（先征后返）于1999年均到期，这三项约有400亿元，这就大大增强了财政的承受能力。所以，一定要抓住机遇，适时地实施增值税的转型，以促进经济的发展。

（原载《中国社会科学院要报·信息专报》2000年4月20日第59期）

建议中国宪法充实有关税收方面的条款

税收历来是直接涉及国家和国民（居民）切身利益的重大问题。在封建社会后期和资本主义社会，赋税曾被奉为是"与财产、家庭、秩序和宗教并列的第五位天神"。宪法（包括非成文宪法和成文宪法）一诞生，即对国王、国会、政府及国民在税收方面的权利和义务作了明确的规定。英国在其宪法性法律文件（如《英国大宪章》《无承诺不课税法》《权利请愿书》《人身保护法》《英国权利法案》和《英国1911年议院法》）中，涉及税收的条款都占很大的比重。美国宪法第一条，宪法修正案第十三条、第十六条中，对税收或同税收有关的内容，共有十节规定。

现代税收，从本质上说已不仅是国家组织财政收入、筹集经费的政策工具，而且也是国家调控经济、公平分配社会财富的政策工具。从量上说它在大多数国家已占到GDP的30%左右（全球税收总额约为75000亿美元，也占GDP的30%），有的国家甚至超过50%。在中国各项税收及带有税收性质的基金、收费等也约占GDP的25%—30%。

中国现行宪法是在1982年第五届全国人民代表大会第五次会议通过的。这部宪法对税收方面的专门规定，只有一条，即第五十六条，规定："中华人民共和国公民有依照法律纳税的义务"。

这条规定，大体上与当时所有制主体比较单一、国家实行高度集中的计划经济体制相适应的。改革开放20多年来，情况发生了很大变化。现在所有制主体和纳税主体已经多元化了，不仅有个人，而且有法人；不仅有国有、集体企业，而且有个体、私营和股份制企业；不仅有内资企业，而且有外资和合资企业；还有应纳税的事业单位；等等。现在的税收，也是市场经济活动的主体——生产经营者进行战略决策必须考虑的重要因素。因此，宪法有关税收方面的条款似应适当充实。

1. 宪法应明确规定各级立法机构对税收的立法权限、立法程序和立法原则。同时，还应规定各级国家机构都有协助税务机关依法征税的义务。

2. 明确规定纳税人范围。现行宪法只规定中华人民共和国公民有依法纳税的义务，显然纳税人的范围过窄了。实际上，所有有应税收入的法人、自然人和其他团体单位都有依照法律纳税的义务。

3. 明确规定纳税人的权利和义务。现行宪法只讲公民有依法纳税的义务，没有讲公民在纳税方面的权利，显然是不全面的。而且在纳税义务方而，也没有规定对不履行纳税义务（如进行偷税、抗税等非法活动）的人应如何惩处。如果宪法能对纳税人的权利（如有权了解税法的基本精神和具体内容，有权参与某些拟开征的新税种的讨论，有权了解和监督税款的使用情况；等等）和义务作出原则规定，则不仅会保护纳税人的合法权益，增强其主人翁责任感和自觉纳税意识，而且也会为打击偷税、抗税、骗税等违法行为提供最高法律依据。

宪法的充实应与拟议中的税收基本法相呼应。宪法要为税收基本法提供立法依据和空间，税收基本法要把宪法规定的有关税收方面的条款和基本精神加以具体化。

宪法充实有关税收的条款后，将为税收实体法、程序法、争讼法和各级国家机构税权划分法的完善和建立提供最高法律依据，依法治税将会提高到一个新的阶段。

（原载《中国社会科学院院报·信息专报》2000年3月10日第38期）

关于制定税收基本法问题的研究

一 制定税收基本法的必要性

税收在现代政治经济生活中占有极为重要的地位。在经济发达国家中，税收已占国民生产总值的40%左右，它是国家组织财政收入、调控经济、公平分配社会财富的重要工具，也是市场经济活动的主题——生产经营者，以及公民进行经济决策必须首先考虑的重要因素。同税收的上述地位相适应，税法作为一门独立的法学学科，从20世纪50年代以来得到了迅速的发展。现在它在有些国家已成为与民法、刑法、行政法相并列的一大法系。完善的税法，在中国既是建立社会主义市场经济的重要条件，也是建立现代税收制度的重要条件。

税法一般是由税收基本法、税收实体法（税种法）、税收程序法、税收争讼法和税收处罚法等构成。税收基本法是税法体系中的母法，它对税收的共同事项作出明确规定。中国在1950年发布的《全国税政实施要则》，曾起过税收基本法作用，但是后来中止执行。

现在在中国制定税收基本法很有必要，而且早制定比晚制定好。制定的必要性在于：1. 有利于规范税收法律关系，促进社会主义市场经济制度的建立。中国现行的税收法律与法规，都是单项的法律与法规，还没有一个综合的税收基本法。没有这样一个基本法，往往会在各个单项法律或法规之间出现不衔接甚至矛盾的现象,更重要的是有些需要由法律加以规定的共同问题,在单项税收法规中无法规定或无法详细规定。这些共同性的问题包括税收的基本规则:税收的立法、执法、司法;税务机关的设置及行政执法程序;纳税人的权利与义务;国家各部门对税务机关的协助义务,等等。因此,制定税收基本法对这些重要的基本事项加以明确规定,一方面有利于规范税收法律关系,建立正常的征纳法律程序,促进纳税人在平等公平条件下开展竞争;另一方面有利于规范中央和地方国家机构之间以及立法、执法、司法国家机构之间的税权关系,反对地方贸易保护主义,发展社会主义统一市场。2. 有利于加快完成税收实体法的立法。中国现行的税收实体法,由立法机关制定的不多(目前只有两个,即《外商投资企业和外国企业所得税法》和《个人所得税法》),大多数是由全国人大授权国务院以暂行条例形式制定颁布的。立法机关制定的法律与行政机关授权制定的条例,其权威性与法律效力是不同的。尤其是在外商看来,没有定型为法律的条例是不稳定的。因此,我们应根据形势发展的需要,将现行的税收条例上升为法律。但是所有的税种法都由全国人大制定也不现实。因为全国人大行使权力主要是通过一年一度的全体会议形式,会期又有限,它不可能用很多时间研究制定每种税的税法。因此,根据宪法关于"基本法律"由全国人大制定的规定,如果由全国人大制定税收基本法,其余各种税种法交由全国人大常委会制定,而全国人大又能将税收基本法尽快制定出来,那么,将会加快税收实体法的立法。

二 制定税收基本法的指导思想

据了解,目前世界上已经制定税收基本法(有的称《国税通则法》,有的称《总税收条例》)的国家和地区有德国、日本、韩国、荷兰、俄罗斯、蒙古、中国香港等。另外有些国家没有制定税收基本法。不制定税收基本法的国家,不等于不需要对税收的共同事项作出法律规定。美法等国规定这些共同事项，同时使用两种办法：一是在宪法和宪法修正案中加以规定，二是从税法的不断完善（不断地对税法作出补充规定，不断地积累具有法律效力的判例）中解决。

我们制定税收基本法要从我国政治经济发展阶段、税收工作实际情况（包括纳税人和税务工作人员的素质）和历史经验出发，同时要吸取国外的有益经验。在此基础上可考虑把以下四个方面作为指导思想。

1. 搞好基本框架。从现有资料看，有些国家税收基本法规定的内容非常详细，有些国家规定的内容则比较简单。中国目前正处于经济体制变革和税制不断完善的时期，因此税收基本法的有些内容不可能要求规定得很具体，但是应当把它的基本框架搞好，即把税收基本法的几个主要方面及其内容搞好。至于某些规定不够具体的问题，或新出现的一些具体问题，可通过税收基本法的修订加以解决。

2. 突出重点。重点有二：一是从税收角度促进社会主义市场经济的建设和完善；二是规范税收法律关系，使征税与缴税以及惩罚偷税抗税程序法制化。

3. 要有预见。基本法同单项法规有一个不同点，即不能只看解决当前的问题，而应在解决当前问题的同时，还要展望未来，对某些超前的事项作出规定。比如成立税务法院问题，它现在虽然还未成立，但从改革开放十多年来的实践看，成立税务法院的条件已基本成熟，所以应在基本法中加以规定。又在基本法中应把不准利用税收搞地方贸易保护主义作为地方立法的一条重要原则。虽然目前地方还基本没有税收立法权，但既然已实行分税制，地方不久会有这项权力的。有预见地规定一些超前的问题，有利于税收基本法的稳定。

4. 正确处理基本法与其他法律的关系。税收基本法既然是税法体系中的母法，必然涉及面十分广泛，因此它的制定一定要处理好同国家宪法及其他法律和规则等国内法的关系，也要处理好同外国缔结的条约、协定等国际法的关系。另外，中国已颁布税收征收管理法和《税务行政复议规则》等通则性的税收法规，并在实际工作中产生了一定影响，因此，制定税收基本法还应正确处理同这些法规的关系，使它们之间既相衔接又不重复。

三 税收基本法的框架内容

税收基本法既要规范国家机构同纳税人之间的法律关系，也要规范国家机构之间的纵向与横向的税权法律关系，即规范中央与地方以及同级国家机构的立法、执法、司法部门之间的税权法律关系。

税收基本法的框架性内容：

（一）总则

1. 适用范围

（1）立法宗旨

（2）适用范围

中央税、地方税、中央与地方共享税

工商税收、关税、农业税

（也可考虑不适用于关税、农业税）

国际税收协定的优先地位。

2. 用语定义

3. 税收负担（对地方征收数量的限制）

4. 开征的税种

5. 税法的适用

期间（期限）和时效。溯及力。追索权。指数化（按固定税额征收的税，印花税条例规定"其他账簿按件贴花 5 元"；按绝对额规定的罚款额，如征管法规定"情节严重的，处以两千元以上一万元以下的罚款"等,应根据物价的升降指数化)。

6. 保密

税务、公安、司法等部门通过涉税事项而掌握的纳税人的商业秘密,除法律另有规定的外,不得泄露。

(二) 税收的立法、执法与司法

1. 税收立法

(1) 全国性税收立法与监督

(2) 授权立法(随着全国人民代表大会及其常委会立法工作的加强,授权立法应逐步减少,并且应规定这些法规的有效期限)

(3) 地方性税收立法(包括民族自治地区、海南省和深圳等经济特区以及香港、澳门特别行政区的税收立法权)

地方性税收立法的原则(包括地方立法权的限制,如不得利用税收搞地方贸易保护主义,影响平等竞争、税负公平和统一市场的建立。又如,全国性的地方税种,虽然其收入和征管权属于地方,但其立法权属于中央。又如,不准以开征"基金"和各种名目的"费"之名,行征税之实等)。

2. 税法的执行

税法执行权的定义。

国务院有制定税收行政法规和对税法的行政解释权。

国务院税务主管部门是税收的唯一行政执行机关。

3. 税收司法

高院、高检院对税法的司法权、监督权和对税法的司法解释。

税务法院的设置。人民法院与税务法院的税收司法权。

判例的法律效力。

(三) 税务机关的权利与义务

1. 税务机关的设置

税务机关的设置。

国家税务局系统可按经济区划设置。

有些税种国税机关与地税机关可以互相代征。

海关可代征工商税收。

2. 权利

3. 义务

4. 行政执法程序（包括税收保全和强制执行措施）

5. 税务机关及税务人员的法律责任

6. 税务经费（改财政拨款为按征税额的比例提取，有利于提高工作效率，防止乱增编制）

（四）征税管理

（五）纳税人的权利与义务

（现行税收法规中反映纳税人权利的内容较少，基本法应适当规定这方面的内容，如纳税人有权了解税法的基本精神和具体内容，有权参与某些拟开征的新税种的讨论，有权了解和监督税款的使用情况等，以增加纳税人的主人翁责任感和依法纳税意识。）

（六）税务行政复议

1. 立案

2. 取证

3. 复议程序

（七）税务惩罚

1. 惩罚的原则与种类

2. 立案

3. 取证

4. 处罚程序

（八）有关部门配合与协助义务

（包括工商、公安、司法、金融、运输、海关、邮政等部门的配合与协助）

（九）税务中介机构

1. 性质

2. 机构设置
3. 职责

(原载《税务研究》1995 年第 12 期)

在中国建立税务法院或
行政法院的探讨

　　十年前,我在介绍瑞典税收情况的一篇文章中说过:"在瑞典执行税法是一件很严肃的事情。瑞典有两个平行的法院:一是普通法院,二是行政法院。两个法院由具有同等资格的法官组成,其组织方式也大体相同。行政法院的主要职务是审理涉及税务等行政诉讼方面的案件"。但在这篇文章里没有提出在中国也应成立行政法院或税务法院的问题。1989年,我在一本专著中曾议论过在中国成立税务法院或行政法院的问题。书中说,在中国"目前单独成立专门的税务法院可能有一定困难,可以先扩大人民法院的经济法庭作为过渡,在适当时机再成立类似法院"。"这个法院也不一定是专门的税务法院",也可以是"行政法院"。经过十年来的实践,我认为在中国成立税务法院或行政法院的问题,应该提到议事日程了。

　　税收在现代国家的政治经济生活中占有极为重要的地位,它是国家组织财政收入、调控经济和公平分配社会财富的重要手段,也是市场经济活动的主体——生产经营者进行经济决策须首先考虑的因素。在中国,随着经济的持续快速发展、人民生活水平的不断提高和税收收入规模的不断扩大以及民主与法制建设的深入发展,纳税主体的法制观念和权利意识必然会加强,征税主体对税收征收管理也必然会加强，某些不法分子的偷税、骗税、抗税等行为也相应会增加，因此，在征税主体与纳税主体之间发生争议案件，将会不断增加。这些案件大体可分为两大类，第一类是税务争议的案件，即纳税人对纳税的确定和征收有异议，对行政处罚不服而发生的案件；第二类是税务犯罪案件，主要指侵害国家利益的偷税、骗税、抗税及妨害税务公务等犯罪案件。在两类案件中，大量的案件属于第一类，它既是税法的研究对象，也是行政法的研究对象。税务争讼案件，一般属于行政诉讼范围。由于征纳双方发生的争议案件，特别是第一类案件的大量增加，法院在这方面的工作量也将会大量增加。因此，如何借鉴外国经验，法院的设置能够适应这种形势发展的要求，已成为我国税收司法建设方面一个需要认真研究的问题。

从西方国家的历史经验看，设置税务法院或行政法院可能是解决这个问题的较好途径。19世纪末20世纪初，西方国家的政府职能、权力和人员编制不断扩大，这些机构耗费的财力、物力不断增多，随之而来的是官僚主义日趋严重，纳税人的数量不断增加，政府同公民个人之间的纠纷、税务机关同纳税人之间的纠纷也大量增加。为了保证行政的效率、公正和公民个人的权利，在此期间大多数西方国家都建立了行政诉讼制度和行政法院制度。

西方国家的行政诉讼制度可分为大陆法系和英美法系两种类型。在大陆法系的法国，"受理行政诉讼的法院和受理民事刑事诉讼的普通法院分离，成为一个独立系统，适用与普通诉讼不同的法律原则，即区别公法与私法，行政诉讼是对行政机关公法行为的诉讼"。(《中国大百科全书·法学卷》)1872年，法国国参事院成为法国的最高行政法院，但是所有有争议的案件（包括税务争议案件），须先经政府有关各部裁决，如当事人对政府各部的裁决不服，才能向行政法院申诉。1889年行政法院才取得对争议案件的直接管辖权，即对所有的行政争议案件，行政法院都可直接受理。法国的行政法院又分为普通行政法院与专门行政法院，前者受理一般行政诉讼，后者受理某些特殊的行政诉讼。大陆法系的德国同法国一样，设有独立的行政法院系统，对行政诉讼具有一般的管辖权，还设有专门行政法院，对行政诉讼具有特殊的管辖权。英美法系的英国不设独立的行政法院系统，所有的行政诉讼案件（包括税务诉讼案件）同一般民事、刑事诉讼案件一样，都由普通法院审理。不过，在第二次世界大战后，英国成立了许多行政法庭，但彼此独立，没有形成统一的系统，而且普通法院对行政法庭的裁决还具有司法审查权。英美法系的美国由于实行三权分立、权力制衡的原则，因此，普通法院具有审查行政行为合法性的权力，所以它也没有设独立的行政法院系统。但是随着经济的发展，也设置了一些行政法庭（采取独立管制委员会的形式）和一些专门法院，如索赔法院、关税法院、税务法院等。这里着重谈谈税务法院问题。我们知道，1776年北美洲殖民地的独立革命是由经济、政治等多方面原因引起的，而作为宗主国英国在1763—1776年对北美洲殖民地实施征税权引起的斗争，则是爆发革命的直接原因。因此，从美国历史上看税收问题，可以说常常是一个很敏感的政治问题。也许是由于这个原因，美国建国后处理税收问题一直持很慎重的态度。美国税务法院建立于1942年，它由1924年成立的税务上诉委员会改建而成，1969年成为联邦法院系统的一部分，税务法院的法官是在参议院的建议下由总统任命，终身任职。税务法院的基本管辖权是对因征、纳税款而发生的争议等进行判决。一般程序是，纳税人如对国税局的征税决定或行政处罚等有异议，可先要求国税局的复议机构进行复审；如对复审结果仍然不服，纳税人既可在暂不缴纳有争议税款的情况下，向税务法院提起诉讼，但如败诉，即应缴足有争议的税款，也可在缴足有争议税款的情况下向索赔法院、地区法院、上诉法院直至最高法院提起诉讼。如果纳税人胜诉，税务部门即应退还已缴的税款。税务法院设在华盛顿，但可在全国各地随时开庭审理案件。税务法院还设有小额税款（低于1万美元）争议诉讼法庭，审理过程比较简单，诉讼费用也比较低，但纳税人如果败诉，则不能再上诉。应当提出，这里所说的税务法院、地区法院、上诉法院、最高法院，都是属于美国联邦法院体系的组成部分，它所审理的税务案件，也都是属于联邦税务（国税）方面的案件，至于涉及州、县、市等地方税务方面的案件，则是由州、县、市等地方各级普通法院审理的。

从以上情况可以看出，西方国家对涉税诉讼案件的处理方式是很不相同的。有的是由受理一般民事刑事案件的普通法院设置专门的税务法院审理（如美国），有的是由同普通法院相分离的、独立的行政法院系统审理（如法国、德国）。这种不同，是由各国的历史、政情和宪法理论的不同而形成的。

在中国，目前对税务争议、税务违章和税务违法案件都是由普通法院（人民法院）审理的。但是从税收法律关系上说，涉税诉讼案件由专门法院审理更为合适。因为税务机关是代表国家依法行使征税权的征税主体，纳税人是依法履行纳税义务的纳税主体。征税主体与纳税主体之间的关系不是法人与法人或自然人与自然人之间的私法关系。征税权是国家赋予征税主体的专属权力，不是征纳双方协商的产物，同时在征税主体与纳税主体之间的权利与义务也不是直接对等或对应的关系。因此，纳税人与税务机关发生争议或纳税人发生税务犯罪行为，其性质与审理方法同一般的民事、刑事案件是有所不同的。另外，今后在我国税务诉讼案件可能会大量增加，人民法院完全承担起这项任务会有一定困难。因此，为了正确实施税法、有力打击税务犯罪活动和认真保护纳税人的合法权益，我们应该借鉴某些国家的经验，尽快成立比较专门的税务司法机构——税务法院或行政法院。但税务法院同行政法院相比较，前者可能更符合中国的历史、政情和宪法理论，也更专业化一些，更有利于正确执行税法，所以我们倾向成立税务法院。

税务法院与人民法院的关系。税务法院应按经济区划和工商企业集中的大中城市分级设置，不应按行政区划设置。在不设税务法院的地方发生的税务案件，仍由人民法院审理。税务法院的法官除应具有一般法律知识外，还应具有经济、财政、审计、会计等方面的知识，特别是应该具有税务专业方面的知识和一定的行政工作经验。应当指出，税务法院是最高人民法院管辖的专门法院，一些重大税务案件的终审权，仍然由最高人民法院行使；税务法院审理的重大案件，如果发生错判，仍由最高人民法院纠正；纳税人对税务法院的判决不服，仍可向最高人民法院上诉。

税务法院与税务行政复议机关的关系。1993年11月，中国公布了《税务行政复议规则》，这是中国在税务行政复议方面第一个规范化的规则，也是维护和监督税务机关依法行使税收执法权，防止和纠正违法或不当的税务具体行政行为，保护纳税人或其他税务当事人的合法权益的重要规则。实践证明，通过税务行政复议，纳税人对税务机关作出的征税决定、税收保全措施、税收强制执行措施和行政处罚等日常发生的许多不服案件，大多数都能够得到合理的解决。但是有些纳税人往往有一种习惯心理，即认为上级税务机关会"偏袒"下级税务机关，因而不愿向上级税务机关提出复议的申请，而愿意直接向法院上诉。国外也有很多类似情况。那么允许不允许纳税人不经税务机关复议而直接向法院上诉呢？据了解，各国的规定是不同的，有的国家允许，有的国家则不允许。不允许的理由是这类税务纠纷案件过多，且专业性和技术性很强，法院无力承担这么多案件的审理，仍以规定这类案件须先经过税务复议机关复议，纳税人对复议结果不服，才能向法院上诉。看来后一种规定，比较适合中国的情况。

（原载《涉外税务》1996年第7期）

一个崭新的课题：如何用好外汇储备

外汇储备（外储）是国家为保持国际收支平衡可随时动用的主要的国际储备资产，包括可以自由兑换的外汇资产及其他短期金融资产。在中国，它由两个部分组成：一是国家外汇结存，主要由国际收支经常项目的顺差积累而成，是国家用人民币买入的外汇，国家都可以动用；二是中国银行的外汇结存，主要由该行的外汇资本以及外汇存款大于外汇贷款的余额所组成，国家只能动用一部分。

1996年中国外汇储备达到1050亿美元，相当于改革开放初期的1979年的125倍。这是新中国成立后从来没有过的外储规模。大家都为中国能在短短的17年间结束外储拮据局面而高兴。但是同时也为我们提出了如何把外储管好用好的新课题。

外储充裕是综合国力增强的一种表现，有利于维护中国的对外信誉，有利于稳定汇率和应付意外的外汇支出。不过，外储超过一定数额，也有副作用。第一，它是货币形态资源，不是物质形态资源，只有把货币资源变为物质资源才能促进经济和社会的持续发展，因此外储过多反倒不利于经济和社会发展。第二，国家的外汇结存，是用人民币买进的，需要占压大量人民币，外储过多引发或加剧通货膨胀的危险。第三，外储增加，意味着出超增加，出超增加又会引起入超国家的抵制。

我国的外储从1993年起，连续3年大幅度上升，具体情况是：1993年为212亿美元，1994年为516亿美元，1995年为736亿美元，1996年为1050亿美元。今后中国经济将会持续快速发展，出口创汇和吸引外资将会继续增加，外储也将会不断增长和更加充裕。外储由短缺变为比较充裕，是中国外储史上的重要转折点。因此，如何管好用好它是一个崭新的课题，需要认真研究解决。

为了管好用好外储，笔者建议：

1. 转变观念。几十年来我们一直被外储短缺所困扰，所以始终把增加储备作为改革的重要目标。随着外储的不断充裕，我们的观念应由会过穷日子转变为会过"富日子"；应由会增储转变为会使用外储，使其快速增值，更好地为我国的经济和社会发展服务。

2. 增加进口是把货币资源变为物质资源的重要途径。当然进口也应有重点。目前应主要进口有利于国有企业产业结构调整和发展农业生产急需的重要物资以及科研和教学设备。

3. 调整吸引外资政策。为了吸引外资，中国曾制定过许多优惠政策，这在改革开放初期和外汇短缺条件下是完全必要的。但是这些政策也存在一些缺点，主要是优惠面宽，政策导向性不够明确。比如在税收方面规定，对生产型外商投资企业全部实行从获利年度起两年免征、三年减半征收所得税政策，而没有区别一般性生产企业和高新技术企业。在土地租让方面也有类似问题。因此，我们应当总结经验，适当调整这些优惠政策。

4. 加强外储管理机构。中国现有的外储是一笔巨大的财富，它约等于全国80万税务干部用一年半的时间征收的工商税收总额。管好用好这笔财富的重要意义是不言而喻的。因此，国家的外储管理机构应该充实和加强。

（原载《中国税务报》1997年5月19日）

西部大开发战略与税收政策

一 实施西部大开发的战略意义

西部大开发战略的实质是使土资源得到合理的整治与开发，合理配置生产力，促使全国经济持续健康快速发展，实现共同富裕的战略，也是巩固国防、加强民族团结和社会稳定的战略。因为，如果把我们国家视为一个统一的大市场、一个经济整体，那么要实现可持续发展和经济增长方式的根本转变，经济繁荣和人民物质文化生活水平的提高，就必须既要优化产业结构，促进产业升级，也要优化区域经济结构，促进生产力布局更加合理，保持东、中、西部经济协调发展。西部大开发正是缩小东、西部贫富差距，协调区域经济合理发展的重大决策。因为没有占国土面积一半以上的西部地区的现代化，也就没有全国的现代化。西部大开发战略，也是全国发展的战略。

自1999年6月17日江泽民同志在西安召开的一次座谈会上提出："必须不失时机地加快中西部地区的发展，特别是抓紧研究西部地区大开发"以后，西部大开发问题已不是一般号召，而是作为党和政府的一项重大战略任务，提到议事日程。2000年1月，国务院成立西部开发领导小组和西部开发办公室，负责领导和统筹西部大开发工作。国务院有关部委在拟定"十五"计划时，对西部大开发给予特别关注。西部各省、市、自治区党委和政府对本地进行大开发的思路和规划进行了很好的研究。东、中部一些地区正在研究"西进"计划。中国台湾和外国的一些企业家也在积极了解有关西部大开发的政策。

西部今后将成为中国经济发展的一大热点,也将成为中国实现跨越式发展的一个重要区域。但是,目前这个热点还未完全形成。总的来看,党中央和国务院及其有关部委"热",如中央预算通过国债筹集的资金到位情况比较好,一些重要工程项目相继上马;西部各省、市、自治区党委和政府也比较"热";东、中部企业和境外投资者还"不怎么热",大都处于观望、考察和研讨阶段。在商谈的项目中意向性的多,落实的少;在落实的项目中试探性的多,战略性的少。形成这种情况的原因,有的属于认识方面的问题,如对西部大开发的意义及其对我国经济社会发展的影响认识不足;有的属于对西部情况不甚了解,还需要一段时间进行调查评估;有的属于对投资西部的软环境,包括对某些财税政策不甚满意,认为有些政策不够具体,对投资带来的收益与风险吃不准,等等。

制定正确的财税政策,特别是税收政策,是实施西部大开发的必备条件。在西部大开发的热点还未完全形成的情况下,总结历史经验,提供推动西部大开发的理论支持和政策支持是摆在我们面前的一个重要课题。

二 东、西部经济差距与税收政策的历史演变

新中国成立后,从 1952 年年底到 1994 年,可把东、西部经济差距与税收政策的历史演变,大致划分为两个时段:一是差距缩小时期(1953—1978 年);二是差距扩大时期(1979—1994 年)。

1952 年年底,如把西部的社会总产值定为 100,那么东部的社会总产值为 212,也就是说西部比东部低 112%。从 1953 年,特别是"三线建设"开始,到 1978 年年底,国家对西部建设投入

大量人力、物力和财力，而对东部的投资比例则急剧下降。因此，东部地区的发展放慢、西部的发展加快，两大地区的差距明显缩小。到1978年年底，如把西部社会总产值定为100，那么东部为192，也就是说西部低于东部92%。差距的缩小，主要是由于备战，其结果虽然加快了西部的发展，但却人为地削弱了东部的发展，从而也影响了包括西部在内的全国经济的发展，付出的代价是昂贵的。

1978年年底，党的十一届三中全会以后，国家建设布局进行了重大调整（即进入第一个"大局"时期）。这种调整持续了近20年。调整后，东、西部的经济都有了快速发展。东部地区由于地理区位和经济基础较好等优势得到充分发挥以及政府政策（特别是税收和投资政策）的支持，所以其发展比西部快得多，因而两大地区的差距呈现急剧扩大的趋势。1993年年底，西部的国民生产总值比东部低159%，超过1952年年底的差距。东、西部的差距，主要表现在农村。1993年年底，农村社会总产值，东部占62.1%，西部仅占8.1%，相差7.6倍；乡镇企业总产值，东部占65.8%，西部仅占7.6%，相差9倍。

1979—1994年，税收政策在促进东部地区经济社会发展方面，特别是对"三资"企业和乡镇企业的快速发展方面，发挥了极为重要的作用。这些政策有三种情况：

（一）明显的地区倾斜政策

中国从20世纪80年代初开始在东部先后形成了经济特区、经济技术开发区、沿海开放城市、沿海开放地区这样一个开放体系及与其相适应的一套不同于其他地区的税收优惠政策。

1. 在所得税方面

1983年"利改税"后，在全国非上述地区对国有大中型企业所得税实行55%的比例税制，对国有中小型企业和集体企业实行10%—55%的8级超额累进税制，对私营企业实行35%的比例税制，对城乡个体工商业户实行10级超额累进税制，税率为7%—60%，所得额超过5万元以上部分还要加征10%—40%。1980年以后，对中外合营企业实行33%的税率，对合作和外资企业适用5级超额累进税率，最低为20%，最高为40%，另征地方所得税10%，最高税收负担率为50%。1991年以后对所有涉外企业所得税率统一改为33%。

而在上述开放地区则实行完全不同的所得税制。如在经济特区对内资企业基本上适用15%的税率；对外商投资企业也是基本上适用15%的税率，另外对某些生产性企业还实行"两免三减半"的优惠。在经济技术开发区设立的外商投资企业、在沿海港口城市的老市区和沿海经济开放区兴办的企业、在国务院批准设立的高新技术区内开办的外商投资企业及在保税区内设立的从事加工出口的外商投资企业都按15%的税率征税。有的企业还可享受"两免三减半"的优惠。

2. 在流转税（工商统一税、产品税、增值税）和关税方面，也规定了许多优惠政策。

（二）全国统一的税收优惠政策，只在东部得到充分运用

1978年以后，东部的乡镇企业应运而生。当地政府对中央制定的发展乡镇企业的税收政策都加以充分运用，因而使乡镇企业得到了迅速发展。而西部由于财力和改革滞后等条件的限制，对中央制定的优惠政策和比较宽松的税收管理权限都没有"用足"，这是西部乡镇企业发展滞后的一个重要原因。

1978年国家实行对外开放政策以后，为了吸引外资、发展外贸和扩大对外经济技术交流，在所得税、流转税和关税等方面对外商投资企业采取了一系列的优惠政策。这些政策是不分区域的，在东部适用在西部也同样适用。但西部地区由于地理区位、经济技术基础条件较差和侨属较少等原因，大都未能从中得到实惠，或者得到的实惠比东部少得多。

(三) 地方政府制定的税收优惠政策

1978年以后，东部地区除用足中央制定的税收优惠政策外，还运用自有财力和中央规定的税收管理权限制定了一些税收优惠政策，甚至"放宽"中央制定的政策发展地方国有企业、集体企业和乡镇企业。西部一些省、区也制定了某些税收优惠政策，但这些政策作用的力度同东部相比则显得很不相称。

目前理论界对上述两个时段国家实施的方针政策，包括税收政策是否正确持有不同的看法。我们认为，第二个时段的方针政策是正确的，东、西部两大地区经济社会的快速发展和进步的事实已证明了这一点，不过，对这个问题还应加以全面的总结，使其变为开发西部的宝贵财富。

现在的问题是两大地区的经济差距在继续扩大，如果不加以解决，将不利于经济发展、社会稳定、民族团结和边境安全。同时，拥有两亿多人口的东部地区已经发展起来，"第一个大局"已经实现，国家的财力也比较雄厚；所以，无论从经济方面看，还是从政治和国防方面看，实施西部大开发，实施"第二个大局"不仅必要，而且时机和条件也已经成熟。

三　促进实施西部大开发战略应采取的财税政策思考

(一) 财税政策介入西部大开发的理论依据

按照市场经济理论，在具备平等竞争、自由价格、资源自由流动和平均利润率等条件下，地区间的差距在一个小国内会逐渐消失，在一个大国内会逐步缩小。但这些条件的形成，特别是平均利润率的形成，有不同的途径。主要有三：一是主要依靠市场自身的力量；二是主要依靠政府干预；三是依靠市场自身力量与政府的干预相结合。

在资本主义国家发展的初、中期，缩小地区差距多采用第一条途径，而在当代采用这条途径的国家越来越少，因为采用这条途径虽然也会解决问题，但拖的时间太长；采用第二条途径的国家也不多；当代采用第三条途径的国家较多，如东、西德统一后，德国政府为了缩小东部同西部的差距，一方面在东部实行市场经济体制，加快私有化；另一方面在税收、投资、专项拨款和财政转移支付等方面大幅度向东部倾斜。这可以说是采用第三条途径的实例。

由此看来，中国实施西部大开发战略也应走依靠市场自身力量与政府干预相结合的道路。尤其是在大开发的初始阶段，政府干预相当重要。所谓政府干预，既包括财力、物力和人力的支持，也包括政策的支持。政府干预适当，不仅不会影响市场在资源配置方面的基础性作用，而且会催化这种作用条件（比如平均利润率）的形成。财税政策是实施政府干预的重要工具。为了使财税政策在实施西部大开发中发挥应有的作用，应对现行的某些税制和财政体制加以调整和完善。

（二）现行的某些财税制度对实施西部大开发的不利因素

1994年的税制改革与分税制财政体制改革，对于建立社会主义市场经济体制和加强中央宏观调控能力，起了极为重要的作用，功不可没。但也应看到，这次改革的重点是建立适应社会主义市场经济要求的税制框架和分税制的财政体制，而不是解决东、西部地区差距和西部开发的问题。因此，从目前实施西部大开发战略考虑，它存在以下问题。

1. 实行新税制后，西部的企业增加税负的多，减轻税负的少，增减相抵后，企业税负上升。

2. 过去在西部地区对不少企业实行以税还贷和税前还贷，1994年取消了这些规定。取消这些规定是对的，但没有采取相应的补救办法，因此使企业的财务状况更加困难。

3. 实行分税制后，增值税和消费税的分成比例，包括增量分成比例在全国都是统一的，对西部没有照顾性的规定。而"两税"

的增长是比较快的,但从1994年开始增长部分要上缴中央70%,中央拿走的越来越多,但中央对地方的支出基数未作调整,所以地方收入增长部分难以支撑地方刚性支出的增长。

4. 财政转移支付制度不完善,改"基数法"为"因素法"的改革发展缓慢。

综上所述,1994年财税改革后西部不少企业和地方财政处于比过去更加困难的境地,这成为西部人才、技术和资金外流的一个重要因素,不利于西部大开发。因此,在实施西部大开发战略中,对税制和财政体制应作相应的调整和完善。

(三) 完善现行税收制度的思考

1. 增值税应转型和扩围

中国采用的是生产型增值税制。这种类型的增值税,有利于增加财政收入和抑制投资膨胀,但也存在一些弊病:(1) 不利于资本有机构成高的基础产业和高新技术产业的发展;(2) 出口退税不彻底,不利于提高中国出口商品的竞争力;(3) 重复征税。

西部地区由于资本有机构成高的基础产业占很大比重,所以增值税的负担高于全国的平均负担水平。今后西部地区的高新技术产业可能发展较快,那时,西部地区的增值税负担还会提高。因此,建议在全国范围内尽快实现增值税的转型。如果在全国实行转型财政难以承受的话,作为权宜措施,建议对西部地区的某些行业实行先征后返的政策。

适当扩大增值税的征收范围。目前中国对交通运输业按3%税率征收营业税,不征增值税。由于不征增值税,此项税款无法抵扣,增加了纳税人的负担。西部地区由于区域辽阔,运输距离长,运费占企业成本比重大,纳税人负担更重。为了解决这个矛盾,又特殊规定纳税人可按运输发票金额的7%抵扣增值税。这就形成了不按增值税制征税,却按增值税制抵扣的问题,既减少财政收入,又使增值税抵扣链条脱节。因此,建议将交通运输业以及建筑业和销售不动产纳入增值税征收范围。与此同时，相应调整中央与地方财政的分成比例。

2. 所得税制的完善

国务院决定自2000年1月1日起，对设在中、西部的国家鼓励类外商投资企业，在税收优惠政策期满后的3年内，可以减按15%税率征收企业所得税。这意味着设在中西部被鼓励类的外商投资企业，会比过去得到更多的好处，将会进一步调动它们的积极性。

但是这一政策似仍有商榷之处：（1）这个政策只不过是把过去用于东部一些地区的优惠政策，移到中西部，使东、中、西部的优惠条件拉平。由于目前西部在软、硬件方面存在较大距离，采取拉平办法能否增加西部吸引外资的力度，值得研究。（2）当年国家不鼓励中、西部企业到东部投资，所以只对外资企业优惠，不对内资企业优惠。现在国家鼓励东部企业到西部投资，同时东部企业也有投资的实力，再实行内外有别的政策就显得不太合适了。

为了充分发挥所得税在西部大开发中的作用，建议：（1）对于新的直接投资于符合产业政策和西部开发战略的内、外资企业，实行10年免税、10年减半征收所得税的政策。（2）对原已在西部投资的内、外资企业，用税后利润再投资于技术创新和科技开发的，可按一定比例实行投资抵免。（3）对内、外资企业使用的先进设备及供研究与开发使用的设备，实行快速折旧。（4）将外商投资企业采购国产设备的税收优惠，扩大到所有在西部投资的企业。（5）在西部投资的外商投资企业起步较晚，进入获利期时间不长，为了保持政策连续性，在"两法"合并后，对西部外商投资企业的优惠应允许有个过渡期，不宜马上取消。

3. 建立环保税制

中国环境污染和生态环境破坏造成的损失巨大。据世界银行环保专家测算：1995年中国的大气与水污染的损失，尤其是细微大气颗粒物对人体健康的危害至少达540亿美元。据中国环保专家测算，这项损失为242亿美元，两者发生差异的原因，主要是对因污染而早亡的近30万人的生命价值和医疗费用的估价不同。另外，在"九五"期间中国每年治理环境的费用约为1000亿元。这就是说，每年中国在环保方面的损失和费用为3000亿—5500亿元，数额十分惊人。西部是长江和黄河的源头，水土流失和污染问题不解决，不仅影响西部而且影响全国。

国务院在部署西部大开发工作时，明确提出要把生态环境建设作为一个重点。实施西部大开发战略后，西部工业化和城市化的进程将加快，自然资源的开发速度也将加快。在此过程中决不能以牺牲生态环境为代价进行开发和建设。税收在这方面有许多文章可做。在中国建立环保税制不仅是必要的，而且是迫切的。如果在全国建立环保税制有困难，我们建议在西部地区率先建立这一制度。所谓环保税制，包括三方面的内容：一是开征专门的环保税，如空气污染税、水污染税、垃圾污染税等；二是在有关税种如消费税、所得税等的税目税率设计方面充实有利于环保的内容；三是对环保产业和环保科研成果给予税收优惠。

4. 扩大地方资源税，变西部资源优势为经济财政优势

西部地区有丰富的土地、矿产和水利等资源，如何把这些自然资源优势变为经济财政优势，一直是政府和经济理论界关注但并未解决的课题。

对资源的认识不全面，可能是这个问题长期未得到解决的一个重要原因。现代经济学认为，资源有软、硬资源的区分。土地、矿产等自然资源是硬资源，市场、信息、技术、资金和政策等是软资源。硬资源优势只有同软资源正确结合，才能变为现实资源优势，即变成经济财政资源优势。比如，矿产资源只有同技术和市场结合，才能得到合理的开发和顺畅销售，否则或者开发不出

来，或者开发出来后没有销路；又比如，如果只有丰富的矿产资源而没有正确的所有权（使用权）、经营权、价格和税收政策，这些资源优势也不能变为经济财政优势。

到底如何把西部的潜在资源优势变为现实的资源优势，税收在这方面如何发挥作用，还是一个需要继续深入探讨的问题。我们的意见为：（1）完善资源税制。现行资源税的立法意图主要着眼于调节级差收入，这在当时有它的合理性，但随着经济和社会的发展，它的视野显得过于狭窄，应该加以改进。①资源税的设计应有多重目标：包括有利于可持续发展，保护生态环境和防止资源浪费；调节级差收入；增加资源开采和生产地的地方政府的财政收入。②把森林、水、草等资源纳入征税范围。③资源税与所得税相结合。中国自然资源初级产品的价格偏低，加工（销售）环节利润较多，而加工（销售）企业或其总管理机构多不在初级产品的产地，这样就使加工（销售）地的企业所得税增多，不尽合理。因此，建议在资源税率不能提高的条件下，初级产品加工（销售）地征收的企业所得税应向产地适当返还。（2）鼓励对资源初级产品进行深加工。西部对开采的自然资源是输出初级产品还是输出深加工产品更为有利，是一个值得探讨的问题。一般来说，输出深加工产品较为有利。西部应趁经济结构调整的时机，对某些初级产品实现就地深加工就地增值。税收政策应采取措施鼓励这种调整。（3）鼓励开发土地资源。西部未被开垦的荒山荒地资源丰富。应该鼓励经济组织和个人积极开发利用这些资源。我们的意见，对这些资源可根据贫瘠程度和开发的难度，采取低价、无偿甚至补贴办法，将其使用权、经营权长期承包、拍卖给单位和个人。税收对使用权转让收入和经营收入，可长期采用减免税政策。

5. 扶持中小企业发展，促进城镇化建设

西部国有企业比重大，乡镇企业和私有企业比重小，应进一步深化改革，调整所有制结构，加快乡镇企业和私有（个体）企业的发展，税收在东部乡镇企业的发展中发挥了极为重要的作用，在西部应发挥更大的作用，不仅要加大扶持的力度，而且要提高扶持的质量，如要求这些新办企业起点要高，防止对生态环境的破坏等，同时要把扶持中小企业发展同城镇化建设联系起来，加速城镇化建设。

6. 加大开放力度，发展边境贸易

西部不仅有广袤的腹地，而且有 13000 公里的国境线，发展边境贸易具有得天独厚的条件。所谓边境贸易，包括小额边境贸易、旅游购物贸易和边民互市贸易等形式。过去中国对边境贸易税收有一些优惠规定，如对进口环节的增值税和消费税减半征收等。现在存在的主要问题是出口退税手续复杂和退税不足。

西部由于主、客观条件限制，在一般进出口贸易、吸引外资、国际旅游等方面比较滞后，因而在这方面的潜力也很大。现在也应加大开放力度，抓住大开发的历史机遇，利用亚欧大陆桥、长江航道和广西出海口等有利条件，放手促其发展，以开放促开发。税收应根据上述形势要求，积极研究在不违反 WTO 原则条件下，应该采取什么措施来进一步促进边贸和一般进出口贸易的发展。

7. 研究开办试验区的特殊税收政策

西部大开发不能照搬国外的经验，也不能套用我们自己过去的经验。西部大开发首先应是思路大开发，必须解放思想进行制度创新。搞制度创新不能贸然行事，应该开办试验区先进行试点。如可建立"荒山荒地开发试验区""矿产资源开发试验区""生态环境保护试验区""农牧产品深加工试验区""边贸试验区"等。对这些试验区应研究制定特殊的税收政策，促其创造经验，再辐射到其他地区。

（四）完善财政体制的思考

在 1994 年工商税制和分税制改革中，提出要"合理分权"，这同过去强调集中税权相比较，是一个重大转变。但这一正确决策，后来没有实现。同时，在具体实施分税制中，对收入增长较快的两税，在全国按同一比例分成，对西部没有照顾性规定，使西部各省、市、自治区的财政状况更加困难。为了进一步完善分税制，建议：提高西部地区的增值税基数分成比例及增值税与消费税的增量分成比例，扩大西部地区地方税收入规模及税权，健全地方税完善财政转移支付制度，变"基数法"为"因数法"，使居住在不同地区的居民，能享受大体相同的公共产品和服务；继续增加对西部地区的专项拨款，尤其是在西部大开发的初始阶段。因为在这个阶段建设的工程项目多是投入多、社会效益大的基础设施、生态环境保护的"公共产品"项目，同时，西部的地方财政也无力承担这些项目的建设。

（原载《西部大开发战略与税收政策研究》，中国税务出版社2004年版）

在西部大开发中应重视研究变资源优势为经济优势的财税政策

把潜在的矿产资源（矿藏）优势变为资源优势，再变成经济优势是一个复杂的过程。这一过程中的每个环节几乎都涉及财税政策问题，即涉及资源开发的收益如何在中央与地方、地方与地方、政府与企业、政府与百姓之间的分配问题。分配合理了，才能调动各方面的积极性，同心同德把资源优势变为经济优势。

为了研究将资源优势变为经济优势中的税收政策问题，最近我们对陕西的榆林、延安两市进行了实地调查，并对存在的问题同当地政府一起探讨了解决的办法。调查中我们深刻认识到，为了促进西部开发，应对现行的财税政策进行适当调整。

一 增值税问题

中国现行的增值税是生产型的增值税，它对企业购进固定资产所含的税款不允许抵扣，加上国家规定折旧期长，所以机器设备等固定资产越先进、占投资比重越大的企业税负越重。在榆林、延安新建的一些厂矿，大都技术水平较高，固定资产投资比重大，税负普遍较重。两市一些设备陈旧的老厂矿急需进行设备更新，但也同样面对税负较重的问题。同时，目前运输业还未纳入增值税的征税范围，但又规定运费可按7%的低税率抵扣税款，这对处于交通落后、运距长、运量大，在产品销售中运输费用占很大比例的榆林、延安的能源开发企业来说，税负更显加重。上述两个问题在其他省份也存在，但都没有西部突出，如不解决，将不利于西部大开发和变资源优势为经济优势。因此，建议尽快将生产型增值税改为消费型增值税并把运输等行业纳入增值税的征税范围。

二 资源税的问题

资源税是与变资源优势为经济优势关系最密切的税种。资源税负担过轻，不利于调节资源级差收入、资源的节约使用和环境保护，也不利于增加地方财政收入（在两市资源税属地方收入）；过重，则会提高资源开发企业的成本，影响企业的积极性，反过来也会影响变资源优势为经济优势。所以，资源税的负担，应当根据企业的生产经营和资源耗竭等状况，及时进行调整。两市现在执行的资源税额是几年前确定的，在全国最低。这符合当时实际状况。但现在两市的资源开采进入旺盛期，企业的生产规模扩大，开采成本降低，级差收入和利润较多，税负能力提高。因此，煤、油、气的资源税额应适当提高。

三 管道运输营业税纳税地点问题

目前由陕西输往北京、银川的天然气输气管道在榆林市境内分别为284公里和313公里，但其营业税（也属地方财政收入）却全部在北京、银川缴纳。当地政府认为这样规定不合理：一是随着资源的转移，导致税收收入从落后地区转移到了发达地区；二是不利在源头进行税收控管；三是不利于调动当地各级政府保卫管道运输安全的积极性。建议将管道运输营业税收的50%改在资源的产地，即榆林缴纳。这个建议是有道理的。但它不光是榆林一地的问题，建议有关部门统筹协调解决。

四 对群众的补偿问题

矿产资源的开发、加工和运输必然产生占用农民土地、林地，拆迁房屋，因环境污染而使土地废弃荒芜等经济损失以及对农民就业安置等问题。据榆林市一区四县的不完全统计，由上述原因给农民造成的经济损失为68793万元，按规定应补偿48061万元，实际补偿25755万元。靖边县农民经济损失1.98亿元，而获得的补偿仅为0.81亿元。补偿不足的原因是地方财政困难。国家要变资源优势为经济优势，应使处于这种转换中的当地群众得到直接和间接的实惠，才会获得支持。现在看来，群众得到的实惠不多（如就业，由于厂矿技术起点高，用人少，加上厂矿要解决人员分流和职工子弟就业，所以用农民工很少）。如果再对群众的损失补偿不足，将会产生许多社会问题。建议设立补偿专项基金，保证群众在变资源优势为经济优势过程中获得应有的利益。

五 财政转移支付问题

近些年来，榆林、延安在资源开发和经济发展的带动下，财政收入都是以两位数迅速增长。但是由于两市过去财政基础薄弱，基数低，所以增幅虽大，但增加的绝对额有限，财政仍很困难。榆林市12个国家级的定补贫困县，有11个县都欠发工资。延安市的13个区县中有9个县的全部财力不足保工资的一半。另外，矿区开发也需要地方政府在路、电、水等基础设施和矿区服务方面配套投资。由于当地政府财政困难，就出现了一个似乎悖理的问题：富裕的地方都争着要新的税收优惠政策，而对革命作出重大贡献和牺牲，至今贫穷落后，比富裕地方更需要优惠政策的两市，却对国家已有的优惠政策也不敢用足。不是不想用，而是没有财力不能用。当地政府提出的解决办法有三：一是加大财政转移支付力度；二是在共享税中提高地方留成比例和返回系数；三是扩大地方税的收入规模。我们认为，在西部开发初期，上述办法是培植财源、解决当地财政困难的较好途径。

（合作者：杨文利，原载《中国社会科学院要报——领导参阅》2003年第1期）

关于税权划分理论
存在的问题和建议

法制对人类社会的发展进程起着极为重要的作用。市场经济社会是人类历史上迄今为止法制最健全的社会，所以人们常说市场经济是法制经济。在中国加强税收法制建设既是建立社会主义市场经济体制的重要条件，也是建立现代税收制度的重要条件。

税收法制建设包括两个重要方面：一是国家机构同纳税人之间税收法制建设；二是国家机构同国家机构之间的税收法制建设。前者属税法学的研究范围，后者属宪法学的研究范围。只有把这两个方面的建设都搞好才能真正做到依法治税。

过去我们讨论税收法制建设大多把精力集中在讨论国家机构同纳税人之间的税收法制建设方面，这对于完善税法、健全税制，把税收征收管理纳入法制化轨道是十分必要的。这些讨论为1994年的工商税制改革顺利进行提供了极为有利的条件。现在在税法已基本统一，新老税制已基本实现平稳过渡之后，我们除应继续完善国家机构同纳税人之间的税收法制建设外，还应重视研究国家机构与国家机构之间的税收法制建设，即更深层次的税收法制建设。

国家机构与国家机构之间的税收法制建设，是指税收立法、执法和司法体系的建设，其实质是研究税权在国家机构之间的划分问题。这种划分，有纵向与横向的区别，即有上下左右的区别。所谓纵向划分，即上下的划分，是指税权在中央与地方、地方与地方国家机构之间的划分。所谓横向划分，即左右的划分，是指税权在同级国家机构的立法、执法和司法部门之间的划分。

本文着重讨论税权的横向划分问题，特别是中央级国家机构之间税权的划分问题。

一 "三权分立"与税权的横向划分

法是随着国家的产生而产生的。但是在国家机构中设立专门的立法、执法与司法部门却是在封建贵族与君主的矛盾加剧，特别是在资产阶级登上政治舞台之后。提出三权分立、分权制衡学说的是法国的夏尔·路易·孟德斯鸠，他是资产阶级革命理论奠基者、启蒙思想家。他在《论法的精神》一书中说："如果一个人或是由重要人物、贵族或平民组成的同一个机关行使这三种权力，即制定法律权、执行公共决议权和裁判私人犯罪或争讼权，则一切便都完了"。孟德斯鸠的分权制衡思想，后来在历史上最早出现的两部成文宪法，即美国和法国的宪法中被接受。1878年颁布的美国宪法规定国家的立法权、行政权和司法权分别由国会、总统和联邦法院行使。1791年法国资产阶级革命后制定的第一部宪法规定立法权、执行权和司法权分别由议会、国王和法官行使。继美、法之后，分权制衡思想被许多资产阶级国家所接受，并成为宪法的一条重要原则。

三权分立、权力制衡的思想和制度，是在反对君主专制的基础上提出来的，它较之集三权于君主一身的封建皇权制度无疑是一个很大的进步。甚至从法制的角度说，它也优于苏联。毛泽东同志说过，斯大林严重破坏社会主义法制的事件，在英、美、法等国家不可能发生。

在西方国家由于存在不同利益集团，存在多党制和两院制，因此强调三权分立，强调互相监督，总的说是适应它们的政治经济体制和传统习惯的要求的。但是，即使在西方国家，这种政治体制也存在不少问题。从理论上说，国家的权力在本质上是统一的，不可分割的；从实践上说，过分强调三权分立往往会使国家在重大问题的决策上互相掣肘，久拖不决。

上面说的是西方国家在总的国家权力方面，是按照三权分立、权力制衡的原则进行划分的。就税权的划分来说也是如此，也是三权分立。甚至可以说税权的划分，促进了三权分立原则的形成。请看英国的例子。英国在13世纪初同其他封建专制国家一样，君主为满足其私欲或筹措战争费用，可以任意决定征税。这种情况引起了新兴市民阶级的强烈不满，他们在"没有代表则无税"的号召下开展了顽强的斗争。1215年英国国王约翰被迫签署的《自由大宪章》，实际上是限制英王征税等权力、保护贵族利益的宪章。宪章规定：国王除因被俘赎身、长子被封为武士和长女出嫁这三种情况可以适当征收税金外，不得随意征收税金或贡金，如需征收，必须召开"大议会"，征求"全国公意"。这样就把征税的立法权由国王的手中，"分立"到了"大议会"的手中。后来，这些规定被资产阶级作为论证国会的地位和国会监督政府财政状况的法律根据。于是便有"国会管钱袋，总统管外交"的形象说法。

我们国家是共产党领导的社会主义国家。中国1982年宪法规定一切权力属于人民。人民的根本利益是一致的。因此，不能搞三权分立的政治体制。但是也需要设置立法、执法和司法等国家机构。设立这些机构是为了更好地实现国家的政治经济职能，避免在重大决策上的失误。应当指出，这些国家机构的地位不是平列的。按照宪法的规定，人民行使国家权力的机关是全国人民代表大会和地方各级人民代表大会。国家行政机关、审判机关、检察机关都由人民代表大会产生，对它负责、受它监督。这就是说，行政和司法机关必须接受国家最高权力机关的监督。

税权是国家的重要权力。税权的实施也同样需要通过立法、执法和司法等国家机构。在我国中央一级税权的横向划分是指税权在全国人民代表大会及其常务委员会、最高人民法院和国务院之间的划分。具体来说，全国人大及其常委会是税收的立法机关，最高人民法院是税收的司法机关，国务院是税法的执行机关。

二　中国税收的立法、执法和司法现状及存在的问题

国家税权在立法、执法和司法部门之间究竟应如何划分，看来没有固定不变的模式，国家与国家之间不同，同一国家在不同历史时期也不同。中国的税收，过去在三个部门之间的划分，在理论上是清楚的，但在实际工作中由于历史等方面的原因不是很清楚。往往形成行政部门越权，影响立法部门的权威。近10多年来，这种情况有很大改变。

（一）税收立法

税收立法在中国税收法制建设中居于核心地位。宪法规定，全国人民代表大会和全国人民代表大会常务委员会行使国家立法权。具体来说，全国人大具有修改宪法，监督宪法的实施，制定和修改刑事、民事、国家机构的和其他的基本法律的权力。全国人大常委会具有解释宪法，监督宪法的实施，制定和修改除应由全国人大制定的法律以外的其他法律的权力。还有解释法律及在全国人大闭会期间，对全国人大制定的法律进行部分修改和补充的权力。依此推论，全国性税收法律的制定和修改权属于全国人大及其常委会。

目前，中国的税法由立法机关制定的不多。在税收实体法方面有《中华人民共和国外商投资企业和外国企业所得税法》《中华人民共和国个人所得税法》，在税收程序法方面有《中华人民共和国税收征收管理法》，大多数税收法规是授权国务院制定的。

授权立法。全国人大曾于1984年授权国务院在改革工商税制等方面可以制定税收暂行条例或规定。几年来，由国务院制定的税收条例构成中国税法体系的主要组成部分，这是中国现行税法的一个重要特点。这个特点是由中国社会主义市场经济框架正在逐步建立、税制正在不断完善、全国人大立法力量不足以及行政部门对国家经济社会等方面情况了解较多，在立法方面有较大优势等情况决定的。

应当指出，授权立法与不授权自行立法的性质是不同的。1984年以前中国的税收法规，除工商统一税条例和农业税条例是由全国人大常委会原则批准的以外，其他税收条例几乎都是由行政部门制定的。甚至国务院有些部门和某些省级人民政府也在自行制定"税法"。这是法制不健全的表现，严格地说也是一种"侵权"现象。1984年以后，这种现象虽然已被纠正，但对人们思想认识的影响却并未消除。至今有些高等院校的讲义、教科书和一些报刊刊登的论文，仍在谈论"政府的立法权"。比如有的介绍各国分税制的论文说："中央地方政府都拥有税收的立法权""中央税由中央政府立法征收，地方税由地方政府立法征收"，这里说的"政府立法权"，不是指政府制定行政法规权，也不是指立法机关授予的立法权，而明确指的是政府有权立法。实际上，在当今世界上即使是政府行政权力很大的国家，政府也不会有这样的立法权。这是一种混淆立法、行政机关权限的错误看法。这种看法，看来并不是疏忽，而是受实际工作中的传统影响形成的。

现在，中国大多数税收条例虽然仍由国务院制定，但它是经立法机关授权的，因而不是侵权。尽管如此，也应看到由立法机关制定的法律和由立法机关授权制定的条例，其立法层次、权威性和法律效力是不同的。尤其是在外商看来，没有定型为法律的条例是不稳定的。因此，授权制定的税收条例其数量不能过多，其有效期限必须严格限制，不能过长，不然将会形成立法机关的

"丧权"。

立法程序。中国制定税法的程序大体分为三个阶段：（1）税收议案的提出；（2）立法机关审议和通过议案；（3）税法的公布。严格遵守立法程序是保证法律具有权威性和稳定性的重要条件。在上述三个阶段中，大量的工作集中在前两个阶段。一般过程是：由国家税务总局草拟税法议案，经财政部会签后送国务院常务会议审议通过。国务院（宪法规定国务院有提案权）再以提案形式提请全国人大或其常委会审查。在全国人大或其常委会审查前，一般先由全国人大法律委员会和财经委员会审议。法律委员会除自身进行研究审议外，还将议案送请国务院各部委、省级人大以及召开专家会议征求意见，然后将征集的意见加以整理并对议案进行修改后提交全国人大或其常委会进行讨论。在讨论前还应由提出税法议案机关的负责人就税法的主要内容做出说明。全国人大或其常委会经过半数以上成员通过后，由国家主席以命令形式公布。

上述立法程序，应当说是比较严密的。如果说还有什么缺陷的话，那就是直接纳税人表达意见的机会似嫌少。其实，有些税法在酝酿期间广泛征求纳税人的意见，对税法的实施是有好处的。新中国成立初期，我们的一些税收法规在出台前都征求工商联等方面以及有代表性的纳税人的意见，并收到很好的效果就是证明。另外，有人提出应依靠"议员立法"，即应像某些国家那样，税法议案应由人大代表直接草拟和提出，而不应由行政部门提出，以免税收立法使行政部门处于有利地位。我们认为，这种观点有道理。但根据中国传统习惯及立法部门和人大代表的现状，目前还难以实现。

地方立法。宪法规定，省、自治区、直辖市及省、自治区政府所在地的市和计划单列市的人民代表大会及其常务委员会，根据本行政区域的具体情况和实际需要，可以制定地方性法规。依此推论，这些级次的立法机关也应有权制定地方性税收法规。但由于多方面原因，目前全国人大除授予海南省和相当于省级的民族自治区及深圳特区可以制定地方性税收法规外，其他省、直辖市一般都无权制定地方性税收法规。所以，地方税的立法权，基本上是集中在中央的。

（二）税法执行权

宪法规定，国务院是最高国家权力机关的执行机关，是最高国家行政机关。这就是说，全国人大及其常委会制定的各项税法是由国务院组织实施的。为了实施税法，国务院有权根据宪法和法律，规定行政措施，制定行政法规，发布决定和命令。同时，根据立法机关的授权制定税法的实施细则（条例）。中国具体负责执行税法的主管机关是财政部、国家税务总局和海关总署。

为了贯彻执行工商税收法规，国家税务总局和财政部有权发布行政规章和根据国务院的授权或独立对税法及其实施细则做出行政解释。这种解释有时以"细则""补充规定""问题解答"或"案例"的形式出现，它们往往是税收法规的构成部分，具有一定的约束力，所以这种解释不能同税法、税收行政法规的内容相抵触，也不能进行改变税收法规内容的扩大或缩小解释。过去我们在这方面是有教训的。比如，1983年国务院发布的《建筑税征收暂行办法》（以下简称《办法》）第10条规定："建筑税按照年度实际完成的投资额计征，分季预缴"。财政部于1985年3月29日发布《关于建筑税征收管理问题的补充规定》却将上述规定改为"按批准的年度计划建设投资额原则上一次缴足，竣工清算"。一个规定是按照年度实际完成的投资额计征，一个规定是按照批准的年度计划投资额计征；一个规定是分季预缴，一个规定是原则上一次缴足。这种解释尽管主观上是想完善《办法》，但从法制角度来说却是修改了《办法》的内容，有损《办法》的严肃性。

应当指出，国家税务总局及其所属系统是征管工商税收的唯一行政执法机关;政府其他部门不得干预。有些同志可能不同意"唯一行政执法机关"的提法,而认为工商局、公安局、法院、检察院等部门都在执法。其实这是误解。工商局、公安局是配合税务部门执行税法的机关,而不是税收的行政执法机关;法院、检察院是司法和法律监督机关,也不是税收的行政执法机关。只有国家税务总局及其所属系统才是执行税法的权威行政机关。强调税务部门是唯一的行政执法机关会使税务部门更加独立地行使税收行政执法权,使它只服从税法和行政法规,依法行政,不受政府其他部门的干预和影响。政府其他部门也不应干预和影响税务部门独立执法。

有些同志建议,为了保证税法的实施,可考虑在中央和省、地、县设立税务公安(警察)系统,或把现有的税务系统改为上述系统。这是在建立税收保障方面的一个大胆建议。不过,我们认为建立这套系统应该经过广泛的调查研究,因为目前还看不出建立这套系统的紧迫性。比较现实的办法是加强税务稽查力量。

(三) 税收司法

在中国行使司法权的国家机构,狭义的是指国家审判机关,即法院,广义的是指行使国家审判权、检察权和管理司法行政的国家机关,即法院、检察院和司法行政机关。为了具体运用法律和准确量刑,最高人民法院和最高人民检察院有权对涉税法规作出司法解释。比如,刑法第121条规定:"违反税收法规、偷税、抗税、情节严重的……"什么叫"情节严重",它们有权作出解释。法院是审理和判决有关税务纠纷和税务犯罪案件的机关。

法院有普通法院和专门法院。普通法院是管辖普通民事与刑事案件的法院,专门法院是管辖特定种类的民事与刑事案件的法院。目前在中国发生的税务案件是由普通法院(人民法院)审理的。但是从税收法律关系上说,涉税案件应由专门法院审理。因为税务机关是代表国家依法行使征税权的征税主体,纳税人是依法履行纳税义务的纳税主体。征税主体与纳税主体之间的关系不是法人与法人或自然人与自然人之间的司法关系。征税权是国家赋予征税主体的专属权利，不是征纳双方协商的产物，同时在征税主体与纳税主体之间的权利与义务也不是直接对等或对应的关系。因此，纳税人与税务机关在征纳问题上发生争议，或纳税人发生税务犯罪行为，其性质与审理方法是与一般的民事、刑事案件不同的。为了正确实施税法，有力打击税务犯罪活动，我们认为，应该成立专门税务司法机构——税务法院。

三 几项建议

（一）充实宪法内容

中国现行宪法是1982年制定的。当时所有制比较单一，国家实行高度集中的计划经济体制，税收在经济生活中不占重要地位，所以宪法反映税收的条款很少，只规定："中华人民共和国公民有依照法律纳税的义务。"改革开放十多年来，情况发生了很大变化。现在税收不仅是国家组织财政收入、调控经济、公平分配社会财富的重要手段，而且也是市场经济活动的主体——生产经营者进行经济决策必须首先考虑的因素。因此，宪法有关税收的内容显得过少，建议充实宪法内容。

1. 明确规定各级立法机构的立法权限。现在在税收立法方面，既存在中央集权过多的问题，也存在地方滥用权力的问题（如有些地方巧立名目征集各种"基金""费"等；侵蚀国家税基；实行分税制地方的税权扩大后，有些地方还可能会利用这些权力搞地方贸易保护主义），所以宪法应明确规定各级立法机构对税收的立法权限、立法程序和立法原则。

2. 明确规定纳税人的权利与义务。过去我们强调纳税人义务多，规定纳税人权利少。如果宪法能对纳税人的权利与义务作出原则规定，则不仅会保护纳税人的合法权益、增强其主人翁责任感，而且也会为打击偷税、抗税等违法行为提供最高法律依据。

（二）制定税收基本法

在新中国成立初期，曾制定过《全国税政实施要则》，它起过税收基本法的作用，后来中止执行。中国现行的税收法律与法规，都是单项的法律与法规，还没有一个通则性的税收基本法。没有这样的基本法不仅会在各个单项法律与法规之间出现互相矛盾的现象，而且更重要的是有些需要由法律规定的共同性问题，如税收的立法、执法和司法；税务机关的设置及行政执法程序；纳税人具体的权利与义务；有关部门对税务部门的协助义务等，在单项法规中是无法规定或无法详细规定的。因此，尽早制定税收基本法对这些共同事项加以明确规定，一方面有利于规范税收法律关系，建立正常的征纳秩序；另一方面有利于规范中央与地方国家机构之间的税收关系，发展社会主义统一市场。

（三）尽快完成税收实体法的立法

如前所述，在中国现行税收实体法中除外商投资企业和外国企业所得税法和个人所得税法是由中央立法机关制定的以外，其余大多数税法是授权国务院制定的。但是授权立法与正式立法的权威性毕竟不同。因此，我们应积极创造条件，包括充实立法机关的力量、在适当时机扩大地方立法机构的税收立法权等，以尽快完成税收实体法的立法。

（原载《中国税权划分问题研究》，中国税务出版社 2001 年版）

关于加强预算管理和扭转外贸亏损问题的建议

一 价格补贴在预决算上单列支出

价格补贴已由"一五"时期的0.5亿元上升到目前的320亿元。这么大一笔开支,在财政上如何加强管理,在预决算制度上如何处理是一个值得研究的问题。

现在的处理办法是价格补贴支出分别由商业(粮食)、供销、外贸部门的收入抵补,不足部分由财政拨款。这种处理办法,既在国家预决算收入方面反映不出商业、供销、外贸部门的实际收入情况,又在预决算支出方面反映不出价格补贴的情况,甚至在支出方面就没有设"价格补贴"的科目。预决算支出的1/3,竟然在预决算上没有明确的反映,不能不说是现行价格补贴制度和财政管理上的一个缺陷。有些省、自治区财政部门的同志反映,在每年的人代会上总要费很大的劲才能把这个问题解释清楚。

价格补贴的实质是国家替城镇居民付给农民的好处,得到的是农民和城镇居民,出钱的是国家财政。这样一种关系,应该在国家预决算上有明确的反映,这不仅是反映事物真实面貌的需要,而且国家在政治上也主动,对加强价格补贴的管理也有好处。因此,我们建议在国家预决算的收入方面,应该全面反映商业、供销、外贸部门的收入情况,而在预决算的支出方面,应该单列

"价格补贴"科目。

二 关于扭转外贸亏损问题

现在外贸亏损很大，是财政的沉重负担，应该找出扭转亏损的办法。我们认为，亏损是现象，要解决亏损问题，必须首先解决下述两个问题。

1. 关于外贸的战略思想问题

长期以来在外贸部门流行着一个影响很大的战略口号：外贸服从外交。我们认为，这个口号是值得商榷的。某些外贸部门存在的经营管理水平不高、只追求进出口额不注意经济核算、不讲赔赚、"官商"作风等问题，不能说同这个口号没有关系。

外贸与外交不存在谁服从谁的问题，而存在一个相互配合的问题。外贸当然应该配合外交，但是外交也应配合外贸，而且在和平建设时期，外交应当更多地配合外贸。第二次世界大战后的外交史，基本上是一部经济斗争史。各国使领馆对驻在国的经济技术发展情况和外贸动态都很注意，它们通过各种外交途径为发展本国的经济和科技服务。有些国家为此目的还共同组织国际性的政治经济集团。如欧洲一些国家为了对抗美苏两霸的经济扩张和控制，组织"欧洲经济共同体"（共同市场）；第三世界一些国家，为了对抗垄断资本家的剥削、压价，协调成员国的政策和进行经济合作，组成原料生产国和输出国的各种组织，等等。所以，第二次世界大战以后的30多年，尽管局部战争未停，但是多数国家外交政策的重点还是集中在经济斗争方面。过去我们搞"以阶级斗争为纲"，我驻外使领馆对驻在国的经济建设情况注意不够，这是一条教训。因此，在全党的工作重点转移到经济建设方面以后，外交部门的工作重点也应转移。我驻外使领馆应对驻在国的经济建设的历史经验、经济建设的现状和今后经济发展的战略目标，特别是对外贸方面的情况有较深的了解，并向国内提供有关的建议。

当然，外贸也必须配合外交斗争。我们搞的是社会主义的外贸，不能不讲政治观点，不能不讲配合外交斗争。我们认为，外贸外交"探路"就是配合，掌握别国政策，也是配合。但是不应把外贸与无偿支援混为一谈。外贸同内贸一样都是"经商"的，都应为繁荣国内经济和为国家积累建设资金服务。如果说内、外贸有什么不同的话，那么重要的一点不同就是外贸部门是同外国资产阶级打交道的，因此更要讲究赔赚，不使"肥水流入外人田"，进而争取"外人肥水流我田"。那种认为，把东西白送或低价卖给人家才叫外贸配合外交的观点是不对的。

2. 关于加强外贸领导问题

中央领导同志说过，我们的经济工作有两种力量、两种资源、两个战场。两种力量，要以自己的力量为主，争取外部力量为辅。两种资源，要充分利用国内资源，但不要忽视外部资源。一个国内战场，一个国际战场。要学会两套本领，既要提高国内的工作水平，又要走向全世界。外贸同两种力量、两种资源、两个战场都有密切的联系。对外贸易实际上是同国际资产阶级打的一场经济立体战，政策性强，涉及面广，斗争复杂，单靠外贸部门很难打开新局面。因此，应该研究解决加强外贸的领导问题。我们建议在国务院直接领导下成立一个有很大权威的外贸领导机构。所谓外贸体制要集中，就是要集中到这个权威机构里。它的成员包括国家经委、外交部、经贸部、财政部、铁道部等部门。它的任务是制定发展外贸的战略和策略，确定外贸体制、进出口政策、汇价政策、税收政策，研究提高外贸经营管理水平的措施，等等。

三 加强外债管理

随着对外经济活动的开展，中国陆续借了一批外债。今后外债数目，还可能有所增加。借外债也有个"肥水不流外人田"的问题。因此，应当研究对外债的管理办法。现在中国所借的外债，大致有三种形式：第一种，统借统还；第二种，统借自还；第三种，自借自还。第一种是由财政部管理的，后两种，特别是第三种，现在借了多少，还了多少，使用效果如何，没有人能够说清楚。但是借外债总是要偿还本息的，最后总是不能同财政"脱钩"。因此，我们主张无论通过何种形式借的外债，都应通过财政部，并由财政部加以管理和监督。

四　职工退休金应由财政统一解决

中国职工退休金的数额越来越大，特别是在一些老企业更加突出。据重庆钢铁公司调查，1982 年享受退休金职工待遇的有 14000 人；职工退休金开支达 937 万元，占利润总额的 13.3%。这是公司的一笔很大开支，而且增长幅度还很大，该公司的退休职工人数和退休金支出，1982 年比 1980 年分别增长 16.99%、26.44%。在老企业中，重庆钢铁公司的情况有一定的代表性。这些退休金都是列入公司成本开支的。这样就使同一行业的新老不同企业之间的成本无法比较；老厂由于退休职工多，退休金负担很重，成本很高；新厂退休职工少，退休金负担轻，成本低。但前者成本高和后者成本低都不是由企业的经营状况决定的，而是由国家政策决定的。因此，我们建议：职工退休金不要列入企业成本解决，而应由国家财政管起来，统一解决。

（原载《财政研究资料》1984 年第 3 期）

诺贝尔，为科学扬帆

——参加诺贝尔奖颁奖仪式的回忆

阿尔弗雷德·伯恩哈德·诺贝尔是瑞典很有发明创造才能的化学家、工程师和实业家，也是一位仁慈的理想主义者与和平主义者。

诺贝尔1833年10月21日生于瑞典的斯德哥尔摩，9岁离开瑞典去俄国的圣彼得堡同他父亲团聚。16岁时对化学产生浓厚兴趣。之后赴法国、美国等地学习和从事研究工作。他通晓英、法、德、俄、瑞典等国家语言。1859年他父亲在圣彼得堡的工厂破产，他返回瑞典研究制造液体炸药硝化甘油。1864年研制成功，但投产后不久工厂发生爆炸，他的弟弟等5人不幸遇难。瑞典政府禁止他重建这座工厂。诺贝尔只好在湖面的一艘驳船上继续进行硝化甘油不发生危险的实验，终获成功。他期望这种炸药能够有利于人类开矿、修路和消灭战争。他一生创造发明很多，共获得355项专利权。同时，在世界各地炸药制造企业中大都有他的股份。因此，他积累了一大笔财富。1895年他在巴黎立下遗嘱：将他的财产不分给亲属而捐献给瑞典皇家科学院，设立基金，奖励那些在科学与和平事业中"对人类作出最大贡献的人"。诺贝尔于1896年逝世。

遵照诺贝尔的遗嘱，他的亲属对他的财产进行清理登记后，全部移交给诺贝尔基金会，并设立了物理学、化学、生理学或医学、文学与和平事业奖。遗嘱规定，所有的人，不分国籍、种族、宗教信仰或意识形态，只要符合规定的条件都可得奖，并且，同一获奖者可以多次获奖而不受限制。诺贝尔基金会在1901年，即在诺贝尔逝世五周年时第一次颁奖。1968年瑞典中央银行在其建立300周年之际，为了纪念诺贝尔奖提供者而设立了经济学奖——纪念诺贝尔经济学奖，经济学奖的评选程序与其他奖项相同。这样加上前五项，诺贝尔奖共有6项。前5项奖从1901年开始颁发，其间除1940—1942年因战争环境无法搜集资料，未能进行评选颁奖外，已颁奖92次（有的得主因种种原因未接受颁奖）。世界舆论除对个别年份的文学奖、和平奖的得主有较大争论外，对其他奖的得主无大争论。经济学奖从1969年开始颁发，到1995年已经颁发27次。

  1984年，笔者作为中瑞公共管理理论讨论会的中方代表，曾被诺贝尔基金会邀请参加该年度的诺贝尔奖颁奖仪式。颁奖地址有两处：一处在挪威的奥斯陆，颁发和平奖；另一处在瑞典的斯德哥尔摩，颁发除和平奖外的其他各项奖。我们参加的是12月10日在斯德哥尔摩音乐厅举行的颁奖仪式，而且被安排在大厅三楼一排正中的显要位置上。从三楼往下望去，可以看到主席台正面摆放着诺贝尔遗像和诺贝尔基金会的会徽。主席台对面的一楼的所有与会者，特别是女性都身着本国或本民族最庄重、最鲜艳、最漂亮的服装，五颜六色，犹如鲜花的海洋。下午4点20分左右，瑞典国王、王后、王室成员、诺贝尔基金会主席、各学科评议委员会主席以及各奖项的得主入场。4点30分（诺贝尔于1896年12月10日下午4点30分逝世）诺贝尔基金会主席（也是会议主席）宣布颁奖仪式开始，这时，能够容纳1800多人的音乐厅就像是神圣的科学殿堂，庄严肃穆，鸦雀无声，人们好像是在默默地向伟大的诺贝尔致敬。接着，会议主席宣布物理学的得奖人名单。之后由瑞典国王向得奖人颁发获奖证书、金质奖章及奖金（支票），并向获奖人祝贺，乐队奏颂歌。

5点55分，会议主席宣布颁奖仪式结束。这时，各项奖得主的亲朋好友拥上主席台，同受奖人热烈亲吻、拥抱。晚间，瑞典国王举行盛大宴会、舞会款待所有获奖者。

从12月10日到12月14日的5天里，瑞典所有的电台、电视台和报纸的内容，几乎都是围绕诺贝尔颁奖仪式进行的。瑞典人好像是在庆祝全国性的盛大节日。瑞典人，特别是青少年收看收听这些活动的兴趣很高。据瑞典朋友说，这项活动的规模和声势，年年如此。由此使我想到在中瑞公共管理理论讨论会开幕时，瑞典副首相卡尔松（现为首相）讲话的深刻含义。他说，瑞典与中国不同，人口只有800万，面积只有45万平方公里，而且15%的面积位于北极圈内，所以，人力资源与自然资源都不丰富。"我们要想在世界上占一席之地，只有重视科学技术的发展"。看来瑞典政府把诺贝尔奖颁奖活动当作重大节日来安排，目的在于激励全国青少年的强烈的科技意识，激励他们学科学、爱科学，从而促进科学技术的发展。事实上，瑞典不仅在自然科学方面是强项，有自己的"一席之地"，而且在社会科学方面，也在世界上占有重要地位。

今年是诺贝尔立遗嘱设奖100周年。100年前，在那个金钱至上的世界里，能把自己的全部财产奉献给全世界的科学事业，该有多么宽阔的胸怀啊！但愿我们更多的实业家能像诺贝尔那样帮助科技事业的发展，也盼望我们国家能把对科学发展有纪念意义的某个日子（如1928年成立中央研究院的日子、新中国成立后成立中国科学院的日子或其他有纪念意义的日子）定为"科学节"，这样一定会有利于落实"科教兴国"的伟大战略。

（原载《中国税务报》1995年12月11日）